# ÉCONOMIE POLITIQUE
# DE LA CRISE SANITAIRE

**Temps critiques**

*Collection dirigée par Jacques Guigou et Jacques Wajnsztejn*

Avec le déclin du rôle historique des classes, la critique de la société capitalisée ne peut plus trouver l'essentiel de ses références dans les pratiques du mouvement prolétarien comme elle l'a fait depuis le début du XIXe siècle jusque dans les années 1970.

Aujourd'hui, même si les replis identitaires perdurent, si les intégrismes communautaires se renforcent en réaction à la domination planétaire de l'économie, on assiste aussi au retour d'une critique qui ne se limite pas au cercle étroit des « théoriciens », ni à une réflexion universitaire entachée de ses implications à l'Etat.. Cette critique exprime concrètement le refus de la tyrannie du capital et des mythes de la société du travail, le refus d'admettre que les individus soient réductibles à une valeur économique ou sociale.

**Déjà parus**

Jacques GUIGOU, *Poétiques révolutionnaires et poésie*, 2019.
Jacques GUIGOU et Jacques WAJNSZTEJN, *La société capitalisée,* 2014.
Jacques WAJNSZTEJN, *Individu, révolte et terrorisme*, 2010.
Jacques GUIGOU et Jacques WAJNSZTEJN, *Crise financière et capital fictif*, 2008.
Jacques GUIGOU, *La cité des Ego*, 2008.
Jacques GUIGOU et Jacques WAJNSZTEJN, *Mai 1968 et le Mai rampant italien*, 2008.
Jacques GUIGOU et Jacques WAJNSZTEJN (sous la dir. de.), *L'évanescence de la valeur*, 2004.
Jacques GUIGOU et Jacques WAJNSZTEJN (*sous la dir.*), *Violences et globalisation,* 2003.
Jacques WAJNSZTEJN, *Capitalisme et nouvelles morales de l'intérêt et du goût,* 2002.
Jacques GUIGOU, Jacques WAJNSZTEJN (sous la dir. de*), La valeur sans le travail*, 1999.
Jacques GUIGOU, Jacques WAJNSZTEJN (sous la dir. de), *L'individu et la communauté humaine,* 1998.

Jacques Wajnsztejn

# Économie politique de la crise sanitaire

*Chronique d'une année cruciale*

L'Harmattan

**5-7, rue de l'École-Polytechnique ; 75005 Paris**

http://www.editions-harmattan.fr/

ISBN : 978-2-343-23297-3
EAN : 9782343232973

# Première partie

# De quelques rapports entre le Coronavirus et l'État

## Tout d'abord, le virus et nous

Il faut prendre la pandémie comme un événement, au même titre que celui des Gilets jaunes, même s'il est complètement subi, alors que nous pouvions avoir l'impression d'être partie prenante du premier. C'est le propre d'un événement, au sens fort, que du fait de son imprévisibilité, il produise un choc en retour qui remette des certitudes en cause, questionne sur le rapport au réel, le relatif et l'absolu, la puissance de l'espèce en termes de rapports à la nature, mais aussi la finitude de notre condition humaine. Mais, de notre point de vue, ce choc a été amplifié par le fait qu'il succède à quatorze mois d'agitation et de mouvements continus. Or, s'il en est la suite chronologique, il n'en est pas la continuité politique, bien au contraire. Ce n'est pas étonnant qu'il ait produit, de notre point de vue toujours, une forme immédiate de déni d'un événement particulièrement perturbateur de par sa nature (un virus) fort différente de ce qu'on a l'habitude de rencontrer comme adversaire. Déni provoqué aussi par le fait que pour certains l'événement, quel qu'il soit n'est là que comme parenthèse d'un cours historique plus long et plus fondamental, celui des luttes de classes par exemple pour les marxistes évaluant le mouvement des Gilets jaunes à cette aune hier, mais susceptibles d'avoir la même grille de lecture aujourd'hui par rapport à la pandémie.

Tous les pouvoirs en place ont été tentés par le même déni, même s'ils ont dû se rendre à l'évidence et qu'il leur a fallu réagir puisque c'est quand même le moins que les populations puissent attendre d'eux. Mais pour ce qui est de la France, il a fallu passer directement des mesures de lutte contre les mouvements de ces dernières années en mesure de contrôle sanitaire général et les faire respecter. Transformer « le peuple » en éruption de la période précédente en des populations anesthésiées (en état de sidération diront les journalistes) à sécuriser. Noyer l'urgence sociale sous l'urgence sanitaire quitte à ce que l'urgence sociale revienne en boomerang, comme cela semble se faire jour en Italie du Sud[1]. En France, le pouvoir y a répondu en partie avec les primes évoquées pour que ceux que les médias nomment « les invisibles », dont la valorisation sociale est souvent inexistante (voirie, magasiniers, caissières, etc.). Ces primes tiennent du « principe de précaution », de la part du pouvoir, pour ne pas retomber dans un scénario du type Gilets jaunes à la sortie de crise sanitaire.

## L'ÉTAT : GÉRER L'INCERTITUDE… PAR L'INCERTITUDE

Une des caractéristiques de l'État sous sa forme réseau[2], c'est sa perte d'universalité ; sa résorption dans une combinatoire de particularités au même titre que les autres ; et dans cette particularisation de l'ancien État-nation — figure abstraite de l'universalité — il y a perte du pouvoir d'État comme étant le pouvoir de la souveraineté de la nation. Il n'apparaît plus alors que dans ses fonctions purement gestionnaires ou sécuritaires.

Cela est apparu vivement, le lundi 16 mars 2020, avec un Macron qui fustigeait les Français qui transgressent les règles qu'il avait posées quatre jours auparavant sans en exprimer le moins du monde le bien-fondé. Et ceci, alors même que le 1er tour des élections municipales avait été maintenu par le Premier ministre sur avis d'un « conseil scientifique » composé de chercheurs et médecins qui reconnaissent aujourd'hui avoir mal mesuré

1 – Lire : https://www.ilovepalermocalcio.com/repubblica-la-rivolta-del-sud-viminale-e-007-avvertono-temiamo-proteste-sociali-i-supermercati-sotto-scorta/ ; pour ce qui est de la France, le fondement juridique de l'urgence repose sur une loi du 23 mars 2020 adoptée en cinq jours. Elle a institué l'état d'urgence sanitaire en s'inspirant de la loi du 3 avril 1955 relative à l'état d'urgence sécuritaire. Or, là où ce dernier ne concernait potentiellement qu'un petit nombre de personnes susceptibles de commettre un acte de terrorisme et créait des obligations lourdes mais individualisées (par exemple, une assignation à résidence douze heures par jour), le premier affecte chaque personne se trouvant sur le sol français et pèse sur nos quotidiens aussi bien dans l'espace public que dans la sphère privée. Cette loi n'autorise le premier ministre à adopter des mesures générales de police administrative d'une rigueur inédite qu'à la condition qu'il existe une « catastrophe sanitaire mettant en péril, par sa nature et sa gravité, la santé de la population ». Un an après le déclenchement de la pandémie, il est certain, chiffres à l'appui, que cette condition initiale n'a jamais été remplie et, en tout cas, qu'elle ne l'est plus un an après le début de la pandémie (Paul Cassia, professeur de Droit public à l'université Paris-1 Panthéon-Sorbonne, *Le Monde*, le 21 mars 2020).

2 – Cf. J. Guigou, « L'État sous ses deux formes nation et réseau », *Temps critiques*, n° 20, automne 2020.

la gravité de la situation. Les enjeux d'une campagne électorale ne pouvaient donc souffrir du principe de précaution et le gouvernement aura tenu bon surtout jusqu'à risquer la propagation du virus. Il est vrai qu'il n'était pas encore question de « guerre » et de « mobilisation totale » comme cela nous fut servi ensuite dans cette gestion de crise à géométrie variable tout simplement parce que le gouvernement pensait que le virus passerait comme une gripette sans tenir compte du fait qu'il allait mettre au grand jour une crise sanitaire liée à l'état général des systèmes de santé publique et particulièrement de l'hôpital public pour ce qui est de la France.

En parallèle avec cette nouvelle étape en sorte d'appel de Londres, le pouvoir politique a mis en place une gestion de crise. En effet, les institutions et médiations traditionnelles comme le Haut Conseil de la santé publique sont restées sans réaction, dans l'incapacité à proposer une direction permettant d'éclairer une quelconque décision politique en situation d'incertitude. Le Pouvoir s'en est donc remis à un haut commandement concentré d'experts sous l'autorité directe de la présidence. Une sorte d'alliance entre le savant et le politique qui ne pouvait faire mouche auprès de la population. Dès lors, plus ou moins conscient d'une perte de crédibilité de sa parole à qui ce même Pouvoir a-t-il fait appel pour donner à son discours de la force ? Aux « Soignants » pourtant si délaissés depuis des années et quasiment empêchés de travailler par des restrictions budgétaires et une hiérarchie administrative et sanitaire omniprésente, à un tel point que beaucoup de « Soignants », selon leurs dires et malgré les difficultés actuelles extrêmes retrouvent un peu de sens à leur activité. En effet, dans la crise sanitaire et son climat anxiogène, cette entité « Les soignants » représente un pouvoir de persuasion beaucoup mieux reçu que celui du chef de l'État ou celui de l'ancienne ministre de la Santé. Ces « Soignants » sont d'autant plus nécessaires au pouvoir en place qu'ils lancent des appels aux citoyens pour qu'ils les aident, de manière indirecte, en se protégeant par le respect de gestes barrières, de façon à éviter de surcharger les hôpitaux. Ils restent donc dans le même registre que le discours officiel qui évite de poser la faillite des dernières politiques de santé comme un des éléments de la crise sanitaire actuelle. L'objectif commun des politiques et des soignants se fait sur l'exigence immédiate de ne pas être débordé, chacun dans son domaine. Concrètement, il s'agira de freiner la pandémie pour lisser la courbe des contaminations graves au niveau de la capacité d'accueil. Belle validation (s'il en fallait encore) du modèle de l'État sous sa forme réseau...

Ici, une combinatoire entre forme régalienne et forme réticulaire de l'État, les médias transmettant les messages.

Il est à remarquer que cet appel aux soignants n'est pas propre à la France, puisqu'on le retrouve aussi en Belgique, Espagne et en Italie. Les réseaux sociaux appellent ainsi, au moins dans ces quatre pays, à des concerts d'applaudissements tous les soirs pour soutenir les grévistes « irresponsables » d'hier que l'on transforme en « héros du travail » sur le front de guerre aujourd'hui. Cela dit les « Soignants » ne sont pas dupes et le font parfois savoir publiquement. Ainsi un médecin urgentiste de Liège rappelle que les hôpitaux n'ont pas attendu le Covid-19 pour être dans la galère, en surbooking permanent (sic). Et que le soutien doit aussi pouvoir se faire lors de manifestations contre les réductions budgétaires et par le choix des urnes. Après la police applaudie au lendemain du Bataclan, voilà maintenant les « Soignants » qui se retrouvent en première ligne quand toutes les institutions (médiations traditionnelles de l'État-nation) ont été résorbées et qu'il ne reste que la gestion par des intermédiaires à faire valoir. Par exemple avec l'éducation dans une imbrication entre école/université et « apprentissage tout au long de la vie » ou encore la gestion de la misère par Pôle-emploi/CAF/associations de réinsertion, etc. Ces dispositifs, quelles que soient leurs formes, prennent pied dans une chaîne d'intermédiations qui ne cesse de s'allonger comme quand ce sont ces mêmes « Soignants » (comme entité médiatico-corporative abstraite) qui exigent des mesures plus strictes de confinement et une réorientation des dépenses publiques au nom de l'intérêt des malades et de leurs propres conditions de travail.

Cette incapacité à prendre des décisions politiques est peut-être ce qui caractérise le plus les États du monde occidental. En effet, si on regarde les mesures prises en Chine, mais aussi à Taïwan, à Singapour, Hong Kong et en Corée du Sud, ce n'est pas le niveau d'atteinte aux libertés dans les mesures prises pour lutter contre le virus qui est le plus remarquable, car pour ce genre de comparaison tout est à rapporter à la situation en temps normal. Dit autrement, est-ce que la Chine s'est vraiment écartée de ce qui s'y passe tous les jours habituellement ? Disons que le pouvoir s'est appuyé sur ses fondamentaux qui ne sont pas démocratiques ; mais que dire d'un pays comme la France où les constitutionnalistes épiloguent sur le fait de savoir si un second tour pourrait être juridiquement reporté sans invalider les résultats du premier tour et ne disent pas un mot sur les mesures mises en place de façon autoritaire par un président qui se pose en chef de guerre. Une fonction et un pouvoir que lui confère d'ailleurs la Constitution de la V$^{\text{ème}}$ république.

## APRÈS BIEN DES ATERMOIEMENTS, LA PANDÉMIE N'A PAS ÉTÉ SACRIFIÉE À L'ÉCONOMIE

Bien sûr, le fait d'avoir réalisé des « économies » dans le secteur de la santé n'est pas pour rien dans la crise actuelle. Mais malgré les affirmations de la plupart des « degauche », des plus réformistes aux plus ultras, qui se sont précipités dans les réactions à chaud des plus hâtives et des moins fondées sur la course aux profits, les États occidentaux ont vite abandonné une position écartelée et de fait intenable, entre poursuite de l'activité économique et lutte contre la pandémie[3]. Le souci de la « santé des marchés », y compris donc celui de la santé devenue marché, ausculté jusque-là par tous les pouvoirs y compris les médias, s'est effacé (provisoirement ?) devant celui de la Santé des populations, de la Santé avec un grand S.

Il y va en effet de la capacité de ces États à assurer la reproduction d'ensemble des rapports sociaux (maintenir les grands services publics de santé, de transport et communication, la presse, les services urbains de nettoyage, les salaires pour les salariés qui bénéficient de contrats types[4], etc.) et pas seulement des activités de production qui font l'objet d'une panoplie de compléments visant à permettre le maintien des « activités essentielles » et les conditions d'une reprise de l'activité générale plus tard. Mais sur les mêmes bases si le virus n'est considéré, dans le langage des économistes orthodoxes, que comme une externalité négative ne remettant pas en cause « le Système ».

C'est du moins ce qui se passe dans des pays comme l'Allemagne ou la France, c'est moins net en Italie où l'économie souterraine est estimée à environ 25 % du PIB (et plus dans le Sud où l'emploi est traditionnellement plus précaire et les différentes mafias pourvoyeuses de petits boulots) ; et

3 – Cela n'est pas allé de soi comme le montrent à la fois les premières décisions anglaises sur l'immunité de groupe et le refus du gouvernement et du patronat italiens de fermer les usines du Nord, en particulier celles de Lombardie alors que Bergame et Brescia affrontaient des chiffres préoccupants de contamination peut-être liés à leurs échanges commerciaux étroits avec la Chine.

4 – Ce dernier aspect confirme à quel point, pour la majorité des salariés en contrat type (fonctionnaires et CDI, soit un peu plus de 85 % de l'ensemble des salariés en France), le salaire, comme d'ailleurs les revenus sociaux connexes, sont devenus indépendants d'un travail concret, malgré tous les efforts idéologiques des libéraux pour affirmer au contraire une correspondance entre salaire et mérite et entre salaire et productivité.

dans un pays déréglementé comme les États-Unis. Remarquons par exemple qu'en France, la prolongation « exceptionnelle » des allocations pour les chômeurs en fin de droits et le report de la réforme de l'indemnisation chômage (si peu contestée un an auparavant) qui devait entrer en vigueur début avril participe de cette volonté de circonscrire toute nouvelle révolte sociale en maintenant un revenu minimum de subsistance qui ne dit pas son nom, car il n'est pour le moment pas question de l'instituer officiellement. Malgré ces mesures, on voit réapparaître des discours catastrophistes sur une « grande dépression » à venir. Les uns postulant que l'arrêt de « l'économie réelle » nous met en position d'être à l'aube d'un krach majeur. Les autres que la Bourse elle-même reflète une faillite prochaine avec la baisse brutale des cours et le dégonflement de la bulle. Les uns comme les autres se basent sur une pseudo-déconnexion finance/économie réelle tout en rapportant toutes les difficultés à une totalité d'où l'État semble absent, comme s'il avait déjà disparu, si ce n'est sous les coups de la révolution, mais au moins sous ceux du patronat et du néo-libéralisme.

Les grandes firmes et les banques n'ont donc rien trouvé à redire aux mesures prises et les ont d'ailleurs soutenues en partie, leurs profits étant dans l'ensemble au plus haut et sans opportunité particulière en ce moment. Par ailleurs, il est à noter que l'e-commerce, et plus précisément Amazon et l'économie de plateforme en général ont largement tiré profit du confinement imposé par les États. Face à une explosion de commandes ces derniers temps, l'entreprise annonce une campagne de recrutement massive et des hausses de salaire. Elle va même jusqu'à proposer des contrats temporaires à des personnes au chômage technique du fait de leurs secteurs momentanément sinistrés (la restauration ou le tourisme).

La crise sanitaire tend à focaliser la reproduction globale du rapport social capitaliste au niveau de chaque État (ce que nous appelons le niveau II de la structuration globale du capital[5]) qui en est le garant. C'est comme si

5 – Cf. l'article : « Quelques précisions sur capitalisme, capital, société capitalisée », in *Temps critiques*, n° 15, hiver 2010. Le niveau I est celui du capitalisme du sommet, auquel les grandes puissances participent aux côtés des grandes firmes transnationales, banques, organismes internationaux ; le niveau II est celui de l'ex État-nation qui se redéploie dans sa forme réseau au sein des deux niveaux, mais avec des impératifs différents : stratégique au niveau I, de reproduction du rapport social et par exemple de gestion de la population au niveau II. Quant au niveau III qui comprend le secteur

la production et même la finance se trouvaient momentanément subordonnées à une reproduction d'ensemble (« systémique ») prioritaire en temps de crise grave. On n'entend guère se manifester le patronat, à peine plus des syndicats qui jouent l'unité nationale[6], si ce n'est au niveau des secteurs clés impactés (hôpitaux surtout et hypermarchés) qui dénoncent incurie et manque de protection du personnel.

Dans ces circonstances particulières, le niveau I (celui du capitalisme du sommet) exerce davantage sa puissance comme potentialité que comme effectivité. Il gère et couvre en dernier recours les écarts et les à-coups entre d'une part, les impératifs de la globalisation qui ne disparaissent pas avec la pandémie (les échanges internationaux, les problèmes liés au climat) et d'autre part, les contraintes et nécessités de l'urgence sanitaire et sociale qui relèvent de la gestion au niveau II, c'est-à-dire du territoire national ou régional. Exemple : l'Italie obtient d'importantes mobilisations financières immédiates, mais accepte un contrôle plus rapproché de l'UE. Mais l'UE elle-même ne contrôle plus grand-chose puisqu'on a appris depuis que l'Italie recevait aussi des aides de la Russie. Il y a bien là une distorsion des règles et des accords antérieurs de l'UE.

Avec cette pandémie, on assiste à un double mouvement qui rebat les cartes et les rapports de forces entre fractions capitalistes et grandes puissances. Elle impose de fait une gestion globale de niveau I (on l'a vu avec les rodomontades de Trump qui se sont arrêtées progressivement au fil de l'épidémie jusqu'à ce que l'administration américaine ne fasse consensus de lutte volontariste contre la pandémie enfin reconnue pour ce qu'elle est) sans que les grandes organisations internationales n'en contrôlent véritablement l'organisation et une éventuelle coopération internationale, ce qui normalement aurait dû être du ressort de l'OMS. Mais elle joue en même temps le rôle de révélateur de la capacité de chaque État à gérer ses affaires internes de niveau II en cohérence avec le niveau I. Dans cet exercice, il semble bien que la Chine ait marqué des points. D'abord de par sa formidable capacité à s'adapter à l'enjeu sanitaire et à y répondre (gestion de crise

---

informel, il n'est plus que partiellement reproduit comme on peut le voir avec les émeutes du Sud de l'Italie et en France avec la mise en veille de nombreuses activités plus ou moins informelles, à cause du confinement.

6 – Source *Le Monde* : « Les syndicats reviennent en première ligne », un titre qui montre que le journal prend se désirs (le développement d'un syndicalisme responsable) pour la réalité.

de niveau II) par la lutte concrète contre la pandémie qui est passée par l'unité, le civisme, le consensus, l'acceptation de l'état d'urgence sanitaire; ensuite par le maintien de sa stratégie d'ouverture vers l'Ouest en accordant son aide médicale à l'Italie dans la perspective de créer une nouvelle route de la soie à domination inversée (niveau I).

Dans tous les cas l'État a cherché à restaurer son image d'État-nation en redéfinissent des règles générales de priorité faisant l'objet d'une planification démocratique des besoins productifs et sociaux. Une idée qu'il a justement abandonnée depuis pas loin de quarante ans en se restructurant sous la forme d'État-réseau soumis aux coups de barre et coups de gueule des différents groupes de pression. Par exemple, en France, Macron doit composer avec les lobbies traditionnels que Macron et son personnel rapproché ne goûtent guère, mais il faut faire avec comme quand il va se montrer au Salon de l'Agriculture, gère de façon calamiteuse la question du glyphosate et provoque de fait, mais à contrecœur, le départ de Hulot du gouvernement; et surtout les nouveaux (les entreprises high-tech, l'économie numérique) à qui il fait une cour à peine masquée avec son annonce de la « start-up nation ».

Néanmoins, cette gestion fine du niveau II, en fonction d'un état des lieux hospitaliers qui est loin d'être identique selon les pays et en fonction des choix politiques antérieurs et des marges de manœuvre budgétaires respectives, nécessite une articulation quasi immédiate avec le niveau I. Pour l'Union européenne, cela passe d'abord par la décision prise par la banque centrale européenne d'un plan de rachat des dettes souveraines[7]. Ensuite, au niveau des différents États, on assiste à un rapprochement des positions de l'Allemagne avec celles de la France pour ce qui est du rapport aux « grands équilibres » en période de crise. Concrètement les deux grands objectifs qui fixent les conditions d'adhésion, à savoir la limitation du déficit budgétaire (à 3 % du PIB) et de la dette publique (à 66 % du PIB) sont mis entre parenthèses en temps de crise sanitaire majeure. Toutefois,

7 – Selon Denis Clerc dans *Alternatives économiques*, le 2 avril 2020, cela correspond de fait à une annulation de la dette de 20 % par le processus dit de monétisation de la dette par la BCE. Cela revient à installer un emprunt perpétuel à taux zéro. Le prix Nobel Jean Tirole, pourtant libéral bon teint, s'y rallie en disant que c'est déjà ce qui se pratique depuis sept ans sans que la moindre inflation ne soit apparue. Cette création monétaire est-elle sans limites ? On peut juste constater qu'elle est pour le moment à hauteur de 30 % du PIB de la zone… alors qu'elle atteint 100 % au Japon.

des désaccords persistent entre le choix de la mutualisation des dettes sans condition (position de la France, Belgique, Irlande, Slovénie et pays du Sud) ou le plus traditionnel mécanisme européen de stabilité (position de l'Allemagne, Pays-Bas, Autriche, Finlande) mis en place en 2012 où les prêts se font sous contrainte (cf. son application en Grèce).

Un exemple de cette interaction entre niveau I et niveau II nous est donné par le rôle actuel de la Banque centrale européenne qui rachète massivement les emprunts d'État de la zone euro pour éviter que ceux-ci passent sous les fourches caudines des marchés financiers. Elle a notamment fait sauter la « clé de capital », qui prévoit qu'une banque centrale ne peut racheter de la dette publique qu'en proportion de la part de chaque pays dans le PIB de la zone euro. En accordant son attention première ici à l'Italie, elle rompt avec ce présupposé censé éviter les cas particuliers par l'imposition de règles communes. Une position de principe qui niait jusque-là la possibilité de « chocs asymétriques » à l'intérieur de la zone euro dont la pandémie vient pourtant de confirmer la possibilité. C'est ainsi la reconnaissance pragmatique d'un principe de compensation quand on a affaire à des événements qui dépassent les questions de bonne ou mauvaise « gouvernance » et touchent différemment des pays qui n'ont pas la même place dans la division internationale du travail. Il en est ainsi dans l'UE pour les pays dont le tourisme constitue une part importante de l'activité de service.

Pour élargir le propos, nous avons tendance à penser que la crise actuelle est le signe que contrairement aux positions qui considèrent le virus comme une contradiction strictement interne au capitalisme (lutte pour le profit, démantèlement du secteur public au profit du privé, mondialisation) on a plutôt affaire à une contradiction plus générale, celle de notre rapport à la nature. En effet, il n'y a pas de discontinuité entre la question du climat et celle de la pandémie. La différence s'inscrit plutôt dans la temporalité, lente pour la première, soudaine pour la seconde.

## LE RAPPORT OBJECTIVITÉ/SUBJECTIVITÉ DANS LA GESTION DE LA PANDÉMIE

Il ne s'agit pas pour nous de nier l'existence du virus comme en arrivent à le faire certains, tel Giorgio Agamben, avec des positions[8] qui interprètent les événements ou phénomènes non à partir de leur nature ou de leurs causes, mais à partir de leurs conséquences (liberticides), mais force est de reconnaître que beaucoup des mesures de prévention ne s'expliquent pas par le fait de vouloir contenir le virus, mais par le fait qu'il ne faut pas donner l'impression qu'une grande partie de la population serait en congé[9] et contente de l'être, pendant que certains services publics et entreprises de voirie ou productrices de services alimentaires restent sur la brèche. Les appels de l'État au télétravail et à la poursuite des cours par ce biais, par des enseignants dorénavant aussi confinés que leurs élèves, vont dans le même sens. Ils ont été annoncés au moment où les gouvernements pensaient se débarrasser de l'affaire en quinze jours (il était par exemple question que les sportifs professionnels reprennent le 4 ou 5 avril) ; or ces appels ont épuisé leur effet d'annonce et, par exemple, pour ce qui est de l'enseignement, le ministère de l'Éducation nationale admet aujourd'hui que les notes de la période de confinement ne seront pas validées et le bac le sera par contrôle continu[10].

Quand nous parlons ici de télétravail, nous ne parlons pas de la part de celui-ci qui est déjà intégrée dans la nouvelle organisation du travail, la stratégie managériale des grandes entreprises et qui brouille les frontières du temps de travail effectif et participe de la chaîne d'évanescence de la valeur. Nous parlons des appels artificiels du gouvernement à un passage généralisé au télétravail. En effet, outre le fait qu'il pourrait répondre à des raisons sanitaires, il ne s'agit pas là pour l'État de maintenir des points de croissance pour le PIB ou de profit pour les entreprises puisqu'elles ne sont même pas demandeuses. Ce qui est déterminant, en ces périodes où tout se

8 – Cf. « Coronavirus et état d'exception », *Il Manifesto* 26 février 2020, traduit dans le journal numérique *Lundi matin* ; puis nouvel entretien sur les mêmes positions dans *Le Monde*, le 28 mars 2020.

9 – Le gouverneur du Piémont est clair là-dessus qui déclare : « C'est une urgence, pas des vacances », in *Monologue du virus*, https://lundi.am/Monologue-du-virus

10 – Pour ce qui est de la fonction publique en général, on peut se rapporter à : https://www.lagazettedescommunes.com/669274/projet-de-loi-covid-19-le-statut-de-la-fonction-publique-en-partie-suspendu/

brouille encore plus avec un chômage partiel de masse, c'est de maintenir d'abord le principe que tout salaire mérite travail ; maintenir ensuite l'habitude au travail (garant de discipline et d'employabilité en retour) et enfin pourquoi pas, de préparer à l'extension des nouvelles formes de travail si l'expérience s'avère concluante. En effet, ne passent au télétravail effectif que ceux qui faisaient déjà du télétravail, mais pour les autres soit c'est impossible de par la nature même du travail en question (les ouvriers des usines automobiles fermées ne passent pas au télétravail), soit parce que les difficultés d'organisation sont telles et pour une période sans doute inférieure à trois mois, que le jeu n'en vaut pas la chandelle. Enfin, dans de nombreux secteurs, c'est le support même de l'activité qui vient à manquer et en France, le cas particulier qu'ont représenté les élections municipales tronquées ne fait qu'aggraver les choses. L'incertitude politique bloque toute la commande publique qui est un des moteurs de l'activité nationale et le secteur du BTP en souffre, confinement ou pas.

L'activité en télétravail est par ailleurs une façon de juguler l'impression de beaucoup d'être sans activité et ce à l'heure où nombreux sont ceux, parmi les salariés, qui se posent la question de comment s'occuper justement. Sur ce plan Internet est une « ressource » fondamentale dans le cadre d'une tendance accrue de la société capitalisée à la dématérialisation comme au connexionnisme. Cela démontre aussi la capacité du Pouvoir à user des technologies afin de recombiner les rapports sociaux de production dans des conditions où les salariés sont séparés de leurs lieux habituels de travail. Il ne s'agit pas pour lui de reproduire les conditions du travail à la tâche et domestique du XIX^e siècle, mais de promouvoir l'autonomie individuelle et la supposée créativité au travail à son profit.

Rester chez soi et avoir tout à disposition (technologie) fait pendant au toujours être à disposition (de l'employeur). Qu'il s'agisse de travail, de jeu ou de loisir, de communication, il s'agit de maintenir une continuité qui n'est pas seulement imposée de l'extérieur par le capital. Il y a bien interaction avec l'univers machinique qui nous entoure. Nous le subissons… et l'utilisons tout à la fois, mais pas à partir des mêmes positions sociales. Le capital est toujours un rapport social même dans la société capitalisée.

Ainsi, au-delà de la façon dont le pouvoir gère la crise en cherchant à rester « maître du temps », peut se poser pour chaque individu salarié, la possibilité de revoir son rapport au travail en général et au temps de travail en particulier. C'est-à-dire ce *temps aux ordres* qui à travers le processus d'inessentialisation de la force de travail se trouve aujourd'hui essentiellement consacré à consolider les bases de la domination dans la production des rapports sociaux capitalistes. Et voilà qu'un virus produit un chamboulement global d'une vie qui ne se résumait pas au slogan gauchiste primaire « métro, boulot, dodo », mais comprenait, à côté de ça ou malgré ça ou encore parfois grâce à ça, sociabilité entre camarades/ collègues de travail, amis et parents, sorties, vie amoureuse libre, jeux. De manière brutale, des millions de personnes se trouvent reconfigurés par l'État pour une vie réduite au strict minimum (travailler, manger, se soigner, s'isoler) et pour ceux ne pouvant ni se rendre au travail ni télétravailler et qui n'ont pas de garde d'enfant, placés d'office en chômage technique (mais avec maintien de revenus) pour une durée relativement indéfinie. Face à ce vide, les médias ne cessent de prescrire des occupations en tout genre à une population confinée soi-disant en mal d'activité, mais surtout en manque de rapport avec les autres. Il s'agirait ainsi de redécouvrir les joies de ce qui n'existait pratiquement plus (le silence, la contemplation, la circulation à rythme lent, la lecture, le *home sweet home*) sans indiquer qu'on pourrait retourner à ces temps là puisque c'est tout l'ancien monde qui doit laisser place et il n'est donc pas question de revenir au temps de la bougie. Il s'agit de parachever ce qui est déjà en germe comme le laissent entendre aussi bien le discours sur le passage au tout numérique que celui en faveur du passage au télétravail généralisé.

Pourtant si la rupture momentanée de la socialisation que produit le salariat dans nos sociétés modernes pourrait entraîner sentiment d'inutilité voir de dépression, il faut tout de même souligner que cette mise à distance permet aussi de « souffler un peu », d'une part par rapport aux luttes de ces deux ou trois dernières années qui ont épuisé nombre d'entre nous sans forcément nous laisser le temps d'en faire un bilan ; d'autre part, face au lot de souffrances qu'engendre bien souvent le travail (harcèlement de la hiérarchie ou zizanies entre collègues, perte de sens de son activité, maladies professionnelles, stress physique et psychique).

Loin de toute théorie du complot, nous pouvons affirmer que le virus n'est pas « fabriqué » directement par le capitalisme, ni même par l'industrialisation à outrance sinon on ne comprendrait pas la survenue des épidémies de peste d'il y a mille ou cinq cents ans[11]. Comme le cancer la

11 – Il est intéressant de noter que le virus se serait propagé à partir d'une région de Chine où ce ne sont pas les productions transgéniques et autres productions industrielles qui sont remarquables, mais la consommation grandissante, sur de petits mar-

pandémie est multifactorielle et chaque jour une nouvelle chasse l'autre sur son possible vecteur d'origine ou sur son transmetteur. Par contre que le virus soit favorisé par une destruction des écosystèmes (déforestation, extension de la chasse/ commercialisation des espèces sauvages et remise en question de la barrière des espèces, etc.) et les impératifs de l'agrobusiness ne fait pas de doute. Et surtout, sa diffusion correspond bien à la viralité des processus de globalisation, au nomadisme du capital et des personnes. En un mot, le virus épouse la fluidité du capital tout en la remettant implicitement en question puisque la globalisation/totalisation du capital empêche tout « confinement » d'une crise majeure.

Il nous faut faire l'expérience de cet événement désastreux, même si cela prend aujourd'hui la forme d'une expérience négative dans la mesure où ce que nous avions l'habitude d'affirmer, c'est-à-dire l'existence variable et historique de la tension individu/communauté ne peut plus s'exprimer à l'heure actuelle que par son manque ressenti en chacun de nous. Pendant ce temps, l'État nous somme d'abandonner toute tension de ce type pour mieux nous fondre dans l'autre sorte de tension que produit la peur de la contagion et de la maladie qu'il cherche à canaliser dans les gestes barrières, l'union sacrée et la guerre (contre le virus) dont il serait le fer de lance légitime. Toute sortie de crise, pour nous, doit passer par le retour à la première forme de tension dont les luttes et les pratiques critiques ont été développées ces dernières années contre le capital et « notre » monde (ce n'est pas « son » monde puisque nous n'y sommes pas étrangers !).

*Temps critiques*, le 5 avril 2020, revu le 5 avril 2021.

chés sans hygiène, de viandes sauvages, d'animaux particulièrement « exotiques » qui font aussi la spécificité de la cuisine chinoise non touristique et dont les produits dérivés (cosmétiques, aphrodisiaques, etc.) sont aussi en plein essor. Bref, rien de bien capitaliste là-dedans, même si évidemment, c'est matière à marchandisation, mais l'échange marchand n'est pas le capitalisme. Il lui pré-existe depuis plusieurs millénaires.

# Deuxième partie

# Relevés de notes

# en temps de crise sanitaire

# Relevé I

## (24 avril 2020)

L'impuissance relative des États

– Début avril Bruno Le Maire, ministre de l'Industrie : « Nous devons repenser la mondialisation à l'aune de la souveraineté ». Position apparemment partagée par Berger de la CFDT.

Patrick Artus (chef économiste chez Natixis) : « l'État doit se conduire en stratège et soutien financier plus qu'en opérateur économique ».

Mais pour un pays comme la France, la production industrielle ne représente plus, selon les critères de la comptabilité nationale (qui sont aujourd'hui communs dans les pays de l'OCDE), qu'un peu moins de 15 % de la valeur ajoutée totale produite. La tendance à la relocalisation se poursuivra sans doute, mais de façon modérée dans les secteurs qui ne seront pas jugés stratégiques et où la situation est réversible (la fabrication de masques n'a rien à voir avec l'électronique). Mais les limites sont évidentes. Si on prend l'exemple du pays européen le plus touché, l'Italie, il est celui dont les entreprises de la région lombarde et plus particulièrement les villes de Bergame et Brescia, les plus atteintes par le virus, sont aussi celles qui étaient le plus en contact avec la Chine (échanges dans le secteur textile), mais aujourd'hui, cette même région lombarde subit la pression des entreprises du grand pays industriel le moins touché par le virus, l'Allemagne, parce que ses constructeurs automobiles sont dépendants des fournisseurs lombards. La globalisation est un processus d'entrelacement de flux.

– La dette publique peut augmenter sans problème dans l'hypothèse probable du maintien à court terme des taux négatifs et tant que les fondamentaux économiques (c'est-à-dire les grands indicateurs économiques) restent fortement déflationnistes, ce qui est le cas. Par ailleurs, au niveau européen, la BCE aurait toujours la possibilité d'annuler la dette à moyen terme puisque cette décision se prend seulement à la majorité des deux tiers et non pas à l'unanimité comme pour la plupart des autres mesures. Le vote se faisant par ailleurs par roulement des États, il peut y avoir des opportunités conjoncturelles supplémentaires. Cette possibilité serait beaucoup plus difficile si elle devait dépendre des gouvernements de l'UE où les décisions se prennent à l'unanimité. Bien sûr, dans le premier cas de figure, c'est-à-dire au sein de la BCE, cela nécessiterait de convaincre l'Allemagne et les Pays-Bas du bien-fondé d'une aide particulière accordée aux pays du sud de l'Europe. Toutefois, rien d'impossible puisque ces mesures profiteraient en retour des flux monétaires en sens inverse provenant des exportations des pays du Nord en direction du Sud. C'est déjà ce qui s'était passé pour la Grèce il y a quelques années et les directives de la Troïka étaient purement autoritaires et punitives par rapport à la Grèce. Elles n'avaient pas de justification économique *stricto sensu* comme Yanis Varoufàkis, ministre des Finances et négociateur grec l'avait fait savoir immédiatement. L'Allemagne nous fournit un bon exemple de la diversité de sens de ces flux, elle qui a compensé ses mesures de restriction de la demande intérieure (augmentation des impôts, baisse des salaires, des pensions et dépenses sociales) par une augmentation de la demande externe en provenance de ces mêmes pays du Sud. Elle creuse ainsi leur déficit alors qu'elle accroît ses excédents ce qui lui permet d'apparaître vertueuse. À son modeste échelon, comme d'ailleurs la Chine à un niveau plus élevé, l'Allemagne serait tout à fait apte à piloter un nouveau type de plan Marshall à l'intérieur de l'UE tout en en ressortant encore plus forte et avec une UE mieux « intégrée ». Il ne faut par contre pas attendre de plan de ce type de la part des États-Unis. L'échec de la tentative d'établissement d'un nouvel ordre mondial en 1991 a conduit ceux-ci à un repli entériné par Obama et accentué et fortement idéologisé par Trump. Ce dernier point auquel s'ajoute la gestion pour le moins problématique de la crise sanitaire par l'OMS, est un signe de la difficulté de gestion de la puissance au niveau I, ce que nous appelons l'hypercapitalisme du sommet à la suite de Fernand Braudel.

Le politologue Bertrand Badie (Sciences Po Paris) parle de « l'impuissance des puissances » (*Libération*, le 10 avril 2020) qui a conduit à un cavalier seul des États dans leur propre gestion de la pandémie. Mais nous sommes dans un autre contexte ; Badie fait comme si le niveau II des nations pouvait être prédominant… toute frontière ouverte, alors que dans les conditions de la mondialisation/globalisation, la première attitude a été celle du déni d'une extension d'un virus forcément chinois et amené à le rester à l'exemple des deux précédents. Et quand le virus a commencé à se répandre en Italie, cela a tourné au sauve-qui-peut et d'abord à des réponses nationales avant que la prise de conscience de la gravité de la situation ne conduise à une concertation puis à des coordinations de l'action comme au sein de l'UE. Pendant que régnait cette cacophonie au niveau des États, les plateformes numériques se sont retrouvées au centre des rapports de puissance d'abord parce qu'elles sont mondiales et dotées d'une grosse force de frappe financière avec, par exemple, la Fondation Bill Gates qui constitue le deuxième contributeur en importance de l'OMS ; ensuite parce qu'elles ont « offert » leur infrastructure de circulation pour les connexions essentielles et la distribution des marchandises. Au centre aussi dans la mesure où elles se savent appuyées par les secteurs de la finance et peuvent même se permettre le luxe (ou l'outrecuidance, c'est selon) de proposer d'assister directement les États dans le contrôle du confinement (traçage). Toutefois, si cela marque bien la puissance du niveau I (l'hypercapitalisme), le champ d'intervention est bien le niveau II, c'est-à-dire celui du territoire national (cf. par exemple, la gestion « asiatique » de la crise permise par le poids qu'y occupent les technologies de l'information et de la communication parmi la population). À ce niveau II toujours, la collecte des données par l'Internet y brouille pour ne pas dire abolit les frontières entre sphère publique et sphère privée, entre État et économie, par rapport à l'époque bourgeoise où la société civile faisait tampon.

Néanmoins, Bruxelles tout en souhaitant une réponse européenne commune à la sortie de crise (sous-entendue économique) est incapable d'imposer la proposition des *corona-bonds* et plus généralement la mutualisation de la dette alors même que le temps presse pour l'Italie, l'Espagne et le Portugal qui empruntent actuellement trois fois plus cher que la France et l'Allemagne même si l'Italie vient de lever sans trop de problèmes 100 milliards d'euros. Par ailleurs, l'Espagne vient de faire une proposition, pour le moment isolée, de dette perpétuelle appuyée sur le budget européen où seuls les intérêts feraient l'objet de versement. Pourtant le problème de l'endettement est réduit par des taux d'intérêt bas qui resteront inférieurs aux taux de croissance dont même si, par exemple pour la France, le taux d'endettement passait de 98 % du PIB à 115 %, il baisserait à nouveau mécaniquement. Ces taux bas marquent aussi une différence par rapport à la crise de 2008. Enfin, l'UE est obligée d'admettre une sortie nationale du confinement et la question de l'existence des frontières (cf. l'article du géographe Michel Fouché dans *Le Monde* du 21 avril 2020). Pendant ce temps, mais cela va dans le même sens, le G7 ne s'est même pas réuni et le G20 n'a pris qu'une décision sur la suspension de la dette des 76 pays les plus pauvres. La tension États-Unis/Chine autour d'Huawei, la 5G et plus généralement l'équilibre des échanges d'une part; celle entre les

États-Unis et la Russie sur le prix du pétrole[12] d'autre part, ont bloqué toute possibilité de détente à court terme. Le déni premier de tous face à la menace de passage d'un stade épidémique à une pandémie mondiale a fait le reste.

– L'impréparation des personnels politiques a été patente, ce qui n'est pas scandaleux si on considère la pandémie comme un événement, qui a donc sa part d'imprévisibilité, même s'il avait été précédé d'au moins deux alertes. Il n'empêche que les États y ont répondu. En effet, contrairement à la grippe espagnole de 1918, ce n'est pas le virus lui-même qui a eu des effets économiques de crise, mais les décisions politiques de protection des populations. Ils y ont répondu chacun à leur façon en fonction de critères culturels et sociopolitiques et aussi de la manière dont ils conçoivent l'affectation des dépenses de santé. Les chiffres sont, de ce point de vue, édifiants : les USA sont le pays qui dépense le plus pour la santé en pourcentage de PIB (17 %) ; la France arrive en tête dans l'UE avec 11,3 contre 11,2 pour l'Allemagne. Mais en nombre de lits pour mille habitants, cela change tout. Quand les Américains alignent trois lits d'hôpital, la France en a six et l'Allemagne huit, le Japon treize. Sans parler du fait que 30 millions d'Américains n'ont pas de couverture sociale santé. Si on regarde plus précisément encore les chiffres, on s'aperçoit qu'en France 34 % des salariés hospitaliers seraient sans tâches médicales (un point sur lequel des jour-

12 – L'entrée de la Russie dans l'OPEP+ a rendu plus difficile le petit commerce entre amis des Saoudiens et Américains pour maintenir un cours suffisamment élevé garantissant la rentabilité de la production américaine. C'est un point essentiel pour comprendre le nouvel isolationniste américain. Pour les États-Unis le désintérêt soudain pour les conflits de la région du Golfe (ils importaient 60 % de leur pétrole jusqu'à 2006) est le signe de leur recentrage sur leur propre indépendance énergétique puisqu'ils sont devenus les premiers producteurs mondiaux. Ils sont dans une situation très favorable : si les prix augmentent et cela a été le cas avec l'entrée de la Chine dans l'OMC, l'exploitation du gaz de schiste devient rentable pour eux s'ils ne respectent pas les règles écologiques. Le risque économique est ici qu'une chute durable des cours rendent vains les investissements effectués dans ce secteur devenu porteur aux États-Unis. Pour le coup « la finance » perdrait gros puisque c'est elle qui a investi. Mais ils ont aussi les moyens de tenir un prix bas, ce qui est loin d'être le cas de tous les pays producteurs qui vivent de la rente et ont une forte population (Algérie, Irak, Nigéria, Iran). Pour ces derniers, c'est la stabilité de leurs régimes autoritaires qui est en jeu, même si dans ce cas ce serait une opportunité pour réorienter les investissements à venir des énergies fossiles vers les nouvelles énergies moins polluantes.

naux comme *Le Figaro* ou *Les Échos* insistent non sans arrières-pensées) et des normes extrêmement sévères, mais souvent bureaucratiques (cf. le rôle de l'ARS) qui entraînent une guerre public/privé dont des exemples sont apparus pendant la pandémie au niveau de la gestion des lits disponibles. En revanche, d'autres journaux tel *Libération* ont mis l'accent sur les nombreux « invisibles » des hôpitaux, aux tâches souvent ingrates (nettoyage par exemple) et peu valorisées. Le Ségur de la Santé a abordé cette question et a étendu la prime « soignant » aux non-soignants de l'hôpital même si elle sera moins importante.

– Le paradoxe est donc qu'alors que la crise sanitaire semble remettre au premier plan l'action publique et l'État, ce dernier se trouve presque partout affaibli au niveau de sa direction politique perçue parfois comme déjà peu légitime avant même l'arrivée du virus. On peut en effet remarquer une corrélation au sein des puissances de l'OCDE entre les gouvernements les plus déconsidérés (Italie, France, Espagne, États-Unis) et le nombre de victimes. Cela ne nous conduit pas à épouser l'interprétation gauchiste visant à insinuer l'idée, même en dehors de toute perspective complotiste, que le traitement de la crise sanitaire aurait pour fonction première ou même seconde de domestiquer les antagonismes sociaux. Cette version pourrait être recevable si les politiques menées en France ou à Hong Kong par exemple, puisque ces pays ont connu ou connaissent des mouvements de lutte importants, étaient l'exception, mais la préoccupation sanitaire triomphe partout y compris dans les pays qui n'ont pas connu le moindre trouble d'importance depuis des dizaines d'années.

En France, cet affaiblissement politique se marque d'abord par la mise en place d'un Conseil scientifique supplantant de fait les organismes officiels de la santé publique... pour finalement, après force tergiversations, s'en remettre aux statistiques et simulations de *L'Imperial College* anglais ; ensuite, par la suspension des réformes chômage et retraite, la fin du fétichisme des règles d'orthodoxie budgétaire et de celles concernant le niveau de la dette fixées par les accords de Maastricht ; enfin, par la proposition plus ou moins explicite d'un gouvernement d'union nationale.

– La crise du fordisme de la fin des années 1960–début des années 1970 avait, entre autres, montré les limites de la production de masse organisée dans le travail à la chaîne. Les grèves bouchons ou thromboses des ouvriers spécialisés (OS) ont interrompu par leur action cette chaîne de production hier comme le virus a interrompu la « chaîne de valeur » aujourd'hui. De la même façon que le travail à la chaîne n'a pas complètement disparu, la chaîne de valeur mondialisée ne sera probablement pas démantelée, mais le danger d'une trop grande distanciation géographique et la dépendance qui en découle est enregistré. Sera-t-il acté essentiellement au niveau macroéconomique et politique (stratégique) de l'État ou alors seulement au niveau microéconomique des entreprises, n'est pas tranché. La pratique du télétravail sort renforcée du confinement, mais les retours qu'en donnent les directions d'entreprises *via* la presse laissent planer un doute sur une extension qui bouleverserait véritablement l'organisation actuelle du travail. Le patronat comme l'administration veulent garder l'œil sur le travail et doivent rappeler de façon récurrente à leurs salariés que dans télétravail il y a travail et non pas seulement autonomie. En outre, le contact humain s'avère très vite nécessaire dans les postes de responsabilité et l'arbitrage reste très en faveur du maintien de l'entreprise comme lieu central et c'est sur ce lieu que se concentrent, pour le moment du moins, les aménagements. Il est clair qu'à ce niveau les intérêts du patronat ne recoupent pas exactement ceux du gouvernement et de l'État parce qu'ils ne relèvent ni de la même temporalité ni du même champ. Le gouvernement est forcément court-termiste, car pour lui le télétravail est en lui-même un geste barrière; alors que les directions d'entreprise ont une stratégie de moyen et long terme qui fait que, pour elles, au mieux, le télétravail est une expérience dont elles verront si elles peuvent en tirer profit, dans tous les sens du terme. Mais le mouvement est pris. Un événement fort a souvent tendance à accélérer un mouvement en cours, ici, celui de la virtualisation et de la numérisation des processus de travail et de vie.

– Si la crise de 2008 a souvent été présentée, d'après nous à tort, comme une crise de déconnexion entre finance et « économie réelle », il ne peut en être ainsi de la crise sanitaire. Elle a bien touché en premier les marchés financiers et la Bourse du fait de leur extrême sensibilité à toute perturbation externe et si certains y ont vu tout de suite un éclatement de la bulle, le marché s'est assez vite ressaisi sans parler du cours haussier du Nasdaq. La rapidité de réponse dans le secteur de la production matérielle ne peut évidemment répondre à la même vitesse et on assiste non pas à une dévalorisation ou même décapitalisation, mais bien plutôt à une mise en jachère de capital fixe (et de capital variable pour garder les concepts marxistes). Mais contrairement à une période de guerre où il y a destruction de capital et où la sortie se pose en termes de reconstruction, il en est autrement aujourd'hui. Si le capital, qu'il prenne la forme des grandes entreprises ou de la finance, sait prendre des risques et les gérer, il est beaucoup moins à l'aise dans les situations d'incertitude et on peut parier que de partout l'action publique tentera de pallier à cette faiblesse en soutenant une confiance que les entreprises ne peuvent pas créer elles-mêmes. En effet, dans cette situation d'incertitude les anticipations de ces dernières sont plus réactives qu'actives. Les États vont donc être amenés à se substituer en partie aux agents économiques privés afin de faire médiation entre les différents secteurs de l'économie en assurant la liaison banques centrales/entreprises pour une reprise avec comme choix la « monétisation de la dette » c'est-à-dire l'achat par la banque centrale des obligations émises par les États, ce qui était une pratique en cours dès avant la pandémie. Si la dette perpétuelle a pu être présentée comme un choix alternatif, pour le moment cette proposition (espagnole) ne représente pas une position consensuelle. Elle pourrait toutefois être euphémisée dans une pratique plus courante qui consiste à « faire rouler la dette », c'est-à-dire à rembourser une dette arrivée à échéance grâce à un emprunt du même montant. Une pratique que peuvent parfaitement « se payer » les États doués d'une certaine puissance ou des entités telles que l'UE si elle adopte une politique commune sur le sujet. Pour conclure, si on a pu dire que les banques centrales étaient devenues des prêteurs en dernier ressort, la crise sanitaire tendrait à montrer que les États sont redevenus des garants en dernier ressort.

– Pour la première fois depuis plus de soixante-dix ans les États ont eu à appliquer une gestion des populations dans une situation inconnue jusqu'alors puisque ne correspondant ni à une guerre classique ni à une guerre sociale. Il est à souligner qu'avec des méthodes fortement différentes les divers régimes politiques n'ont rencontré nulle part une véritable opposition aux mesures d'urgence peu démocratiques utilisées contre la propagation du virus. Et quand elle se manifeste, c'est à retardement et sur des bases là aussi fort différentes si on prend d'un côté certaines réactions à la pression policière dans des banlieues françaises et les quelques tentatives de réappropriation ou pillage en Italie ; et de l'autre, les manifestations, parfois avec armes, des opposants au confinement dans les villes « démocrates » ou « sudistes » des États-Unis. Cette gestion des populations montre des fractures qui ne recouvrent pas exactement celles des classes. De nouvelles questions se sont posées abruptement : que faire des personnes âgées et à un degré moindre que faire des « jeunes » ? Deux sujets qui préoccupent beaucoup plus le gouvernement que d'éventuelles grèves sont les licenciements ou la possibilité d'un redémarrage rapide des usines automobiles dans un contexte de surproduction de véhicules fonctionnant suivant les anciens critères (diesel, thermique). Par ailleurs la notion de « populations les plus fragiles » a fait florès qui est loin de recouper l'ancienne figure du prolétaire quand c'est la grande pauvreté qui tout à coup sort de l'ombre. La prise en compte par les politiques comme par les médias que si tout le monde est touché, ce n'est pas de la même façon, les a conduits à reconnaître et insister sur l'accroissement des inégalités produit par les mesures de confinement et à en faire un élément parmi d'autres de son intensité, de sa durée et de sa levée, sa prolongation pouvant s'avérer très problématique.

Le 24 avril 2020

# Relevé II

## (30 avril 2020)

### Une gestion de la crise sanitaire au coup par coup

– Avec 10 millions (10,2 au 22 avril 2020) de salariés en chômage partiel, les neuf millions de grévistes de mai et juin 1968 sont dépassés. La situation n'est certes pas la même puisque ce qui était choisi à l'époque comme offensive ouvrière est aujourd'hui subi, mais cela donne une idée du choc. Un choc amorti par une prise en charge de l'État à hauteur de 84 % du salaire brut, mais dans de nombreuses grandes entreprises elle atteindra 100 %, correspondant quasiment à un revenu garanti néanmoins loin d'être « universel ». En contrepartie, ce chômage partiel se paie de suppression de jours de RTT (jusqu'à dix journées) et d'une augmentation des heures de travail post-crise jusqu'à la fin décembre (cf. les ordonnances de mars 2020). À noter que c'est la France qui fournit le plus gros des efforts en ce domaine en Europe en y consacrant le double des crédits accordés aux entreprises en l'Allemagne[13], mais dans un total des crédits pourtant beaucoup moins important en valeur relative : France : 1,9 % du PIB ; Espagne et Italie : 1,2 ; Pays-Bas : 2,7 ; R.U. : 3,1 ; Allemagne : 4,4. Par contre l'Allemagne offre la plus grande proportion de l'aide aux très petites entreprises (TPE) d'une part et aux fleurons industriels d'autre part (cinq fois plus que la France pour ces derniers), mais sans conditions. En revanche, en France, en contrepartie de son aide aux entreprises l'État pose ses conditions : pas de versement de dividendes cette année et suivant l'exemple récent du Danemark, elle interdit aussi les aides aux entreprises ayant leur siège ou des filiales dans les paradis fiscaux (cela concernerait plus de cinquante grandes entreprises).

---

13 – Le « Cela nous coûte un pognon de dingue » de Macron est devenu provisoirement un « quoiqu'il en coûte ». À ces mesures s'ajoute l'aide alimentaire exceptionnelle aux cent mille familles les plus en difficulté de la part d'un gouvernement jusque là peu porté à se pencher sur des « invisibles » dont beaucoup sont devenus des « seconds de cordée » dans le langage imagé des dirigeants politiques et des médias.

– La BCE ne suit pas pour le moment la FED américaine qui elle, rachète des prêts bancaires pour l'aide aux entreprises, d'abord, pour prémunir ces banques de dettes qui s'avéreront non remboursables parce que les crédits d'aide n'auront pas été assez sélectifs (*a priori* ce n'est pas le but) ; ensuite, et en conséquence, pour ne pas assécher les réserves des banques nécessaires pour des investissements futurs. Néanmoins, suite aux règles établies après la crise de 2008 avec les accords dits de Bâle III, les banques ont été obligées d'augmenter leur proportion de fonds propres par rapport aux actifs détenus classés comme risqués ou douteux (elle passe en Europe de 8,8 à 14,6 %, même si le total de ces fonds propres par rapport au bilan d'ensemble ne représente que 5,8 %). Une assurance qui n'est donc pas énorme. Mais, dans l'ensemble, les banques sont plus encadrées/recadrées qu'au moment de la crise financière de 2008, y compris les banques centrales. Par exemple quand on parle « d'argent hélicoptère » les banques centrales sont opérationnelles pour le parachutage, mais le lieu d'atterrissage (les bénéficiaires) est du ressort de l'État. En période de crise grave, « l'indépendance » des banques centrales (un des grands principes du néo-libéralisme consacré à Maastricht pour l'UE) se réduit comme peau de chagrin.

– Pour beaucoup de secteurs industriels (hors bâtiment et travaux publics) la reprise de l'activité industrielle avant la fin du confinement n'a pas grand sens parce que la mise en veilleuse actuelle des circuits de distribution pose un énorme problème de stockage et qu'une reprise tambour battant contredirait le système du juste à temps. Par exemple dans l'automobile, les usines doivent attendre la réouverture des concessionnaires. De toute façon le déconfinement semblant partout se faire de façon très progressive, il n'y a pas de risque d'emballement de la production. Toujours dans l'automobile, les conditions de redémarrage ne sont pas liées qu'à des contraintes techniques. Elles dépendent aussi de la plus ou moins grande disposition de liquidités (le niveau de trésorerie des entreprises avant la crise, par exemple bon pour PSA, très moyen pour Renault) et de la capacité à abaisser le « point mort[14] », comme au moment de la crise dite pétrolière de 1973-1974. En effet, dans les conditions d'un marché d'après crise sanitaire forcément incertain, il ne s'agit pas pour les grandes

---

14 – C'est-à-dire le niveau de production le plus bas possible à partir duquel l'entreprise commence à faire des profits. C'est cet indice qui permet d'estimer la capacité à maintenir des profits quand le marché se contracte ou *a fortiori* s'il est saturé.

firmes de produire plus dans n'importe quelles conditions, mais de produire mieux. Si on considère les chiffres actuels, les entreprises qui résistent le mieux sont celles dont les marchés sont les plus diversifiés. Encore un signe qui indique que sauf dans les secteurs qui seront jugés stratégiques, la mondialisation ne reculera pas parce que cette diversification tient compte de la nécessité non seulement des délocalisations, mais d'une nécessaire proximité avec les marchés émergents.

– Nous avions souligné, dans notre précédent relevé, les obstacles d'ordre bureaucratique à la lutte contre la pandémie en France ; on en a eu confirmation dans *Le Monde* du 25 avril 2020 qui décrit les difficultés rencontrées par les laboratoires vétérinaires (pourtant équipés pour réaliser des tests massifs) et laboratoires publics de recherche pour participer au dépistage (effectif pour cinq d'entre eux seulement sur cinquante). En effet, ils doivent faire face aux conflits de compétence entre les préfectures, l'ARS (qui a, entre autres, interdit la pratique des tests aux labos privés) et les CHU (cf. notre exemple de Lille dans le précédent relevé). Tout cela ne date pas d'aujourd'hui puisque le nouveau management public qui sévit depuis une vingtaine d'années au moins a conduit à appliquer le pire du système anglo-saxon (ce qui se traduit en France par aligner le public sur le privé) avec le pire de la structure techno-bureaucratique française (les certifications, les protocoles uniques et centralisés[15]). La recherche fondamentale va elle aussi être bridée (brimée ?) par la généralisation de la logique de projets au sein de l'Agence nationale de la recherche (ANR). Plus prosaïquement pour ce qui concerne les masques, l'État (sous la présidence Hollande) est passé d'une logique de stocks stratégiques à une logique de mutualisation des moyens avec rhétorique d'optimisation pour la légitimer. Les risques sanitaires vont se répartir en de multiples acteurs tous contraints du point de vue budgétaire. Techniquement, cela a abouti à une dilution des masques FFP2 au sein des établissements de santé, la centralisation ne concernant plus que les masques chirurgicaux… dont le renouvellement ne sera pas fait car l'effort sera porté sur le sérum de la variole, le tamiflu et les combinaisons intégrales anti-Ebola[16].

---

15 – Cf. encore, au niveau médical, le nouveau plan « Cancer III » sous Hollande qui oblige à suivre un seul et unique protocole de soin, alors qu'il en existe plusieurs ; mais choisir demande de passer devant un juge pour validation.

16 – Il aurait fallu racheter cent mille masques chirurgicaux par an pendant huit ans alors qu'il n'y en a eu que cent mille de rachetés… sur huit ans.

– Pour tout ce qui concerne le droit pendant la période de confinement, il faut partir de l'idée de base que le confinement n'est pas une mesure sanitaire, au contraire de la quarantaine ou même de la quatorzaine inaugurée pour le Corona. Il n'est donc pas le fruit d'une politique de santé, mais une « réponse » doublement contrainte par un événement imprévu venant rencontrer une imprévoyance générale et une infrastructure sanitaire inadaptée ou en mauvais état. Si le virus n'est pas une personne humaine, de fait il met l'État et les personnes devant un fait accompli que l'État transforme en fait de droit à partir de règles qui échappent plus ou moins à la loi commune tout en cherchant à ne pas trop s'en éloigner, consensus démocratique oblige. Par exemple le décret du 16 mars 2020 sur l'état d'urgence s'appuie sur l'article 37 de la Constitution, mais toutes les mesures censées être exceptionnelles et donc conjoncturelles sont pourtant portées au code de la Santé publique comme si elles allaient être pérennisées, alors qu'il n'y a encore eu aucun contrôle parlementaire. Le socle commun à tout cela semble l'article 34 qui opère une véritable révolution copernicienne du rôle de la loi. Dans les régimes précédents de la III^e^ et de la IV^e^ république, la loi, expression de la volonté générale, pouvait intervenir dans tous les domaines : elle n'était limitée ni par la Constitution, en l'absence de possibilité de contrôler effectivement la conformité d'une loi à la norme fondamentale, ni par le règlement qui ne pouvait intervenir qu'en vertu d'une loi. Or, la Constitution de 1958 semble renverser le rôle respectif de la loi et du règlement (ou décret). L'article 34 limite la loi à une liste de domaines particuliers, tandis que l'article 37 dispose que le règlement peut couvrir tous les champs non attribués à la loi. C'est donc désormais le règlement, pris par le pouvoir exécutif, qui devient autonome[17]. Toutefois, cette nouvelle tendance juridico-politique peut être battue en brèche quand la question est portée sur la voie publique et que le débat s'emballe comme à propos du projet gouvernemental concernant une application de traçage via les smartphones pour une application « Stop-Covid ». En conséquence, au lieu de passer en catimini, le projet est repoussé à une date permettant un vote « en présentiel ». Pouvoir en place

---

17 – Pour Dominique Rousseau enseignant de Droit public à l'Université Paris I Panthéon-Sorbonne, l'état d'urgence a été mis en place en France « dans un État vide de droit » dans lequel « s'exerce seule la violence pure du souverain » (*Libération*, le 13 avril 2020). On peut rajouter que cela ne date pas de la pandémie (cf. par exemple les Gilets jaunes et la liberté de manifester, le recyclage de la fameuse amende à 135 euros, etc.).

ou « citoyens » personne n'échappe au dilemme de la neutralité ou non de la technique. Les Gilets jaunes l'ont d'ailleurs expérimenté dans leur utilisation de Facebook : formidable moyen de mobilisation dans un premier temps, de surveillance policière dans un second.

Le 30 avril 2020

# Relevé III

# (5 mai 2020)

## Crise sanitaire et capitalisme

– Nicolas Hulot sur BFM-TV : la pandémie est un signe, « la nature nous adresse une sorte d'ultimatum [...] tout ça est un mal nécessaire » (22 mars 2020). Devant un tel « lanceur d'alerte », n'est-il pas bon de rappeler que l'espérance de vie au Bangladesh, l'un des pays le plus densément peuplé et les plus pauvres de la planète est passée de 46 ans en 1960 à 73 ans en 2017. D'une manière générale les épidémies n'ont pas arrêté de reculer au cours du XX$^{e}$ siècle, même si le VIH a été très meurtrier et le reste en Afrique, le continent qui est le plus touché par les épidémies et pour le moment le moins touché par le Covid-19. Comme le dit Jérôme Baschet dans son article du n$^{o}$ 238 de *Lundi matin*, « Les infections virales sont des phénomènes "naturels" au sens où les virus ont leurs propres comportements et inclinaisons ; mais le devenir de certains d'entre eux est largement orienté par les transformations des milieux qu'induisent les activités humaines ». Or, la transformation de ces milieux ne relève pas comme le sous-entendent Hulot et bien d'autres à propos du Covid-19, d'une vengeance de la nature à notre égard. Les épidémies ne sont pas l'expression d'un complot de la nature dirigé contre l'humain et ce n'est pas la peine d'en accuser le pangolin ou un quelconque autre animal ou encore la rupture de la magique « barrière des espèces ». Il est aussi hasardeux de laisser croire que les zoonoses résultent directement de la déforestation. Non seulement un lien direct n'est pas scientifiquement établi dans ce sens, mais une telle assertion occulte les conditions premières de leur émergence : la précarité des populations rurales vivant aux confins des forêts tropicales et qui défrichent parce qu'elles sont privées de terre (cf. Jacques Tassin, chercheur en écologie forestière au Cirad, spécialiste des invasions biologiques dans « Penser comme un arbre », Odile Jacob, 2018). Comme bien souvent quand il est parlé de « nature », il est parlé sans ou contre les humains.

– la lutte contre la pandémie nous offre un exemple de ce qu'Alain Supiot nomme « La gouvernance par les nombres » du nom de son livre éponyme. L'augmentation de la puissance de calcul des mathématiques par les nouveaux moyens technologiques permet la quantification de tout ce qui est quantifiable. La médecine a ainsi opéré des calculs de probabilité pour les programmes de vaccination. Gouverner par les nombres comme on le voit avec l'avalanche de chiffres et maintenant la délimitation de zones de contamination par la puissance publique permet de se passer de la loi pour gouverner de façon discrétionnaire à l'abri d'un « état d'urgence » que personne ne conteste ouvertement tant la peur est devenue « naturelle » dans une société qui d'un côté prône le zéro risque et multiplie les principes de précaution et de l'autre s'avère surprise que le risque climatique surgisse comme s'il sortait de nulle part. Ainsi, dans les EHPAD seule la mortalité brute est quantifiable, pas la dignité et les conséquences de la rupture de socialité produite par un isolement par rapport aux familles et amis. Cette quantification s'est évidemment étendue à l'économie, science de la rareté et la théorie des jeux est venue lui insuffler ce supplément de quantification à défaut de supplément d'âme (dilemme du prisonnier, théorie de l'agence). C'est une modélisation mathématique et statistique à outrance qui est utilisée pour produire des simulations de situation permettant de fixer les mesures à prendre dans la lutte contre la pandémie comme si elles allaient se substituer à une politique sanitaire défaillante. Néanmoins ce gouvernement par les nombres n'a pas la neutralité de la science pure et dure, bien propre sur elle. Ainsi, un rapport de l'Inspection générale de l'administration (IGA) d'avril 2005 (cf. l'enquête *Le Monde* le 4 mai 2020 sur « le désarmement sanitaire ») qui insistait sur la nécessité d'un plan de prévention contre une crise sanitaire d'importance a-t-il très vite été enterré, priorité ayant été donnée aux cercles militaires et policiers axés sur la lutte contre le terrorisme et les risques d'attaques nucléaires et biochimiques, plutôt qu'aux infectiologues et épidémiologues alertés par les précédentes épidémies du VIH et du SARS. Bruno Canard, un spécialiste des Corona virus découverts au moment de l'épidémie du SARS en 2002 s'est d'ailleurs exprimé là-dessus en début d'épidémie en critiquant cet arrêt des recherches (cf. France 3 Provence-Côte d'azur, 13 mars 2020). Il a vite disparu des radars.

– Un arrêté préfectoral des Hautes-Alpes du 22 avril prescrit des autorisations de se rendre en son jardin potager... pour y travailler, à l'exclusion d'y prendre un bain de soleil et d'y faire un barbecue (source : *Actualité du sud des Alpes*, 26 avril 2020). Un signe plus général de cet autoritarisme sans autorité est sans contexte la création d'une voix de son maître de l'information par la porte-parole du gouvernement : le Service d'information du gouvernement (SIG) dont le but est « d'informer sur la désinformation », car les *fake news* et les théories complotistes menaceraient le consensus démocratique. « Nous sommes en guerre » disait Macron et il faut donc des moyens appropriés même si leur utilisation reste ciblée et restreinte. En effet, pour le moment seuls les réseaux sociaux semblent visés par l'accusation d'émission de *fake news*... et non les grands médias... ou le gouvernement lui-même. Comme nous ne sommes pas tout à fait en temps de guerre malgré la déclaration préliminaire de Macron, nous échappons de justesse à une information sous contrôle militaire. Les informations n'émaneront donc pas d'un ministère de la guerre qui n'existe pas, mais d'articles en provenance des médias les plus méritants. *Libération* et *Le Monde* arrivent sans surprise en tête des « bonnes feuilles » du gouvernement. *Le Figaro*, trop critique sûrement (où ne va pas se cacher la critique aujourd'hui !) n'est pas mentionné qui dénonce le « Parti de l'ordre sanitaire » et de l'hygiénisme[18].

– Le débat avorté sur le confinement spécifique à destination des « vieux » et personnes à risque, s'il a disparu des radars gouvernementaux, a resurgi d'une façon « intéressante » dans *Libération* le 28 avril suite à une tribune de Véronique Fournier, présidente du Centre national des soins palliatifs et de fin de vie et favorable à l'euthanasie : « La réa jusqu'à quel âge ? ». Pour son propos, elle s'appuie sur un *think tank* américain de « réflexion éthique » qui se livre à un calcul utilitariste de rationalité des choix permettant de trancher à l'intérieur des arbitrages intergénérationnels permettant de garantir les « utilités » tout en baissant les coûts. Il n'y a guère de doute sur le résultat de ces calculs, mais le gouvernement Macron ne semble pas avoir lu l'article ou bien n'en a pas tenu compte.

– la charge de la dette a baissé de 1,4 milliard en 2019 à cause du niveau très bas des taux d'intérêt. Paradoxe : le taux apparent, c'est-à-dire le rapport entre coût de la dette (les intérêts) et montant total de celle-ci, est en l'état bien inférieur à ce qu'il était en 2007 (2,1 contre 4,3). Une situation qui devrait perdurer malgré la crise sanitaire, car les chances de reprise de l'inflation sont faibles à court terme, parce qu'en plus de taux bas, les liens entre masse monétaire et prix se sont détendus. La masse monétaire augmente certes, mais sa vitesse de circulation décroît du fait de l'augmentation de l'épargne. La baisse du prix des matières premières devrait continuer à court terme ainsi que la baisse de la masse salariale globale

18 – Cf. *Le Figaro* du 2-3 mai : « L'ordre sanitaire, piège pour la démocratie », un article dont la fin nous rappelle quand même (on est au *Figaro* et la critique est cadrée) que le travail de la police est de défendre l'ordre social et non l'ordre sanitaire.

avec l'augmentation du chômage suite à la crise sanitaire. Sauf pour les prix alimentaires, cela risque d'être la tendance générale dans un contexte clairement déflationniste d'économies déprimées.

– Pour ceux qui pensent que nous assistons à un passage de témoin entre grandes puissances, sous-entendu, l'aire asiatique et particulièrement la Chine prendrait le relais des États-Unis, voici quelques faits et chiffres :

- fuite mondiale de capitaux vers les EU.
- les actions européennes ont perdu dix points par rapport aux américaines.
- l'écart de valorisation entre banques américaines et européennes à même niveau de capital est de 50 % en faveur des premières.
- les valeurs des cinq grandes entreprises américaines (GAFAM) caracolent en tête des valeurs boursières. Sans parler de l'explosion de la valeur Tesla.
- La structure du capital en Chine se transforme et l'investissement en construction qui représentait 25 % du PIB au début des années 2000, est de 35 % aujourd'hui. En revanche, l'investissement hors construction, qui représentait 17 % du PIB au début des années 2000, n'en représente aujourd'hui que 15 %, malgré les annonces de grands plans de développement technologique ces dernières années. La politique de relance continuelle par l'investissement dans de nouvelles infrastructures déforme ainsi la structure capitalistique du pays, avec une domination du capital en construction dont la rentabilité est bien plus faible que celle du capital cognitif/technologique, d'où le freinage progressif et encore à venir des gains de productivité. C'est un fait à considérer si on veut comparer avec l'effort américain en ce domaine. En tout cas les structures capitalistiques des deux pays restent fondamentalement différentes puisqu'alors que la crise sanitaire a renforcé le pouvoir des start-ups et des entreprises privées, comme on a pu le voir pour la recherche du vaccin anti-Covid aux États-Unis et en Europe, les Chinois continuent à s'appuyer sur leurs gigantesques entreprises d'État dont le rendement du capital est faible par rapport aux entreprises privées (4 % contre 10 % en moyenne) et par ailleurs limitent l'initiative de groupes de pointe comme Alibaba.

Alors bulle américaine ou accentuation de la concentration du capital à son pôle dominant ?

– Le rôle quasi inexistant de l'ONU (hors OMS) pendant la pandémie dérive indirectement de la volonté des grandes puissances de ne pas abandonner la direction de la lutte contre la pandémie. Le retrait des États-Unis indique qu'ils ont abandonné l'idée que le multilatéralisme est le meilleur moyen d'assurer leur domination. Le retour de la logique des puissances les amène paradoxalement à faire plus de place à la Chine car ils se sentent forts (c'est du moins ce que pense l'administration Trump) de leur propre puissance. Ils semblent accepter un monde multipolaire dans la mesure où même si la Chine se montre, elle, ultra-présente, par exemple à l'OMS, à la FAO et à l'OMC, elle se heurte à la limite des interdépendances de la globalisation (scientifique, militaire, stratégique dont le sens s'élargit sans cesse). Dans le même registre du retour des souverainetés, l'État, en France, mais aussi les autres gouvernements de l'UE vont contrôler jusqu'à la fin de l'année les investissements non européens dans les secteurs définis comme stratégiques et biotechnologiques (entrée limitée à 10 % du capital au lieu de 25 %). Les OPA inamicales chinoises sont dans le viseur dans une situation difficile où certaines grandes entreprises pourraient manquer de trésorerie propre. C'est le cas, très courant aux États-Unis, moins en France, des entreprises qui ont racheté leurs actions ces derniers mois ou années pour soutenir leur cours en Bourse. Une caractéristique de ce que nous appelons la « reproduction rétrécie » du capital (cf. J. Wajnsztejn, « Capitalisation et reproduction rétrécie », *Temps critiques*, n° 19, 2018).

– La crise sanitaire agit aussi sur l'organisation du travail. Du point de vue de l'évolution des lieux de travail tout d'abord où le développement du télétravail vient contredire l'attachement traditionnel à un lieu fixe de travail. Symbolisé par l'ancienne manufacture d'abord et jusqu'à il y a peu par l'entreprise-usine de la période taylorienne-fordiste, l'évolution va vers des formes plus flexibles et plus décentrées : travail intérimaire–travail détaché–micro-travail et maintenant *back-office* (là où le travail se prépare) ; du point de vue de la division du travail ensuite. En effet, si on prend l'exemple de l'hôpital, sa chaîne hiérarchique, dans un des secteurs où elle est la plus manifeste, semble avoir été mise à mal dans un premier temps, par l'urgence des soins à accomplir nécessitant l'organisation pratique de collectifs de travail auparavant éclatés, cloisonnés et soumis aux nouvelles contraintes bureaucratiques et informatiques de l'hôpital-entreprise. Mais à la lecture des différentes interventions de membres du personnel hospitalier et de leur variation au cours du temps de crise sanitaire, ce qui a pu apparaître au début comme la reconstitution de ce collectif de travail à l'hôpital (et de lutte, mais d'une lutte bien particulière contre un ennemi commun : le virus) doit être relativisé. Ce collectif ne peut être pérenne ; de la bouche même du personnel, il est exceptionnel parce que dû à des circonstances exceptionnelles. En effet, au-delà de l'élan collectif, des médecins à la pointe de la lutte sur les conditions de travail à l'hôpital, comme Patrick Pelloux, font remarquer (*Libération*, le 4 mai 2020) « Nos grands pontes ont pris le pouvoir, les médecins hospitaliers de base ont été relégués sur les strapontins ». Là où il est écrit « pris le pouvoir », il faudrait plutôt lire « repris le pouvoir ».

– Pendant ce temps, le gouvernement continue à organiser la « grève » de larges secteurs de l'activité, alors que le MEDEF, la CFTC et la CFDT en appellent à la reprise du travail, effrayés qu'ils sont par le différentiel de perte de PIB par rapport aux autres grands pays de l'UE (-5,8 % contre -5,2 Espagne, -4,7 Italie, -3,7 Belgique, -2,5 Autriche et autour de 2 pour l'Allemagne). En comparaison, les grèves de mai-juin 1968 avaient fait baisser le PIB de 5,3 % sur trois mois ; la crise de 2008 de 1,3 sur le premier trimestre 2009. Mais à chaque fois des mécanismes compensateurs avaient joué à la reprise. Là, le doute est plus sérieux puisque l'épargne forcée des ménages peut aussi bien se pérenniser en épargne de précaution par crainte d'une augmentation de chômage qu'en course à la consommation. Or ce choix pour l'une ou l'autre aura une incidence différente sur les anticipations d'investissement par les entreprises. Il y a les mêmes doutes sur la nature de l'intervention de l'État, la solidarité européenne, la capacité à monétiser la dette par les banques centrales sans effet inflationniste.

– Vélo et déconfinement. Plusieurs pages dans *Libération* le 4 mai 2020 à ce sujet et tous les maires des grandes villes à la baguette et à l'ouvrage. Voilà la nouvelle panacée présentée toutes voiles dehors pour une « distanciation sociale » maintenue ou même accentuée le « jour d'après ». Proposition si possible extensible à notre avenir en général qui ne concevra bientôt plus le domaine public que comme extension de la sphère privée puisque le virus accélère l'idée que les transports en commun sont non seulement trop publics, mais trop collectifs. Certains maires des grandes agglomérations y voient une restructuration alternative du territoire urbain déjà bien planifié (cf. Paris) et les différents lobbys s'en donnent déjà à cœur joie ; ainsi de Nicolas Le Moigne, porte-parole de *Vélocité* à Montpellier qui proclame que « (depuis le 21 mars) l'humain se réapproprie la voirie ; l'espace urbain s'est transformé ». Oui, c'est certain ; ce qu'on appelait avant la ville, avec l'intensité de sa circulation automobile comme piétonne, son bruit, ses lumières, ses rencontres dans des lieux divers, toute la multiplicité des activités qui lui sont liées n'a tout à coup plus existé ou alors au ralenti. D'ailleurs, les habitants des hypercentres ne s'y sont pas trompés puisque ceux qui le pouvaient ont fui vers les maisons de campagne ou familiales. Et qu'est-ce que se sont réapproprié de cette ville anesthésiée ceux qui sont restés, à part les queues à la boulangerie ? Ce triste sire n'hésite pas à nous faire l'apologie de la « distanciation naturelle » eu égard à la forme de confinement que représentent effectivement parfois des équipements publics de transport sous dimensionnés ou mal adaptés et de ce fait dévalorisés aux yeux de ceux qui peuvent utiliser des moyens alternatifs.

Le 5 mai 2020

# Relevé IV

# (14 mai 2020)

Une réaffirmation de la puissance au niveau de l'hypercapitalisme (niveau i de la domination)…

– Nous voudrions ajouter une précision à notre affirmation précédente (cf. relevé iii) selon laquelle « Le rôle quasi inexistant de l'onu (hors oms) pendant la pandémie dérive indirectement de la volonté des grandes puissances de ne pas abandonner la direction de la lutte contre la pandémie. » Il s'agit ici d'un exemple de la rivalité entre fractions de puissance au niveau de l'hypercapitalisme du sommet, d'autant que beaucoup d'États estiment que l'oms est aux mains de la Chine vu l'appui qu'elle y trouve auprès des pays en voie de développement. Mais d'autres grandes manœuvres existent comme celle calquée sur la proposition de George Soros (autre représentant de la finance tant honnie par l'extrême droite et l'extrême gauche réunies, mais bon, paraît qu'il est juif, ceci explique cela) pendant la crise financière de 2008, de convaincre les États membres les plus riches de transférer une partie de leurs droits aux pays pauvres pour leur permettre de profiter pleinement d'une augmentation des Droits de tirage spéciaux (dts) qui sont normalement distribués en fonction de quotas par pays en proportion de leur contribution à la cagnotte globale). L'ennui, c'est que les ressources du fmi dépendent pour une bonne part de la dotation américaine et, même sans considérer les positions de Trump et de son équipe, il est peu probable que le Congrès américain vote une augmentation à quelques mois des élections. De ce fait, on pourrait dire que ces institutions internationales sont plus prisonnières que jamais des États les plus puissants.

Pourtant,un article de Gavyn Davies (lui-même chef d'une société de gestion d'actifs, et analyste), publié le 19 avril dans le *Financial Times* et intitulé : *The sdr is an idea whose time has come* (« Les Droits de tirage spéciaux de nouveau d'actualité ») semble redonner crédit à la proposition de Soros. Le fmi propose en effet une émission supplémentaire de dts. La seule fois dans le passé où cela a été fait à grande échelle, c'est en 2009 à l'instigation de Gordon Brown, alors ministre des Finances en Angleterre, qui a convaincu les autres chefs d'État d'injecter mille milliards de dollars dans l'économie, dont 250 milliards sous forme de DTS. L'ennui, c'est que ceux-ci étant distribués selon les quotas des pays membres du FMI, seuls 40 % du total ont afflué vers les pays pauvres. À l'époque, George Soros avait proposé comme solution que les pays avancés acceptent de transférer une part de leurs droits aux pays pauvres. Cela va-t-il être repris aujourd'hui puisque même les USA laissent entendre qu'ils seraient ouverts à quelque chose de ce style ?

En tout cas, en 2009, cette mesure avait permis à ces pays d'acquérir des dollars par le biais des DTS au lieu de devoir passer par le marché financier. En conséquence, la fuite des capitaux et la revente massive des devises locales avaient été atténuées. Or la fuite des capitaux quittant les pays émergents atteint aujourd'hui le triple du niveau de 2009. La semaine dernière, Gordon Brown et l'économiste américain Larry Summers, ex-conseiller de Barak Obama, sont repartis en croisade en proposant une nouvelle émission de DTS d'une valeur bien supérieure à mille milliards de dollars. Le principal obstacle c'est que Steven Mnuchin, le Secrétaire américain du Trésor a besoin du feu vert du Congrès pour toute allocation au FMI dépassant les 649 milliards, et même ce montant ne semble pas lui plaire…

– Deux situations historiques ne sont jamais identiques, mais rappelons, pour ceux qui n'ont que la dette en bouche et ses implications néfastes que la dette de guerre de la RFA a été gelée dès 1953 et définitivement supprimée en 1991. Quant à la dette publique globale de l'après-guerre, elle a fait l'objet de prélèvements exceptionnels sur les hauts patrimoines financiers. Ne pas oublier non plus que les États-Unis ont été longtemps (avant Reagan) l'un des pays au taux d'imposition le plus élevé de toutes les grandes puissances (cf. Luc Peillon, « Est-il vrai que les États-Unis ont taxé les riches à plus de 70 % pendant trente ans ? », *Libération*, le 21 mars 2019).

### … NUANCÉE AU NIVEAU II DES DIFFÉRENTS ÉTATS DANS LEUR GESTION DE TERRAIN

– En France, le pouvoir semble incapable d'intervention politique coordonnée dans la préparation de la sortie de crise sanitaire. Tout le monde semble tirer à hue et à dia comme on peut s'en apercevoir dans le fait que la livraison de masques gratuits à partir du 11 mai dans les pharmacies (décision Santé-Véran) ait été court-circuitée par les Finances de Bercy qui via la secrétaire d'État Agnès Pannier-Runacher, a autorisé la marchandisation (certes avec blocage des prix) de FPPI dans les supermarchés. Par ailleurs, le gouvernement s'accroche à des dates : le 11 mai pour le déconfinement première phase et le 2 juin pour la deuxième phase avec une fixation rigide et à l'avance d'un calendrier échelonné qu'il a bien du mal à tenir. Englué dans ses dates, toute reconnaissance d'une erreur apparaît comme une faiblesse et le gouvernement n'a plus comme choix entre se dédire et perdre encore de son autorité ou se maintenir et de s'enfoncer dans l'autoritarisme (cf. les hésitations sur la date de la rentrée scolaire et à un degré moindre le fonctionnement et l'utilisation des transports publics).

En conséquence, il en appelle à une sorte de cogestion de la sortie de crise : « Les vacances d'été dépendent des efforts des uns et des autres », déclare le Secrétaire d'État J.-B. Lemoine ; « En l'absence de traitement et de vaccin, le comportement des Français va avoir un poids considérable surenchérit Olivier Véran dans *Le Parisien.* Dans le même ordre d'idée, on peut lire dans *Libération*, le 6 mai que le *Do it yourself* est consacré comme politique participative. Macron déclare en direction des confinés : « Demandez-vous chaque matin ce que vous pouvez faire pour le pays ». Des associations privées y ont d'ailleurs répondu de façon plus organisée en finançant du matériel. C'est le cas de l'association « Protège ton patient » (*Le Monde*, le 12 mai 2020). Quant à Delfraissy, le Président du Conseil scientifique de Macron, cet « homme de gauche » dont ce dernier journal fait l'apologie, il nous livre : « La balle est dans les mains de chacun. Car c'est à chacun de prendre ses responsabilités et d'avoir le comportement qui se doit ». En entrefilet, le journal aura eu le temps de glisser que Delfraissy est favorable à la PMA, c'est dire sa crédibilité sur le coronavirus, d'autant qu'il a bien du courage, rajoute le journaliste, de défendre cette position vu sa foi chrétienne. Pour un peu on aurait eu droit au nombre de ses enfants et à l'âge de sa femme comme dans *Voici* ! Cela plus le vélo en ville et le télétravail maintenu annoncé pour la moitié des salariés, ce n'est pas loin d'une cogestion individualisée de la vie quotidienne qui nous est proposée par le pouvoir… quand même contrôlée en dernier ressort par la police et leurs assesseurs de tous ordres. On apprend ainsi que les agents de sécurité de la RATP pourront dresser contravention à toute personne qui ne porterait pas de masque dans les transports publics… avant même qu'on sache si ces mêmes transports seront accessibles à tout le monde. L'État décrète, l'intendance doit suivre. Dans ce même cadre logistique sécuritaire plus que gestionnaire, on s'inquiétera de l'opérationnalité ou non de mystérieuses « brigades » volantes de testage de la population. Le principe responsabilité a remplacé le principe espérance comme le dit Joël Gayraud dans son article : « Derrière nous, le jour d'après » publié dans le journal *Lundi matin* le 4 mai 2020. Et Hans Jonas à la place d'Ernst Bloch.

– L'article « La mécanique du délitement » (*Le Monde*, le 9 mai 2020) offre un bon exemple du fonctionnement de l'État en réseau avec la multiplication des intermédiaires dissolvant toute responsabilité politique et rappelant l'affaire du sang contaminé. On y apprend que sous le ministère de Marisol Touraine en 2012, avec déjà Jérôme Salomon comme conseiller spécial, c'est en fait le secrétariat général de la Défense et de la Sécurité qui avait été chargé d'une éventuelle riposte sanitaire[19]. L'ex-sénateur LR Francis Delattre explique le type de fonctionnement qui prédomine et qu'il a dû subir : d'un côté, les conseillers de la Haute Fonction publique coupent les informations en direction du ministre ; et de l'autre, ils bloquent toutes les questions des parlementaires. Ils entretiennent de fait un entre-soi technocratique de conseillers et experts, techniciens de la modélisation qui se retrouvent en charge de tout ce qui est réglementaire censé assurer la permanence de l'État en l'absence de politique. Ce que Delattre appelle « l'État automate ».

INTERLUDE

> En temps de crise sanitaire, on assiste à l'explosion de la novlangue des réseaux. Grand consommateur de codes et de signaux le réseau potentialise les particularités et neutralise les singularités des anciens langages qui n'entrent pas dans son univers technique.
>
> En voici un relevé où rien n'a été inventé. Il est présenté dans un désordre volontaire d'écriture automatique : L'État-plateforme version *start-up* a demandé, du coup, que celles et ceux qui sont en capacité d'être en présentiel pour faire de la remédiation le fassent dans un cadre dédié et inclusif, avec un souci d'équité suivant un agenda précis. L'intelligence collective doit être mobilisée en temps réel. Au final, c'est bien la problématique d'échapper à la sidération, mais

---

19 – Depuis 2007 un plan gouvernemental prévoit le passage de pouvoir du ministère de la Santé à celui de l'Intérieur en cas d'épidémie atteignant ce que l'OMS définit comme le niveau IV (par exemple celui du H1N1 ou grippe asiatique de 2009). C'est ainsi que Roselyne Bachelot et son stock massif de masques et de vaccins, fut dessaisie au profit de la ministre de l'Intérieur (Michèle Alliot-Marie) ; que l'ARS fut mise en place avec suppression/intégration de l'EPRUS et de sa capacité logistique pour des raisons de « rationalisation » et que l'hôpital commença à fonctionner comme une entreprise sur la base de la tarification à la tâche (Castex l'innovateur...).

sans comportements inappropriés. Mais quel sera le bon logiciel de sortie ? Et par-dessus tout les Français accepteront-ils d'être impactés par ce tutoriel leur enjoignant de se conformer aux instructions du ministériel ?

Il ne s'agit pas là simplement d'une construction linguistique conjoncturelle (*cluster*, patient zéro et *contact tracing*, *clapping*, gestes barrières, kits de tests en *open source*), mais d'un véritable discours du capital qui se réalise par osmose des discours des différents réseaux d'information et de pouvoir politique, médiatique, managérial, publicitaire ou en provenance des réseaux sociaux. Ce langage qu'on pourrait croire être celui de l'entre-soi des décideurs de tout ordre se veut pourtant fortement « inclusif », mot essentiel du discours du capital dans le cadre de sa « révolution » post-moderne. Il déborde donc largement le cadre des grands décideurs et « influenceurs » pour se diffuser dans les couches semi-intellectuelles et artistiques de la société qui sont structurellement des couches-passerelles entre l'ancien et le nouveau. Il faut dire que, quelle que soit leur couleur politique, elles sont souvent macroniennes sans le savoir. Toutefois, volontairement ou non, ce langage n'échappe pas complètement à son caractère de classe. Le choix politique approuvé sans broncher par les médias, de « distanciation sociale » à respecter en lieu et place de distanciation physique qu'on pouvait attendre logiquement, est tout sauf un lapsus anodin. Il a d'ailleurs été largement repris et assumé par le plus grand nombre.

Au cours de son intervention à propos de la culture, Macron a fait plus intellectuel en risquant un « l'utopie concrète (sic) assume le grand écart entre un idéalisme naïf et un pragmatisme économique et social ». C'est peut-être pour cela qu'il faut « enfourcher le tigre » (le tigre, c'est le virus). Quant à Hervé Morin qui n'est que le président de Les Centristes, il fait de la mathématique sans le savoir sur BFM-TV : « On n'est pas sur la même équation », « une équation facile à gérer ».

– Mais revenons aux choses sérieuses et à « l'horreur économique ». Notons l'activisme de BlackRock et d'autres sociétés de gestion d'actifs qui exhortent les labos pharmaceutiques[20] à collaborer au développement de vaccins et de médicaments y compris en renonçant aux droits de brevet, le temps de dépasser la crise. C'est comme s'ils aspiraient à jouer un rôle presque aussi important que les États face à la crise en tant qu'instance de coordination agissant dans l'intérêt général ou dans un souci éthique — tout en ayant la puissance de feu nécessaire pour avantager les labos qui jouent le jeu deux fers au feu comme on dit. Quand on pense en outre que BlackRock est en passe de remplacer aux yeux des « de gauche » Goldman Sachs comme l'incarnation du mal, ça ne manque pas de sel.

– Pour la première fois le solde des échanges agroalimentaires avec l'UE est négatif parce qu'on importe ce qui est moins cher ailleurs (pays pauvres ou à l'agrobusiness plus développé comme les Pays-Bas et même l'Allemagne, un grand producteur agricole, c'est bien connu !) et qu'on exporte moins nos produits de bonne qualité, mais chers (*Les Échos*, le 5 mai 2020). Une fois de plus le gouvernement se retrouver tiraillé entre les exigences productivistes du lobby de l'agrobusiness regroupé derrière le syndicat majoritaire des agriculteurs, la FNSEA, et la tendance des jeunes agriculteurs à vouloir développer une « agriculture raisonnée », formule de transition pour ne pas trop prendre position en faveur d'une production biologique censée être incapable de répondre aux impératifs

20 – Cf. l'article d'Attracta Mooney et Donato Paolo Mancini intitulé *Drugmakers urged to collaborate on coronavirus vaccine* paru le 24 avril 2020 dans le *Financial Times*. Nous résumons : BlackRock, Fidelity Investments, Aviva Investors, Janus Henderson et Amundi ont tous dit au *Financial Times* qu'ils voulaient que les labos pharmaceutiques collaborent. « Une crise mondiale sans précédent exige en réponse une coordination mondiale sans précédent », selon Mirza Baig, responsable de la « gouvernance » chez Aviva. BlackRock est par ailleurs en discussion avec plusieurs firmes. La semaine prochaine, un autre groupe de plus de cinquante sociétés d'investissement (avec en tête le groupe néerlandais Achmea) a l'intention d'écrire à plus d'une douzaine de laboratoires afin de faire monter la pression pour qu'ils partagent leurs découvertes (vaccins et traitements) et qu'ils renoncent à faire respecter leurs droits sur les brevets concernés. L'OMS s'est déjà exprimée dans ce sens. Sanofi et GlaxoSmithKline ont annoncé un programme de collaboration sur les vaccins, et d'autres aussi. Le secteur pharmaceutique l'a déjà fait pour les traitements anti-cancéreux. En mars, face au tollé, Gilead a dû abandonner le statut privilégié obtenu aux États-Unis pour son médicament, le remdivisir, qui lui aurait donné un monopole national pour son traitement ainsi que des allègements fiscaux. Les *Asset managers* espèrent plus largement que leur pression poussera les laboratoires à baisser leurs prix.

d'autosuffisance alimentaire qui refont surface à la faveur de la crise sanitaire, l'agriculture étant également rangée dans les productions stratégiques. Pendant ce temps, d'après *Le Monde*, le 6 mai 2020, on apprend qu'en Corrèze les arboriculteurs aspergent les vergers de produits phytosanitaires (pour les pommes, trois à quatre fois par semaine, cinq heures durant chaque fois) par grand vent et ce, malgré les interdictions. Rien de nouveau sous le soleil sauf que cette fois cela se fait à visage découvert puisque certains confinés de luxe sont aux fenêtres et dans leurs jardins de résidence secondaire hors saison. Dans le Pas-de-Calais ce sont les granulés d'azote et de chaux ou le nitrate d'ammonium qui prennent bien le vent... jusqu'à empoisonner des animaux de compagnie d'ordinaire plus habitués à la pollution atmosphérique des grandes villes qu'au « bon air » du rurbain.

– Puisque nous avons parlé de riposte sanitaire de la part du pouvoir on pourrait peut être aussi parler de riposte du côté de la lutte et pourquoi pas, de la possibilité d'une lutte dure et antihiérarchique sur les salaires qui serait une façon de reprendre l'offensive... pour les salariés « garantis ». Ainsi, de premiers rassemblements de salariés des hôpitaux qui ne se satisfont pas des primes Macron ont eu lieu à Toulouse (cf. *Libération,* le 12 mai 2020). Toutefois, si le contexte général reste inchangé, il ne faudrait pas que ces revendications restent catégorielles, mais qu'elles concernent tous les salariés sans exception qui se sont retrouvés sur le « front » à faire tourner la baraque. Les agents de sécurité, par exemple, dont les fonctions sont multiples ne sont concernés par aucune des primes annoncées par le gouvernement ; il est vrai que leur cote de popularité n'est pas très haute, pourtant nombre d'entre eux ont participé au mouvement des Gilets jaunes ; mais ils ne sont pas les seuls « invisibles » : les aides à domicile, dont l'image est pourtant plus positive, sont dans le même cas de figure.

Pendant ce temps, on apprend que les syndicats d'Amazon-France ont demandé une reprise progressive de l'activité[21] sous certaines conditions de

21 – C'est ce qui va être fait le 19 mai. On sait que la direction d'Amazon-France a d'abord contesté la décision du tribunal de commerce de Nanterre suite à la requête du syndicat SUD pour mise en danger de la vie des salariés. Aucun compromis n'étant trouvé avec les syndicats, Amazon a fermé ses six centres de distribution en France et a fait appel. La Cour d'appel de Versailles a confirmé, en l'allégeant, la condamnation de l'entreprise à ne distribuer que des produits liés à l'urgence sanitaire. Non satisfaite par ce second jugement Amazon le conteste devant la Cour de cassation.

sécurité sanitaire. Par contre, la CGT s'est opposée à la réouverture de l'usine Renault-Sandouville le 11 mai pour manquement aux conditions de sécurité anti-contagion (source : *Le Figaro,* le 9 mai 2020).

Le 14 mai 2020

# Relevé V

# (19 mai 2020)

Les tensions entre niveau i et niveau ii

– Le 5 mai, la Cour constitutionnelle allemande de Karlsruhe s'est opposée à la politique de rachat des dettes des pays de l'UE par la BCE en alignant sa position sur celle, traditionnelle, de la Bundesbank, pourtant ébranlée par le soutien de son président à la BCE. Le souci pour elle n'est pas celui d'une lutte contre l'inflation qui n'a pas lieu d'être actuellement, mais une critique indirecte des bas taux d'intérêt, occasionnée par les pratiques d'argent facile (*quantitative easing*) développées depuis la crise financiere de 2008 par la FED[22] et la BCE qui nuiraient particulièrement au plus gros pays épargnant d'Europe qu'est l'Allemagne. Une prise de position étonnante quand on sait que cette Cour garante de l'État de Droit (*Rechtstaat*) en Allemagne est censée trancher sur la base de grands principes politiques ou philosophiques et moraux allant de l'interdiction du Parti communiste allemand en 1956 jusqu'à la légalisation du suicide assisté en 2017[23]. L'Allemagne, de par sa puissance, peut donc être successivement

---

22 – Jusque là, pendant plus de trente ans les banques centrales n'agissaient que sur le loyer de l'argent (le taux d'intérêt), mais pas sur sa quantité, suivant en cela les théories dites monétaristes. Elles baissaient les taux pour stimuler l'activité et les augmentaient pour limiter la surchauffe.

23 – Contrairement au Conseil constitutionnel français dont les douze membres sont nommés par le Président de la République et les présidents des deux Chambres, ses seize membres sont élus à moitié par le Bundestag et le Bundesrat, à la majorité des 2/3. Il n'empêche que c'est bien cette démocratique Cour qui a cautionné la mise en place de l'état d'urgence en RFA dans l'après 1968 avec, par exemple, les interdictions professionnelles (*Berufsverbot*) prononcées par les Länders à l'encontre des personnes travaillant dans la fonction publique et susceptibles d'appartenir à la « mouvance » d'extrême gauche.

De par son histoire l'Allemagne a privilégié le droit comme principe d'unité, et ce dès le Saint-Empire germanique ; elle l'a ensuite théorisé avec Carl Schmitt sous la forme de « l'État constitutionnel de droit » qui a légitimé l'État nazi et orienté la nouvelle Constitution de la RFA vers une conception restrictive de la démocratie dans le cadre de la lutte contre le bloc soviétique. Ainsi, l'hypothèse d'un ennemi intérieur théorisé par Carl Schmitt dans la phase historique antérieure était réintroduite… dans la

la nation qui a le plus poussé pour l'indépendance de la banque centrale européenne et être celle maintenant qui limite son pouvoir. La Hongrie et la Pologne sont évidemment à l'affût de l'évolution de la situation puisque la position de la Cour de Karlsruhe renforce la position souverainiste de leurs gouvernements respectifs. Mais dès le lendemain la Cour de Justice de l'UE (CJUE) a fait savoir qu'elle ferait respecter les règles de subsidiarité et la présidente de la Commission européenne envisagerait une procédure de sanction.

La BCE va se retrouver devant un choix : maintenir le caractère d'exceptionnalité de la situation actuelle avec mise sous perfusion de la dette italienne par exemple, sans modifier la réglementation complexe de Maastricht ou pousser plus avant son pouvoir propre avec la mutualisation de la dette[24]. La BCE de gauche ? La bonne finance chassant la mauvaise ? L'économie à nouveau politique ? À condition dit Cohn-Bendit *(Libération*, le 23 mai) que la BCE change son orientation et que le but ne soit pas la stabilité des prix, mais la croissance, ce qui est par exemple le choix de la FED. La divergence entre la FED américaine (malgré la position contraire de

---

nouvelle démocratie (source : Peter Brückner, Alfred Krovoza, *Ennemis de l'État*, La pensée sauvage, 1972. Brückner, professeur à l'université de Hanovre fut lui-même deux fois suspendu de ses fonctions et fit le chauffeur de taxi).

Terminons par une déclaration de cette Cour constitutionnelle en 1972 : « On attend des citoyens qu'ils défendent cet ordre les droits fondamentaux de la Constitution les ennemis de cet ordre, même s'ils se situent de manière formelle dans le cadre de la légalité, ne seront pas tolérés » (source : Sebastian Cobler, « R.F.A. : "l'État normal" » in *Les Temps Modernes*, n° 396-397, *Allemagne, difficile démocratie*, juillet-août 1979, p. 59).

24 – La dette italienne pourrait monter à 150 % du PIB, la française à 118 % soit des bonds d'une trentaine de points chacun. Quant à la dette japonaise, elle caracole en tête et atteint 238 % du PIB, mais sa soutenabilité ne pose en principe pas de problème, car premièrement son taux d'actualisation est nul (c'est le rapport entre le taux d'intérêt payé sur la dette et le taux de croissance) deuxièmement la dette est détenue à moitié par la banque centrale du pays et le reste est détenue par des investisseurs institutionnels japonais : le troisièmement en découle qui est que la dette est libellée en monnaie nationale. Pour Michel Aglietta (*Le* Monde, le 17 mai 2020) il n'existe pas de niveau optimal de la dette, cela dépend de la politique macro-économique que l'on veut mener et à l'heure actuelle la BCE n'a aucun intérêt à imposer à l'Italie — dont la dette est la moins soutenable, parce qu'entre autres son infrastructure publique (qui représente potentiellement une contrevaleur) est insuffisante (cf. l'écroulement du pont de Gênes) — des conditions à la grecque.

Trump) et la BCE se situe aussi au niveau des taux directeurs[25] négatifs de la banque centrale que les Européens ont adoptés et que refusent les Américains. Pour Kenneth Rogoff, ex-économiste en chef du FMI, c'est pourtant ce retour à une politique monétaire active complétant une politique budgétaire elle-même active qui permettrait une sortie de crise par le haut. Une position « non conventionnelle » par rapport à la traditionnelle *policy mix* qui fait fonctionner ces deux politiques en sens inverse l'une de l'autre (si budgétaire expansive, monétaire restrictive et inversement[26]). Elle pourrait permettre une reprise à un niveau mondial[27] et qui présenterait aussi l'avantage de ne pas être trop défavorable aux pays les plus pauvres (cf. tribune *Les Échos*, le 14 mai 2020).

– D'une manière générale les banques rassemblent d'énormes provisions pour parer à toute éventualité et principalement les banques américaines qui sont finalement sorties beaucoup plus solides de la crise de 2008 qu'elles n'y étaient entrées (*Les Echos*, le 14 mai 2020). Leur grosse assise est un atout. Mais les banques européennes provisionnent aussi (1,5 milliard de plus, *Les Échos*, le 12 mai 2020) et font bonne figure exceptée la Société Générale touchée par ses activités-actions et en difficulté potentielle au niveau de ses investissements sur le gaz de schiste américain qui contreviennent aux accords de Paris sur le climat (2015). Une cinquantaine de banques et assurances ont répondu à l'appel, mi-avril d'un plan de relance verte à l'initiative de l'écologiste Pascal Canfin appuyé par le prix Nobel d'économie américain Joseph Stiglitz. Néanmoins, une transition écologique n'est pas évidente quand elle nécessite l'utilisation de « terres rares » qui ne se situent pas en Europe et ont déjà été largement explorées, exploitées et pour tout dire captées par la Chine.

– Pendant ce temps, de nombreuses manifestations ont eu lieu en Allemagne ces derniers jours au moins dans les grandes villes : Stuttgart la

25 – C'est-à-dire le taux de refinancement des banques auprès de la banque centrale qui guide leur politique de crédit et ses limites en fonction du niveau du taux directeur.

26 – Elles peuvent parfois être utilisées successivement dans ce qu'on appelle une politique de *stop-and-go* souvent pratiquée en Angleterre pendant les Trente glorieuses qui fait se succéder les périodes de refroidissement et de surchauffe de l'économie.

27 – Tout en n'obérant pas la possibilité d'une « transition verte » nécessitant des investissements de long terme que le maintien des bas taux d'intérêt rend théoriquement possible.

première il ya quinze jours, Munich il y a une semaine et sur des bases politiques différentes des manifestations qu'ont connu les États-Unis. Des groupes de gauche extra-parlementaires comme Querdenken 711 (« Pensez autrement ») et Widerstand 2020 (« Résistance 2020 ») en sont à l'initiative même si des groupes d'extrême droite peuvent s'y mêler. « Bas les masques » ; « Résistez » ; « Tracking vaccins » ; « Ne laissez pas passer Bill Gates » figurent parmi leurs slogans.

– Le Royaume-Uni pourrait faire appel à Apple et Google pour une application de tracking après avoir comme la France, longtemps refusé. « C'est le reflet d'une profonde évolution : les États entrent dans des logiques de réseaux privés et les plateformes numériques, dans des logiques souveraines. Cette interaction a pour conséquence de faire voler en éclats la ligne de démarcation public-privé, en particulier en ce qui concerne la protection de la vie privée » selon les propos du Directeur de l'Institut français des relations internationales, recueillis par Virginie Robert dans *Les Échos*, le 11 mai 2020. La crise sanitaire accroît en effet les rapports entre les États et les grandes plateformes numériques privées qui font partie du complexe militaro-industriel et numérique américain. Elles payent certes peu d'impôt, mais investissent beaucoup et participent donc de la politique de puissance... américaine surtout, chinoise aussi comme le montrent à propos de la 5G les rapports entre l'Allemagne et la Chine où on n'en est plus à échanger des données individuelles, mais des données industrielles. Toutefois tout ne leur est pas encore permis puisque Trump vient d'attaquer Amazon qui profiterait gratuitement de l'infrastructure postale américaine et créerait des dommages considérables au petit et moyen commerce (sachant que pas moins de trois emplois dans la vente au détail disparaissent pour chaque emploi créé par Amazon). Des élus démocrates et même républicains brandissent la menace d'un démantèlement des GAFAM par l'application de la loi antitrust. Le rapport de ces dernières entreprises à l'État n'est donc pas encore clairement défini et établi. Qui profite le plus de qui ? Le secteur est de toute façon marqué par une instabilité permanente. En effet, si la pandémie a profité à la *Big Tech*, les « licornes » que sont Uber et Airbnb sont plus en difficulté (5000 emplois supprimés à eux deux d'après *Le Monde*, le 14 mai 2020) et d'une manière générale les sociétés de capital-risque qui soutiennent l'ensemble de la net-économie y regardent à deux fois avant de nouveaux financements du fait même de cette instabilité.

– La présidence de la République découvre que la Santé est un « bien commun » (non pas un « commun », son ouverture d'esprit à des limites qui lui font en rester à Ricœur et non pas découvrir Dardot-Laval et Negri), à travers les déclarations du directeur de la branche française de Sanofi à qui l'État a accordé de larges crédits d'impôt. Ce dernier a répondu en disant qu'on ne peut fabriquer un vaccin en fréquence accélérée (dix-huit mois au lieu de cinq ans en moyenne) en s'en tenant à la méthode du téléthon à la française et de citer en exemple le partenariat public/privé établi aux États-Unis à travers le BARDA[28] dont les Européens ont refusé de mettre en place leur propre version pourtant proposée par Sanofi à la Commission européenne (*Le Monde*, le 16 mai 2020).

– Quelles que soient les procédures d'information pour le traçage/dépistage[29] qui seront finalement choisies, on peut s'accorder sur le fait que la crise sanitaire aura déjà eu un effet normalisateur important. Cette normalisation a été vue, du côté du pouvoir et des médias comme le signe d'une unité retrouvée de la nation devant le danger plutôt que d'une adhésion aux mesures politiques et sanitaires. À cet égard, les applaudissements aux fenêtres et balcons pour soutenir les « soignants » réunissaient les macroniens n'ayant jamais mis les pieds à une manifestation d'hospitaliers et une grande partie de ceux ayant lutté contre la réforme des retraites. Un paradoxe apparent ! Unité donc, mais autour des « soignants » qui en appelaient, comme le gouvernement, au principe responsabilité… avec comme conséquence la peur instillée, mais aussi intériorisée.

## INTERLUDE

– D'après *Le Monde*, le 5 mai, il est aujourd'hui possible, pour les Italiens, dans le cadre d'une politique de déconfinement à petits pas, de visiter ses parents (et uniquement ses parents)… jusqu'au 6e degré de parenté.

– Elon Musk, le PDG de Tesla vient de traiter les mesures prises par les pouvoirs publics de Californie de fascistes parce que son entre-

---

28 – La *Biomedical Advanced Research and Development Authority* est l'office du ministère de la Santé américain chargé des contre-mesures sanitaires en cas de crise liée à des agents chimiques, biologiques ou encore nucléaires

29 – « Brigades des anges » de Véran ou brigades d'intervention contre des « porteurs de peste » (*Untorelli*) comme dans les années 70 en Italie ?

prise n'avait pas été considérée comme suffisamment essentielle pour pouvoir échapper au confinement et à l'arrêt de la production. À sa menace de délocaliser et quitter la Californie pour le Nevada ou le Texas, une élue démocrate de Californie lui a répondu qu'il pouvait « aller se faire foutre ». Une réponse qui montre que le politiquement correct n'a pas complètement envahi les États-Unis et surtout que le pouvoir politique, y compris aux États-Unis peut ne pas exactement être aux ordres des firmes.

## DU CÔTÉ DU PATRONAT ET DES ENTREPRISES

– Dans un entretien au journal *Le Monde*, le 14 mai 2020, le président du MEDEF s'oppose aux déclarations du gouvernement sur la fin du chômage partiel[30] généralisé pour les salariés dont les entreprises sont à l'arrêt ou fonctionnent au ralenti, prévue pour le 1er juin. Il oublie au passage de nous dire que cette mesure ne coûte pour l'instant rien au patronat même si le gouvernement en cas de prolongation envisage de faire payer les entreprises au niveau de 10 % de la prise en charge totale. Pour le patron du MEDEF, la demande ne remontera que lentement, alors même que la croissance française dépend structurellement plus de la consommation interne que la croissance allemande ; pour lui, il faudrait éviter une situation à l'américaine laissant faire le marché producteur mécanique de licenciements secs. Pour cela, il pense nécessaire de conserver des mesures transitoires comme un chômage partiel[31] reconduit pendant l'été accompagné

---

30 – Son montant est en France de 84 % du salaire net jusqu'à 4,5 fois le SMIC pour 12,2 millions de personnes jusqu'à fin mai (six salariés sur dix du secteur privé) ; contre 60 % en Allemagne et 10 millions de salariés (un tiers des salariés du privé) et seulement jusqu'au niveau du salaire minimum (1200 euros) pour l'Italie qui a, par ailleurs, mis en place tout un système de prîmes compensatoires (*Les Échos*, le 13 mai 2020). Il est vrai qu'il y a danger pour la solidité et la fiabilité de l'État vu l'activisme mafieux qui sévit dans la Péninsule, non seulement dans le Sud, mais jusqu'à Turin. En Angleterre, 80 % du salaire pour 7,5 millions de salariés, mais à hauteur de 2500 livres sterling maximum par mois.
Toutefois, cette procédure, du moins dans sa version française, ne concerne par les salariés en fin de mission intérim ou en fin de contrat CDD.

31 – Si on veut se baser sur des exemples historiques pour voir l'effet de ces mesures, l'Allemagne avait utilisé le chômage partiel pendant la crise de 2008-9 de façon à ne pas rompre la continuité du travail, mais il s'agissait surtout d'emplois industriels qualifiés à l'époque, alors qu'aujourd'hui ce sont essentiellement des emplois de ser-

d'un moratoire des mesures de transition énergétique en les compensant par une taxe carbone[32] aux frontières de l'Europe : et éventuellement, dans certains secteurs, compenser la perte de productivité due aux mesures de précaution sanitaire par un allongement provisoire de la durée du travail en accord avec le personnel dans le cas d'accords d'entreprise[33]. Mais contrairement à certains cercles de la pensée libérale comme l'Institut Montaigne qui parlent de la nécessité de revenir sur les 35 h (cf. Romaric Godin, *Médiapart* le 14 mai 2020) le patron du MEDEF ne s'illusionne pas sur le niveau de production à venir et la force de travail nécessaire pour l'atteindre[34]. Le problème est plutôt actuellement celui d'une surcapacité potentielle qu'une situation de sous capacité. Alors pourquoi ces sirènes libérales ? Pour favoriser un effet d'aubaine ? Toutefois, les patrons semblent peu empressés de redémarrer à plein régime, alors que les économistes commencent à faire courir le bruit que le choc économique particulièrement fort en France s'expliquerait peut-être par un chômage partiel trop avantageux pour les salariés et surtout pour les cadres. Après la prétendue « préférence française » des salariés pour le chômage y aurait-il donc une préférence patronale pour le chômage partiel comme l'a longtemps connu l'Italie avec la *Cassa integrazione* ? Plus sérieusement on peut penser que les deux pôles, salariés et patronat, ont subi les effets pervers en temps de déconfinement de la politique de la peur menée par le gouvernement pour imposer le confinement[35].

– On assiste à une nette baisse du prix des fusions-acquisitions, ce qui risque de favoriser en retour une plus forte concentration du capital qui, *a priori*, ne va pas dans le sens d'une relance, verte ou pas. Effet induit : une nouvelle baisse de la part des salaires dans la production de la richesse na-

---

vices qui sont concernés et qui sont soit peu qualifiés, soit précaires et à l'avenir incertain donc à fonds perdu du point de vue capitaliste.

32 – C'est une illusion si on raisonne non pas au niveau de la France, mais de l'UE qui est exportatrice nette de produits industriels (*Les Échos*, le 13 mai 2020).

33 – Ainsi, Air France essaie de faire signer un « accord de performance » que jusqu'ici seule FO a accepté de signer.

34 – Pour prendre un exemple, au niveau du groupe Nissan-Renault-Mitsubishi, l'usine Nissan de Sunderland en Angleterre ne produisait avant le confinement que 50 000 véhicules sur une capacité de 200 000. Le problème est donc celui d'une réorganisation du groupe et particulièrement de sa localisation et non pas un problème de « reprise » post-crise sanitaire. C'est loin d'être un cas isolé.

35 – Cf. Le secteur du BTP arrêté à 80 % en France contre 20 % en Allemagne.

tionale puisque dans ces entreprises au fort profit, les salaires ne représentent qu'une part marginale de la valeur ajoutée.

– Pendant ce temps le personnel hospitalier attend toujours le décret permettant le versement de la prime promise et le paiement des heures supplémentaires ; pour l'instant ne seront payées que celles qui se situent en supplément des jours de récupération à prendre automatiquement, car les notes de service précisent bien que le personnel a besoin de repos (*Les Echos*, le 14 mai 2020) ; Véran, quant à lui, dénonce la rigidité dommageable (« le mauvais deal » des 35 h) dans les hôpitaux publics (*Libération*, le 16 mai 2020). Le plan sur quatre ans d'investissement massif en matière de santé annoncé ces derniers jours par Macron et par le gouvernement s'élèverait à plusieurs centaines de milliards comprenant revalorisation substantielle des salaires des soignants, équipements de haute technologie, promotion des médecins de ville et de campagnes dans le service public de santé, etc. Promesses électorales ou nouvelle stratégie de rattrapage ?

– À ce propos, le gouvernement planche sur une revalorisation statutaire des professions ayant montré leur utilité sociale sur le terrain pendant la crise sanitaire, alors qu'ils sont les oubliés (les « invisibles ») des périodes plus calmes où tout semble marcher tout seul. Dans *Les Échos*, le 15 mai 2020, Muriel Pénicaud, ministre du Travail, parle de la nécessité de revaloriser certaines professions du secteur privé en apportant à leur statut et conditions de travail une sorte de correctif de philosophie morale (« Cela récompensera les métiers les plus méritants ») aux anciennes grilles de qualifications hiérarchiques Parodi, du nom du ministre gaulliste du travail en 1945 dont le projet sera poursuivi par son successeur « communiste » Ambroise Croizat courant 1946-1947. À l'époque, ces grilles avaient été déterminées en fonction du caractère plus ou moins productif *stricto sensu* de la profession concernée. Un caractère qui n'était alors pas discutable, puisque déterminé par la nature à la fois paysanne et ouvrière de la France régie par la primauté de la notion de « producteur » et la théorie de la valeur-travail qui l'accompagnait. Des conditions aujourd'hui profondément transformées par la place prise par les services dans la production de valeur ajoutée et la quasi-disparition de la notion de « producteur », au profit de celle de salarié indifférencié plutôt déterminé par son statut au travail (garanti ou précaire) que par son travail lui-même, c'est-à-dire par sa professionnalité. Mais cette différence de condition de base se double d'un problème qui n'existait pas à l'époque parce qu'il était comme figé dans le marbre de ce qui était perçu par tous comme le fruit d'acquis sociaux. Une fixation aujourd'hui perçue par le patronat et l'État comme une rigidité et par les salariés comme ne correspondant plus à la stratification sociale actuelle. On pourrait donc penser que du côté du pôle capital comme du côté du pôle travail des rapports sociaux de production tout le monde est d'accord pour un changement de la grille. Or c'est là que surgit un problème : si le correctif apporté reste dans le cadre de la grille de branche cela revient à pousser tout le monde vers le haut, mais sans correctif dans l'échelle sociale[36] ; s'il en sort, cela revient à une revalorisation anti-hiérarchique qui n'est dans l'air du temps ni du côté des gouvernements actuels ni du côté des syndicats. En effet, cette revendication qui était pourtant sienne dans les années 1970 a été abandonnée par la CFDT depuis son « recentrage » et la CGT, pour sa part, s'en tient à une augmentation généralisée du SMIC... mais s'accompagnant d'une revalorisation branche par branche des autres salaires. (cf. Martinez, *Libération*, le 15 mai 2020). En clair cela signifie maintien de la grille hiérarchique et aucune reconnaissance de l'implication particulière des « invisibles » toujours aussi invisibles donc, surtout pour des professions qui, par exemple pour les caissières des hypermarchés, sont menacées en interne par l'automatisation croissante et en externe par le développement de l'e-commerce. Pour le pouvoir, la façon la plus hypocrite pour s'en sortir ce sont les primes globales égales pour tout le personnel ; c'est d'ailleurs le choix qui a été fait pour le personnel hospitalier et ce qui est recommandé au niveau des PME.

Du côté des grandes entreprises on peut lire des choses surprenantes sur un intéressement des salariés du privé sous forme d'échelle mobile liée au niveau de distribution des dividendes (cf. la déclaration de Patrick Mignola, président du Modem à l'Assemblée nationale, *Libération* le 15 mai 2020) qui non seulement lierait le simple salarié de l'entreprise aux résultats, mais laisse supposer que la plupart des salariés du privé travaillent dans des entreprises cotées en Bourse, alors qu'on sait que l'emploi est ailleurs (TPE et PME). Les crédits accordés aux grandes entreprises fleurons de l'industrie nationale comme Renault et Air-France ne semblent pas s'accompagner de garanties quant à l'emploi, or des départs naturels en retraite dans la se-

36 – C'est pour cela que chaque fois qu'il y avait une augmentation du SMIC en principe supérieure à l'augmentation du reste des salaires de base, la CGT s'empressait de demander une augmentation des salaires situés juste au-dessus de façon à bien maintenir la hiérarchie des salaires sous le prétexte qu'il fallait refuser un nivellement par le bas.

conde entreprise ne seront pas compensés et dans la première des fermetures en France et à l'étranger sont envisagées dont éventuellement Flins (*Le Figaro*, le 13 mai 2020). C'est le paradoxe de cette aide accordée aux grandes entreprises qui n'embauchent plus, alors que les PME sont moins bien loties (le but est au mieux de les mettre sous perfusion temporaire) même si elles condensent le maximum des emplois présents et à venir.

– On a beaucoup parlé du télétravail pendant le confinement, beaucoup moins de robotisation de la production ; or, il s'avère que les patrons américains et japonais pensent de plus en plus à hâter un processus qui, après une embellie, s'était quelque peu ralenti (*Les Échos* le 15 mai 2020) et la Chine a accéléré son propre programme. Vu la structure d'âge de la population active, les effets sur l'emploi seront sans doute plus redoutables aux États-Unis, beaucoup moins au Japon, de par leur effet d'éviction de l'emploi (accentuation du processus de substitution capital/travail).

– La méfiance vis-à-vis d'une trop grande dépendance envers la Chine gagne le Japon, la Corée du Sud et Taïwan. Les difficultés politico-économiques d'une rupture sèche empêchent de fait toute politique générale de relocalisation ; par contre, pour les nouveaux investissements, le Vietnam et la Thaïlande sont plébiscités. Désormais le Japon a établi une liste de productions stratégiques qui feront l'objet de mesures protectionnistes (*Les Échos*, le 13 mai 2020). Toujours le retour de la forme nation de l'État sous la forme particulière de l'État commercial.

– Malgré l'enjeu économique de la réouverture des écoles primaires que nous avions sous-estimé parce que les initiatives de Blanquer avaient été désavouées par son propre gouvernement, le transfert de la situation de parent confiné au télétravail ou pas à celle de salarié semi-confiné ne se passe pas tout seul. Les entreprises se retrouvent face à un nombre considérable de salariés qui ne peuvent reprendre du fait que c'est une reprise au ralenti. D'après *Les Échos*, le 13 mai 2020, les patrons des PME reprochent au gouvernement d'avoir suscité une peur contre-productive vis-à-vis des parents. Quant aux enseignants, ils sont évidemment accusés de ne pas vouloir reprendre. Si Blanquer a été beaucoup attaqué pour le côté intempestif de ses prises de position, quelle réponse lui ont donnée les enseignants ? Les plus actifs d'entre eux dans les grèves et contre la Réforme donnaient déjà l'impression de naviguer à vue entre l'acceptation de l'idée que l'école française accroît les inégalités (les statistiques libérales de l'enquête Pisa détournées par sa fraction gauchiste) tout en s'opposant à une Réforme qui aurait eu si ce n'est pour but, mais comme conséquence de les accroître encore. Bref, toujours le même langage... en fait un double langage qui les décrédibilise aussi bien au niveau des élèves que des parents puisque, de fait, cela bloque toute prise d'initiative de leur part. Cette absence de véritable position sur leur institution les conduit à l'impuissance. Et il ne faut pas chercher plus loin l'explication du fait qu'ils ont accueilli sans broncher le télétravail qui pourtant, paraît-il et de leur propre aveu même, accroît aussi le décrochage scolaire et donc les inégalités sociales... Mais ces syndicats sont réticents devant une réouverture des écoles parce que les conditions de reprise ne sont pas conformes aux règles de distanciation, que l'école ne pourra être qu'une garderie parce que la présence physique des élèves n'est pas obligatoire et que cela accroîtra les inégalités. C'est un parfait exemple de double discours qui s'avère politiquement dommageable. En effet, si leur ministère de tutelle les enjoint à faire des révisions plutôt qu'à « avancer le Programme », ils répondent, c'est de la garderie ; si elle leur dit d'avancer le Programme, ils répondent cela accroît les inégalités puisque tout le monde ne sera pas présent. Les syndicats se défaussent de toute prise de position politique frontale en posant des préavis de grève courant sur une longue période afin de conserver sa base activiste restreinte mais militante. C'est devenu une habitude de la part de certains syndicats comme SUD-Éducation qui joue les « solidaires », mais en fait se lave les mains de ce qui se passe sur le terrain puisqu'il n'y représente aucune force en mesure de mobiliser et encore moins de remettre en cause l'institution, ce qui n'est de toute façon pas à son programme (« agenda » si on suit la novlangue de tous les pouvoirs). Comme pour les syndicats ouvrir les murs de l'école équivaut pour certains à détruire ses fondations et pour d'autres à l'ouvrir à l'entreprise, le résultat c'est que rien ne change. On passe d'un confinement à un autre. Partout dans le monde l'État n'est plus éducateur[37] et se pose la question « Que faire des enfants ? » Une interrogation qui semble faire l'unanimité des parents-enseignants et des gouvernants si ce n'est leur unité. Le « pompon » semble pouvoir être décerné à l'Espagne qui a réussi à empêcher les enfants de mettre le pied dehors pendant deux mois et maintenant les renvoie en vacances jusqu'en septembre. La gestion scolaire de la crise sanitaire est un

37 – Cf. la brochure « L'État-nation n'est plus éducateur. L'État-réseau particularise l'école. Un traitement au cas par cas » : http://tempscritiques.free.fr/spip.php?article277

exemple du fait que la pandémie ne prépare en elle-même à rien d'autre et que contrairement à ce que dit Bruno Latour, (*Libération* le 14 mai 2020), elle ne produit pas un *crash test*, mais un test négatif. Quant à l'enseignement supérieur, si on en croit Frédérique Vidal qui en a la charge et bien les efforts vont être portés sur une « hybridation » des enseignements qui va encore accorder la part belle aux technologies numériques, mais non sur ce qui fait que les universités sont désertées ou fonctionnent mal.

Le 19 mai 2020

# Relevé VI

## (25 mai 2020)

### Réactions et interprétation

– Alors que les États-Unis sont souvent considérés comme un pays dans lequel la population se tient à l'écart de la politique par le biais redoutable des « valeurs », c'est celui (avec le Brésil dans une moindre mesure) dans lequel s'est produite une ligne de fracture politico-idéologique, à la base et sur le terrain, avec des manifestations opposant les pro et anti-confinement. Ce sont ces mêmes valeurs, et non des idées politiques « à l'européenne », qui ont produit des manifestations à la symbolique violente contre les autorités en charge de la crise sanitaire. Ainsi, le 30 avril, des manifestants, pour certains armés, sont rentrés dans le Capitole à Lansing, Michigan pour s'opposer au confinement. Bien sûr, des groupes, comme *American Revolution 2.0,* qui se définissent comme des citoyens en colère s'inscrivent dans la lignée du *Tea Party* (cf. *Le Figaro*, le 25 mai 2020), mais la symbolique du masque, et plus généralement le rapport au confinement, concerne aussi l'américain moyen (d'après un sondage, 3 démocrates sur 4 le portent, 1 républicain sur 2, *Les Échos*, le 25 mai 2020). Certes, on ne peut que supputer que les manifestants anti-confinement sont plutôt républicains que démocrates, puisqu'ils agissent contre des gouverneurs démocrates, sans qu'on puisse en avoir la certitude. Néanmoins, les valeurs viriles qu'ils expriment en appellent à l'esprit pionnier[38] et à accepter des

38 – Ces valeurs ne sont pas strictement classables au niveau politique, il ne faut pas croire qu'elles regroupent un droite/gauche improbable aux États-Unis. Murray Bookchin, le théoricien d'un anarchisme écologiste faisait remarquer dans *Une société à refaire* (Atelier de création libertaire, Lyon, 1992) le rendez-vous manqué entre la contre-culture de la nouvelle gauche américaine de la fin des années 1960 et les racines idéologiques profondes, dérivées des puritains radicaux et autres communalistes chrétiens antihiérarchiques adeptes d'assemblées populaires, plutôt que de l'État. Une autre part de « rêve américain » a été façonnée par la culture des cow-boys du sud-ouest, dans laquelle le foyer domestique de la Nouvelle-Angleterre a été remplacé par le feu de camp solitaire. Ses héros étaient des tireurs férocement individualistes qui sont célébrés dans les « westerns spaghettis » de Sergio Leone. La culture des armes en est un avatar comme un autre, certes choquant pour des Européens.

risques même en temps de pandémie; risques que beaucoup assument au quotidien dans la précarité de leurs conditions. Ces conduites s'opposent radicalement aux valeurs civiques de respect de l'État et de la parole des scientifiques qui aux États-Unis comme partout, ont constitué la nouvelle *doxa*, finalement peu contestée, même dans un pays comme la France où le terrain avait pourtant été fortement « occupé » depuis plus de deux ans par les antagonismes sociaux et un mouvement des Gilets jaunes stigmatisé comme populiste et nourri de *fake news*.

– La crise sanitaire a montré l'impréparation de l'État, dont la forme concentrée et centralisée, en France au moins, est encore caractéristique de l'ancienne forme nation de l'État. Elle a certes montré les limites de cette forme dont la situation de l'hôpital public découle directement; mais elle a aussi marqué l'incomplétude de sa restructuration en réseau pour être efficace sur le terrain. Thomas Cazenave, candidat LREM à Bordeaux le signale de façon synthétique dans *Les Échos*, le 20 mai 2020: « l'État doit être redéployé sur le terrain ». Les conflits de compétence entre maires et pouvoirs publics, entre l'ARS et les CHU nous en donnent l'exemple. Le journaliste Xavier Patier abonde dans le même sens (*Le Figaro*, le 20 mai 2020) en signalant que la région qui semble mieux correspondre à un redéploiement en réseau autour d'une ou deux grandes métropoles, a pourtant buté sur la crise sanitaire plus qu'elle ne l'a géré; alors que le département, tant déprécié depuis une vingtaine d'années, s'est vu confier une partie de la gestion de la crise en coopération avec des maires concernés et des préfets sur la réserve. On ne peut qu'être étonné de la résistance fonctionnelle manifestée par les réseaux qui sous-tendent les circuits de production et de circulation. Des réseaux qui reposent en partie, mais basiquement, sur l'énergie physique qui les alimentent ou y est injectée. Or, toute cette organisation très vulnérable puisque tout un chacun, à son niveau, vit déjà les bugs informatiques, a continué de fonctionner. Des pâtes au papier-toilette en passant par les visioconférences et les commandes sur Amazon, presque tout a continué à (sauf les masques et les tests)… et avec beaucoup moins de monde au travail. Ce qui peut être une bonne ou une mauvaise nouvelle; cela dépendra des caractéristiques de sortie de crise et des rapports de force à ce moment-là.

– Quelque avis qu'on ait sur les propositions du professeur Raoult, la polémique à propos d'un possible traitement à la chloroquine éclaire les enjeux et les luttes au sein du secteur de la Santé publique. Une lutte exposée médiatiquement au fil des jours comme étant celle opposant « le Système », c'est-à-dire l'État et le gouvernement par l'intermédiaire d'Olivier Véran qui vient, ce 23 mai, de saisir le Haut conseil de la Santé publique suite aux révélations récentes de *The Lancet* sur la dangerosité supposée de la chloroquine), aux « anti-Système » dont le point de référence/fixation ou de ralliement serait la figure du professeur Raoult (*Le Monde* le 23-24 mai 2020). Mais cette lutte existe aussi, certes à plus bas bruit, à un niveau plus technico-politique à travers les nouvelles méthodes d'évaluation de la Santé publique. C'est en tout cas ce que Nicolas da Silva montre[39] en analysant et décomposant un processus de quantification du soin qui se déroule suivant deux étapes. La première repose sur « la médecine fondée sur les preuves » mettant l'accent sur l'essai clinique « randomisé » et la procédure de « double aveugle » où ni le soignant ni le patient ne savent si on a administré le produit à tester ou un placebo. C'est d'ailleurs cette absence de randomisation qui a permis d'écarter les propositions de Raoult. La seconde étape est l'institutionnalisation de la quantification par la puissance publique. Avec l'édification de règles de bonnes pratiques, le médecin doit dispenser le traitement qui a « fait ses preuves » et il en est de même du pharmacien, tous deux s'étant vu interdire la prescription de chloroquine par exemple. Nicolas da Silva souligne que ces innovations sont un progrès, mais elles peuvent aussi être dangereuses en voulant systématiquement séparer le malade de la maladie et faire du pathologique un phénomène séparable du patient, objectivement et scientifiquement mesurable. La quantification de la qualité des soins peut conduire à des effets pervers bien connus quand il s'agit davantage d'améliorer l'indicateur que la santé du patient. Enfin, les conditions de la production sociale du chiffre et donc de sa « vérité » méritent un examen attentif quand la recherche médicale et son financement peuvent être soumis à l'influence de l'industrie pharmaceutique et aux conflits d'intérêts.

– Au-delà ou plutôt par-delà toute chronologie de la crise sanitaire Giorgio Agamben s'entête dans son dernier article paru dans *Lundi matin* n° 243, le 18 mai 2020 : « Biosécurité et politique » à voir le traitement actuel de la crise sanitaire comme le résultat d'une « terreur sanitaire » pour gouverner sur la base du scénario du pire. Appuyant son argumentation

---

39 – Cf. Philippe Batifoulier « Quantifier la qualité des soins. Une critique de la rationalisation de la médecine libérale française », *Revue française de socio-économie* (n° 19, 2017/2), consacrée à « La casse de l'État social mise en lumière par la pandémie. Retour sur un lent processus de délitement ».

sur le fait que ce scénario a déjà été présenté par l'OMS en 2005 à propos de la grippe aviaire — où il était question de 150 à 200 millions de morts comme ce qui nous attendait à l'avenir et qu'il fallait s'y préparer pour prévenir ce genre de situation — il en vient à occulter ce qui s'est effectivement déroulé. Cela le conduit à un déni des affirmations et alertes de l'OMS quant à la gravité du Covid-19 sous prétexte de sa première erreur commise quinze ans auparavant. Les dissimulations de l'État chinois à propos de ce qui s'est passé à Wuhan lui permettant de justifier/conforter sa position. Or, les États et les organisations internationales n'ont pas été très efficaces, contrairement à ce qu'affirme Agamben, excepté peut-être en Corée du Sud et Taïwan outre la Chine, des pays qui savent ce que contrôler veut dire, même dans un cadre formellement démocratique ; mais sa démonstration vise les puissances occidentales et non ces États-là. Des pays comme la France où la masse de plaintes en justice est en train de s'amonceler contre les ministres et l'État, accessoirement contre des patrons. Pourquoi cette tentative de pénalisation du politique qui rappelle la période du sang contaminé ? Parce que du point de vue des plaignants, les dirigeants politiques ont failli à leur tâche qui serait d'assurer la sécurité de tous par une politique de prévention (dont on nous rebat d'ailleurs les oreilles en temps ordinaire), plutôt que de « sécuriser » territoire et population comme on sécurise une scène de crime, ce à quoi finalement peut être assimilé le confinement « à la méditerranéenne ».

– Dans un entretien récemment publié dans *Le Monde*[40], l'anthropologue Philippe Descola s'exprime sur la pandémie. Il y reprend les thèses de ses travaux scientifiques sur les rapports entre nature et culture, mais un rapport non plus considéré sous l'angle anthropocentrique, qui a été celui de la philosophie et des sciences depuis le XVII^e^ siècle, mais sous l'angle d'une reconnaissance du non-humain. Une telle reconnaissance est récente dans l'histoire de l'anthropologie, ce qu'il souligne en ces termes, « L'un des moyens pour ce faire fut d'introduire les non-humains comme des acteurs de plein droit sur la scène des analyses sociologiques en les faisant sortir de leur rôle habituel de poupées qu'un habile ventriloque manipule ».

Il rappelle que les pandémies ont accompagné l'hominisation puisque les groupes humains vivaient à proximité des animaux sauvages, tous réser-

---

40 – « Nous sommes devenus des virus pour la planète », entretien avec Philippe Descola, *Le Monde*, le 22 mai 2020.

voirs de virus et d'autres éléments pathogènes. Pour Descola, aux XVII^e^ et XVIII^e^ siècles, le rapide développement des sciences expérimentales, et les techniques qui leur sont liées, ont constitué une rupture définitive avec les anciennes continuités entre nature et culture. Pour légitimer idéologiquement cette rupture, les pouvoirs scientifiques et politiques « inventent la nature[41] » c'est-à-dire diffusent la représentation d'une réalité qui devient de plus en plus étrangère aux hommes. Pensée par les philosophes et grâce au développement des sciences et des techniques, elle a établi une séparation entre les humains et les non-humains. Cette « révolution mentale » a permis, selon lui, le développement du capitalisme industriel. Mais les conséquences de ce développement ont été largement méconnues. Aujourd'hui, poursuit-il, nous connaissons désormais l'interdépendance des « chaînes de la vie » mais cela ne modifie pas la marche de la logique capitaliste.

Descola, comme bien d'autres commentateurs avides de filer la métaphore virale, en vient alors à cette conclusion : « Nous sommes devenus des virus pour la planète ». Aux questions de son interlocuteur sur les moyens politiques susceptibles de contribuer à une sortie du système pathologique, l'anthropologue répond par... des mesures fiscales et juridiques : impôt écologique universel ; taxation des coûts écologiques de production et de transport ; attribution de la personnalité juridique à des

41 – La périodisation qu'énonce Philippe Descola est de courte portée. Les processus de séparation des hommes avec la nature extérieure sont bien antérieurs à l'émergence et au développement des sciences modernes. Ils ont pris forme dès l'établissement des États (États-empire mésopotamiens, États-cité de la Grèce antique, États-royaux médiévaux) accompagnés par la création des villes, la division de la société en castes, classes, puissances supérieures, par l'institution des religions et d'autres déterminations dites « civilisationnelles » du même ordre. L'appropriation de la nature extérieure, son exploitation, sa domestication et souvent sa destruction sont liées à ces processus séculaires de domination. Les biotopes des espèces animales ont commencé à se réduire dès les temps protohistoriques ; comme les déforestations s'accroître. À ce sujet, il ne faudrait pas oublier les destructions écologiques intenses et massives perpétrées par les despotismes antiques : déforestation de l'Attique, exploitation des sous-sols, massacres systématiques des animaux dans les sacrifices et les jeux. Mettre l'accent sur ces processus de domination ne nous conduit pas pour autant à parler, comme le font certains historiens, d'un capitalisme antique. La lutte pour le pouvoir et la puissance des toutes premières formes d'État (ce que nous appelons les États du premier type) nous paraît suffisante (la note et tout le passage sur Descola ont été rédigés par Jacques Guigou).

milieux de vie; promotion de conventions citoyennes tirées au sort; instauration d'un revenu universel. Ce qui frappe ici c'est l'écart entre l'ampleur planétaire des menaces à venir et l'étroitesse des réponses proposées. Après avoir dit que le capitalisme est globalement responsable de la catastrophe à venir — ce dont on peut convenir facilement —, Descola incite les citoyens des États-nation, son cadre de référence, à engager ces derniers dans une « cosmopolitique » qui mette fin à la funeste séparation entre humains et non-humains. Comment, dès lors, allons-nous cesser d'être « des virus pour la planète » ? En adoptant les quelques mesures fiscales et juridiques que nous venons de voir ! Il y a vraiment loin de la coupe aux lèvres...

– Romaric Godin, dans son article : « Comment récompenser l'utilité sociale des métiers » (*Mediapart* le 20 mai 2020) regrette que le « pouvoir de marché » s'exerce comme un rapport de forces fixant les prix de la force de travail et il en appelle à une autre valeur « l'utilité » qu'il oppose à la valeur d'échange. Il semble oublier qu'à ce pouvoir de marché s'est opposé historiquement le « pouvoir » de la lutte des classes qui explique en partie les acquis sociaux, mais aussi l'avènement d'une « aristocratie ouvrière » et plus globalement d'une hiérarchie interne au salariat qui s'est encore exprimée au cours de la réforme des retraites et se manifeste à nouveau sous une autre forme pendant la crise sanitaire. Sa critique reste par ailleurs une critique subjectiviste dans le cadre qui est finalement celui de la théorie libérale néoclassique des utilités. Il lui adjoint seulement l'idée d'une qualité qualifiée « d'utilité commune », sous-entendant par exemple que l'utilité des « soignants » est plus grande que celle des financiers, ce qui est de toute façon une lapalissade en temps de crise sanitaire. Un petit coup au passage asséné à la mauvaise finance, cela ne peut pas faire de mal dans un média de gauche), mais Godin ne nous dit pas qui a investi dans le matériel médical (scanners, chirurgie assistée) permettant de traiter les maladies et multiplier les interventions chirurgicales non seulement urgentes mais de confort. Tout cela restera un mystère que notre théoricien de l'utilité commune ne cherche apparemment pas à élucider. Utilité à court terme, utilité à long terme ? Utilité pour le capital ou pour le « système » ou pour les patients ou dans « l'intérêt général » ? On ne saura. À partir de là il se trouve empêtré dans la question sans fin des utilités, de qui décide des utilités et renvoie en contre-exemple à ne pas suivre : la détermination des utilités chez le Trotsky de la militarisation du travail en URSS, pour finalement terminer en disant que ce qui est d'utilité commune pourrait être public et le reste privé. Selon ce schéma conducteur, une réparation de chaudière à gaz n'aurait ainsi pas d'utilité commune, mais seulement une utilité privée que le plombier polonais viendrait satisfaire chez un particulier. C'est parce que cette question de l'utilité est sans fin (la plupart des personnes déclarent, en public, leur travail utile, alors qu'en privé, la crise sanitaire a démontré bien des « désutilités ») que Castoriadis proposait dans des mesures de transition vers le socialisme un salaire égal pour tous. Ainsi, dans « Le mouvement révolutionnaire sous le capitalisme moderne », *Socialisme ou Barbarie*, n° 33, hiver 1962, p. 83, il écrivait : « Le rapport d'exploitation dans la société contemporaine prend de plus en plus la forme du rapport hiérarchique ; et le respect de la valeur de la hiérarchie, soutenue par les organisations « ouvrières », devient le dernier appui idéologique du système. Le mouvement révolutionnaire doit organiser une lutte systématique contre l'idéologie de la hiérarchie sous toutes ses formes, et contre la hiérarchie des salaires et des emplois dans les entreprises. »

Dans son tour d'horizon Godin fait bien un passage par Marx, mais la théorie de la valeur de ce dernier ne le satisfait pas car dit-il, elle reposerait sur le travail abstrait et non sur l'utilité. C'est en partie vrai si on s'en tient à la forme valeur, mais pas du tout, si, comme on l'a dit dans le relevé v, c'est à la valeur travail qu'on se réfère en attribuant à chaque travail concret une « valeur-marchandise » liée à son coût de reproduction plus ou moins élevé en fonction de la qualification productive de ce travail et donc de la hiérarchie qui en découle. C'est justement ce que les grilles Parodi déterminaient pour le secteur industriel et dans la fonction publique la séparation entre quatre cadres de A à D, eux-mêmes séparés en grades et ces grades en échelons. La hiérarchie des « soignants » a certes été bousculée pendant le premier temps de crise sanitaire, mais qui, une fois sorti de la crise sanitaire déterminera la différence d'utilité commune entre l'aide-soignant et le chirurgien ? L'utilité commune ? Non, le titre, la responsabilité, la prise de décision et la chaîne hiérarchique divisant dirigeants et exécutants. L'utilité commune ne pouvant apparaître que pour le patient, mais pas au niveau du collectif de travail puisqu'il ne fait pas « communauté » et ce, même en 1986 au plus fort des grèves et des « coordinations des infirmières » qui laissèrent sur le bas-côté les aides-soignantes et tout le petit personnel pour renégocier leur statut de cadres à bac + 3.

Un événement marquant peut néanmoins provisoirement bousculer les hiérarchies dans un sens comme dans un autre. On a vu que dans les hôpitaux l'urgence avait imposé une certaine rotation des tâches et une moindre division hiérarchique, mais l'interchangeabilité des salariés est aussi une tendance du capital; or elle se fait rarement dans un sens ascendant, mais plutôt dans le cadre d'une déqualification des postes de travail au profit du système machinique bien représenté par l'ordinateur d'hôpital qui devient le seul élément fixe d'un poste de travail autour duquel tournent comme des toupies aides-soignantes et infirmières amenées à changer de patients et même d'étage d'intervention, le seul point de repère restant le centralisateur/coordonnateur informatique avec les dysfonctionnements afférents.

La crise sanitaire a aussi écarté les salariés en déficit de maîtrise de l'outil informatique qui sont devenus d'un coup des poids morts pour leur patron. Quand le télétravail a été jugé « normal », ceux qui auraient pu le pratiquer en théorie, mais ne le pouvaient pas dans les faits, se sont retrouvés déqualifiés immédiatement, indépendamment de ce qu'ils apportent à l'entreprise en temps ordinaire. La perversité de la notion néoclassique d'utilité employée à toutes les sauces parce qu'elle a supplanté la notion marxiste et située de valeur d'usage pour être reprise aussi bien par les libéraux que par les libertaires, apparaît bien dans le fait qu'à l'intérieur de la crise sanitaire, c'est finalement l'État qui a décidé de ce qui était « essentiel » et non pas « utile » (le supermarché, mais pas le marché, le bureau de tabac et les journaux, mais pas la librairie), fermant par ailleurs tout ce qui pouvait relever des bonheurs simples (les promenades sur les berges, dans les parcs), choisissant finalement de concentrer le confinement (se promener à moins d'un kilomètre de chez soi dans les hypercentres !) et non de le diluer. « Sécuriser », avons-nous dit plus haut, tel a été le maître mot.

## Interlude

– À HEC, 300 étudiants refusent de passer leur examen virtuel de fin d'année sous la télésurveillance de leurs ordinateurs personnels. Le chroniqueur des *Échos* qui nous rapporte la nouvelle (Gaspard Koenig, le 20 mai 2020) les félicite d'avoir déjà un embryon de conscience politique qu'on attendrait plutôt de la part d'étudiants de philosophie (*sic*) parce qu'ils auraient compris que « La donnée n'est plus une matière à traiter, mais un capital à préserver ». Sans commentaire.

– On ne sait si c'est une façon de les remercier, mais alors que les mafias jouent leur rôle d'État social par défaut dans le *Mezzogiorno* en Italie, plusieurs chefs mafieux, pourtant à l'isolement de haute sécurité, viennent d'être renvoyés dans leurs foyers pour limiter les risques de contamination (*Les Échos*, le 18 mai 2020). Quant au *Figaro*, le 21 mai 2020, il révèle que les *yakusas* japonais jouent actuellement un rôle très important au niveau social et sanitaire dans la crise actuelle, un rôle devenu très actif depuis la catastrophe de Fukushima où leurs hommes participèrent à une désinfection mortifère dont l'État japonais se défaussa. Le capital englobe disons-nous.

UN PLAN DE RELANCE DONT L'IMPORTANCE EST À RELATIVISER. DES RÉPONSES DISPERSÉES.

– Dans *Le* Monde, le 21-22 mai 2020, Gaël Giraud confirme ce que disait Thomas Piketty la veille dans *Libération* : la somme de 500 milliards sur trois ans annoncés par la France et l'Allemagne pour soutenir, plus ou moins sous forme de subvention, les économies les plus en difficulté, représente à la fois beaucoup en valeur absolue et très peu en valeur relative, puisque cela n'équivaut qu'à 1 % du PIB de l'UE. Pour Piketty, la somme devrait être multipliée par trois ou quatre pour être significative tout en ne posant pas plus de problèmes du point de vue de son remboursement. Sans parler du fait que cette somme va sûrement être rediscutée étant donné la règle de l'unanimité des États qui prévaut. Pour sa part Giraud insiste sur le fait que vu la somme modeste en jeu ce qui va être déterminant c'est son affectation. Or, pour la France les premiers signes sont peu encourageants pour qui pensait propice (c'est le cas de nos deux économistes) le choc de la crise sanitaire pour ouvrir l'opportunité d'une autre politique industrielle et fiscale. En effet, ce sont Air-France et Renault qui bénéficient des premières aides sans qu'on puisse y déceler une quelconque cohérence. Ainsi le gouvernement a déclaré vouloir limiter les lignes domestiques aériennes au profit du chemin de fer, or il vole au secours de ce « fleuron » de notre économie ou de notre standing international, on ne sait plus, que représenterait Air-France[42]. Quant à Renault ses cinq milliards de prêts ne sont assortis d'aucune condition autre que celle de n'ouvrir, le cas échéant, de nouvelles unités de production qu'en

42 – Comme pour en rajouter, le président de la Région Nouvelle Aquitaine tambourine déjà à toutes les portes pour sauver « sa » ligne Bordeaux-Orly menacée par les nouvelles annonces gouvernementales.

France[43]… alors qu'elle s'apprête justement à en fermer deux, à en reconvertir une autre (Flins) et qu'elle prévoit de dégraisser son technocentre de Guyancourt (Yvelines), le plus gros centre européen de recherche pour l'automobile. Mais d'après les spécialistes, celui-ci souffre d'un ratio investissement/recherche développement/chiffre d'affaires disproportionné au profit du premier terme. Bref, Renault veut faire deux milliards d'économies au total. En fait et malgré son histoire particulière associée à l'État, Renault est devenue une entreprise comme une autre et ses dirigeants actuels revendiquent un sauvetage sans contrepartie autre que celle de ne pas verser de dividende cette année, du même type que celui dont avait bénéficié son concurrent Peugeot en 2013. Mais au moins, contrairement à Air France qui encaisse sept milliards d'aide et veut licencier 6000 à 10 000 salariés, Renault n'envisage que des reclassements et départs mécaniques ou volontaires.

Renault est un bon exemple de la difficulté à relocaliser une activité qui ne cesse de s'être redéployée devant les exigences des nouvelles chaînes de valeur au sein de la division internationale du travail. Ainsi, on est passé avec Carlos Ghosn de 54 % de production réalisée en France en 2004 à 17 % en 2019. Les alliances entre groupes ont conduit à se partager les techniques et les marchés, d'où la difficulté à faire redémarrer l'activité sur la base de critères territoriaux. Des mesures prises autrefois par gros temps, type baladurettes, sont devenues inadéquates car elles profiteraient aujourd'hui aux acheteurs de petites cylindrées qui hormis la Micra ne sont plus fabriquées en France, mais au Maroc, en Slovaquie et Turquie. Les marges bénéficiaires sont en effet jugées insuffisantes sur les petites cylindrées pour pouvoir continuer à les produire en France et les véhicules électriques comme la Zoé elles ne sont pas encore produites ni vendues en assez grand nombre. De toute façon, même en Allemagne où l'électrique à plus de

43 – Aux dernières informations en date du 23 mai 2020 (in *Le Figaro-économie*), Bruno Le Maire, ministre de l'Économie, aurait obtenu de la firme au losange une participation à « L'alliance pour les batteries électriques » que pilotent PSA-Opel et Total dans le cadre de la stratégie gouvernementale d'indépendance économique à reconquérir dans un secteur jugé essentiel à l'avenir. De fait Renault va être poussé à abandonner son modèle ancien d'implantations locales décentralisées, qui remonte au début des années 1960, pour se concentrer sur quelques gros sites, sur le modèle de Nissan. Ce dernier va d'ailleurs fermer ses trois sites espagnols et suspendre la production de la Micra à Flins pour se concentrer en Europe sur la plus grande usine européenne de production à Sunderland, malgré le risque occasionné par le *Brexit*.

succès, les stocks sont en thermiques (400 000 véhicules soit 96 % du total). C'est pourquoi, pour Gaël Giraud, les relocalisations ne peuvent concerner que les secteurs les plus mécanisés et les plus qualifiés pour lesquels le poids des salaires est négligeable. Textiles et cuirs par exemple ne peuvent revenir que sous forme de niche, dans le luxe. Comme par ailleurs la plupart des groupes automobiles, et particulièrement Renault avec Ghosn à la Direction, s'étaient lancés ces dernières années dans une course à la taille, le moins qu'on puisse dire c'est que tout le secteur va se heurter à une réduction énorme des prédictions de production (de 14 millions à 10 millions/an pour l'ensemble du groupe Renault-Nissan-Mitsubishi, 10 millions représentant quand même le nombre record de 2018). Renault ne pourra pas non plus compter sur le transfert, devenu habituel, des bénéfices de Nissan dont elle est la première actionnaire, puisque ce dernier enregistre également des pertes. Toujours en ce qui concerne les relocalisations souhaitables et dont on parle, celle des principes actifs pour les médicaments elle contredirait les objectifs anti-pollution des pays européens parce que cela reviendrait à développer la chimie (*Les Échos,* le 26 mai 2020).

– Comme nous l'avions indiqué dans un de nos précédents relevés, si le secteur du bâtiment arrêté à 80 % peut maintenant rebondir, ce n'est pas le cas des travaux publics dont les commandes potentielles sont bloquées par le report du second tour des municipales. Or en France, la demande publique correspond à 60 % de la demande totale de la branche. Cet obstacle est d'autant plus important qu'aucune grande ville, dont les commandes sont beaucoup plus importantes, n'a élu de nouveau maire à l'issue du premier tour (*Figaro*, le 21 mai 2020).

– S'inscrivant en faux contre les bruits d'augmentation de la durée du travail l'IUMM (patronat de la fédération de la métallurgie) prépare avec les syndicats de la branche un accompagnement du chômage partiel reconduit dans lequel l'État prendrait en charge la partie de la sous-activité en dessous des 40 % que ne peut dépasser l'accord conventionnel de branche ; et un plan d'aide au développement des activités partielles de longue durée ou même de réduction du temps de travail (*Les Échos*, le 20 mai 2020). La situation est tellement floue que suivant les branches des entreprises prévoient des limitations de durée de vacances d'été au-delà de la quinzaine et d'autres portent la quasi-obligation de prendre au moins trois semaines d'affilée, suivant des stratégies saisonnières ou non.

– En Italie, dans le décret de relance qui vient d'être adopté, 1,5 milliard d'euros est dévolu au système éducatif, tandis que l'État déboursera plus de 3 milliards d'euros pour nationaliser Alitalia (*Les Échos*, le 22 mai 2020). Tous les établissements scolaires sont fermés depuis début mars et la réouverture n'est prévue qu'en septembre. Pourtant, l'enseignement à distance aurait montré ses limites avec des instituteurs et des professeurs à la moyenne d'âge bien plus élevée que celle de leurs collègues européens. Par ailleurs, selon l'Institut national de la statistique italien, 34 % des familles italiennes ne possèdent ni ordinateur ni tablette et ce chiffre monte à 46 % pour le *Mezzogiorno*.

– En Espagne, un projet gouvernemental prévoit pour la fin du mois « un revenu minimum vital » (*Le Monde*, le 21-22 mai 2020). La crise de 2008 particulièrement forte dans ce pays a en effet jeté, bien malgré eux, une masse de salariés dans l'économie souterraine (travail « à la sauvette », aide aux personnes dépendantes, travaux ménagers) dont le nombre se rajoute aux 25 % de chômeurs comptabilisés officiellement. Une économie souterraine qui représenterait environ 20 % du PIB du pays. Or, ce sont ces travailleurs devenus invisibles qui sont les premières victimes économiques de la crise sanitaire car ils ne disposaient d'aucune protection sociale et pécuniaire. De son côté, en France, la fondation Jean-Jaurès propose une mesure non transitoire de « revenu républicain » sans condition pour les plus de 18 ans sur le modèle de ce que Benoît Hamon avait proposé dans son programme présidentiel de 2017 (*Libération*, le 22 mai 2020). Toutefois Esther Duflot, prix Nobel d'économie fortement médiatisée, estime dans *Le Journal du Dimanche*, le 24 mai 2020 que ce revenu serait plus efficace dans les pays pauvres que dans les pays riches, car dans ces derniers son montant serait insuffisant pour vivre et surtout son principe ne tiendrait pas compte du fait que, si on en croît les associations qui travaillent auprès des plus pauvres comme ATD-Quart-monde, ce que veulent principalement ces personnes, c'est un travail, symbole d'une autre condition. En fait nul n'est pour un retour à une forme déguisée de loi sur les pauvres digne du XVIII$^{e}$ siècle… et la critique anti-travail, quand elle resurgit, passe par le travail contrairement à ce que croient beaucoup de militants qui se pensent radicaux ou révolutionnaires.

À noter que l'Espagne fait preuve d'originalité dans ses propositions puisque c'est déjà elle qui avait proposé un projet de « dette perpétuelle » pour sortir de la crise sanitaire et de ses effets économiques, une proposition saluée par le *Financial Times* d'après l'économiste marxiste Michel

Husson dans « L'économie mondiale en plein chaos », posté sur le site À l'encontre le 22 mai 2020 : « Le seul véritable argument contre ce projet est très simple : il y en a qui préféreraient que chaque gouvernement reste seul en charge des besoins de ses propres citoyens. Mais ils devraient faire preuve d'honnêteté quant aux effets de ce qu'ils préconisent. Si la réponse à la crise reste avant tout nationale, l'Europe sera soumise à des divergences économiques encore plus marquées, et peut-être de façon permanente. Si cela se produit, ce sera par choix et non par accident ».

– *Les Échos*, 22 mai 2020 rappellent un cas historique peu connu de mutualisation de la dette qui peut constituer une référence pour l'UE. Quand après la guerre d'indépendance américaine des États se retrouvèrent entièrement ruinés et durent augmenter les impôts provoquant quelques émeutes, d'autres n'avaient aucun problème comme la Virginie, le plus riche d'où était issu Jefferson, futur président de la République à partir de 1800. Alors seulement gouverneur de Virginie, ce dernier s'opposait à toute mutualisation dans le cadre d'une vision confédérale de l'Union, d'autant que la Constitution de 1777 interdisait l'endettement de l'État fédéral. Finalement la thèse fédérale défendue par Alexander Hamilton l'emporta. Un impôt fédéral sécurisa la dette et l'argent d'Europe afflua pour se placer. C'est pour cela qu'on parle aujourd'hui pour décrire la situation de la dette européenne de « moment hamiltonien ».

Le 25 mai 2020

# RELEVÉ VII

# (31 MAI 2020)

LA RECHERCHE MÉDICALE, UNE SCIENCE INFAILLIBLE ?

– Que cette crise sanitaire engendre un surcroît de débats et d'écrits sur les rapports des hommes à leur condition d'être vivants ne saurait surprendre. Parmi les innombrables théoriciens et les analystes actuels du système médical, de ses contradictions, de ses avantages et de ses menaces, il en est un, plus ancien et dont on ne parle plus : Ivan Illich. Ayant été proche de l'auteur de *Némésis médicale, l'expropriation de la santé*, David Cayley, dans un article récent[44] cherche à montrer l'actualité des thèses d'Illich sur les aspects funestes et mystificateurs des technosciences médicales contemporaines. Il rappelle les dimensions religieuses qu'Illich attribuait à la science, conduisant à des individus dépossédés de leur jugement et à une société « prise d'hallucinations au sujet de la science » ; de la science et donc des scientifiques qui imposent leur savoir aux populations à travers des « institutions » aux mains des corps professionnels. Comme il l'avait fait pour sa critique de la scolarisation de la société (cf. *Deschooling society*, mal traduit en français par *Une société sans école*) où il désignait « l'institution scolaire » et ses professionnels comme des obstacles aux apprentissages authentiques, Illich dénonce l'appropriation par les professionnels de la santé des capacités naturelles de tous à trouver les voies de la guérison. Partisan de la décroissance, de l'utilisation des technologies douces et des ressources locales, il se disait proche de Charbonneau et d'Ellul. En matière de politique de santé non soumise au monopole des savoirs professionnels et de leur « système », il admirait la campagne des « médecins aux pieds nus », pendant la révolution culturelle chinoise ; ces paysans formés en quelques mois qui pratiquaient la médecine traditionnelle et quelques bases de médecine « occidentale ». De la même manière, dans les montagnes d'Amérique latine, il a favorisé la conception d'un « mulet mécanique », moteur très simple monté sur roues, outil polyvalent et non dépendant des monopoles industriels du machinisme agricole.

---

44 – https://lundi.am/Sur-la-pandemie-actuelle-d-apres-le-point-de-vue-d-Ivan-Illich. Tout ce passage a été rédigé par Jacques Guigou.

Aussi novatrices qu'elles aient pu être dans leur époque, les thèses d'Illich étaient déjà oblitérées par deux présupposés d'ordre, si ce n'est métaphysique, du moins spéculatif : l'un théologique qui fait de l'homme une créature de Dieu et l'autre économique qui laisse au marché la libre circulation des capitaux. David Cayley reconnaît le premier présupposé, mais il semble ne pas percevoir son influence sur la conception illichienne de la vie. L'homme être de finitude, certes, mais face au Covid-19 conviendrait-il se suivre le précepte d'Illich : celui de faire avec, d'accompagner la pandémie quelles qu'en soient les conséquences… comme il a accompagné la tumeur qui l'a emporté en s'abstenant de toute intervention thérapeutique ? Il y a là un point aveugle de la démonstration que développe Cayley sous nos yeux, trop enclin à voir en Illich un guide pour le temps présent ; comme si les « institutions » que dénonçaient Illich étaient encore ce qu'elles étaient dans l'Europe et le monde des années soixante. Aujourd'hui l'utopie d'Illich devient dystopie pour utiliser un concept à la mode. Ainsi, dans les actuelles discutailleries sur l'hydroxychloroquine et sur Raoult, tout semble se passer comme si la vision d'Illich sur l'appropriation des savoirs par tous et chacun, se réalisait… mais se réalisait comme funeste farce. Pas un commentateur, pas un internaute qui ne fasse valoir sa science sur les virus et ne la distribue au monde entier, là une critique d'une publication de chercheur en virologie, ici un avis tranché sur les propos méthodologiques du Professeur Raoult…

Il faut dire que « la science » donne parfois le bâton pour se faire battre comme l'admet, contrit, Laurent Joffrin dans son éditorial de *Libération* le 30 mai 2020 et comme le sociologue Laurent Mucchielli, directeur de recherche au CNRS le développe dans un article pour *Mediapart*[45].

Après avoir critiqué la méthode de l'article du *Lancet*, Mucchielli cite Richard Hurton qui a été le rédacteur en chef de cette revue qui fait autorité depuis 25 ans. Voilà ce qu'il a écrit dans le *Lancet* d'avril 2015 : « une grande partie de la littérature scientifique, peut-être la moitié, est peut-être tout simplement fausse. Affligée par des études portant sur des échantillons de petite taille, des effets minuscules, des analyses exploratoires non valables et des conflits d'intérêts flagrants, ainsi que par une obsession à poursuivre des tendances à la mode d'importance douteuse, la science a

45 – https://blogs.mediapart.fr/laurent-mucchielli/blog/260520/fin-de-partie-pour-l-hydroxychloroquine-une-escroquerie-intellectuelle.

pris un virage vers l'obscurité. (...) L'endémicité apparente des mauvais comportements en matière de recherche est alarmante. Dans leur quête d'une histoire convaincante, les scientifiques sculptent trop souvent les données pour qu'elles correspondent à leur théorie du monde préférée. Ou bien ils modifient leurs hypothèses pour les adapter à leurs données. Les rédacteurs en chef des revues scientifiques méritent eux aussi leur part de critiques. Nous aidons et encourageons les pires comportements. Notre acceptation du facteur d'impact alimente une compétition malsaine pour gagner une place dans quelques revues sélectionnées. Notre amour de la "signification" pollue la littérature avec de nombreuses fables statistiques. Nous rejetons les confirmations importantes. Les revues ne sont pas les seuls mécréants. Les universités sont dans une lutte perpétuelle pour l'argent et le talent, des points d'arrivée qui favorisent des mesures réductrices, comme la publication à fort impact. Les procédures d'évaluation nationales, telles que le cadre d'excellence pour la recherche, encouragent les mauvaises pratiques. Et les scientifiques, y compris leurs plus hauts responsables, ne font pas grand-chose pour modifier une culture de la recherche qui frôle parfois l'inconduite ».

Au demeurant, l'histoire de la production éditoriale du *Lancet* a été marquée par plusieurs graves controverses et scandales ces dernières années, ainsi que le rappelle Patrick Champagnac, ancien journaliste de France 3, sur sa page Facebook[46].

Six ans plus tôt, c'était la rédactrice en chef historique du *New England Journal of Medicine* (l'autre revue médicale la plus prestigieuse du monde), Marcia Angell (professeur de médecine à la *Harvard Medical School* de Boston) qui, dans un article du *New York Review of Books*[47] intitulé *Drug Companies & Doctors: A Story of Corruption*, passait en revue une série d'affaires de compromission de médecins avec les industries pharmaceutiques, conduisant parfois à d'énormes scandales sanitaires. Elle concluait son article en écrivant : « Des conflits d'intérêts et des préjugés similaires existent dans pratiquement tous les domaines de la médecine, en particulier ceux qui dépendent fortement de médicaments ou de dispositifs. Il n'est tout simplement plus possible de croire une grande partie de la recherche clinique publiée ou de s'appuyer sur le jugement de médecins de

46 – https://www.facebook.com/patrick.champagnac.7

47 – https://www.nybooks.com/articles/2009janvier15/drug-companies-doctorsa-story-of-corruption/

confiance ou sur des directives médicales faisant autorité. Je ne prends aucun plaisir à cette conclusion, que j'atteins lentement et à contrecœur au cours de mes deux décennies en tant qu'éditeur au *New England Journal of Medicine* ».

– Pour Barbara Stiegler dans *Libération*, le 29 mai 2020, l'accentuation du télétravail qui s'annonce après l'expérience que constitue son extension pendant la crise sanitaire, ainsi que la décision de faire redémarrer les universités à la rentrée sans présence en cours, confirment une tendance lourde entamée avec la pratique de l'hospitalisation sous forme ambulatoire. Sa critique est toutefois limitée par deux présupposés. Le premier est d'ordre méthodologique puisqu'il consiste à poser l'État en dehors des rapports sociaux (de la société) comme s'il leur (lui) était extérieur et les réformes qu'il initie comme produisant un face-à-face antagonique et inégal entre le pouvoir et les dominés. Or la crainte de l'hospitalisation de la part des patients est souvent réelle et le développement de la pratique ambulatoire remplit les deux objectifs attendus par les deux parties : réduction des dépenses publiques et angoisse diminuée du patient ; il en est de même pour le travail où ne comprenant pas la dépendance réciproque entre capital et travail Stiegler ne la voit que dans l'antagonisme. Or, le télétravail qui certes tend à faire disparaître le temps de travail objectif et ses limites, de l'avis de nombreux télétravailleurs, fournit aussi sa dose « d'autonomie » s'il n'est pas exclusif, mais complémentaire. Son second présupposé est d'ordre subjectif. En effet, quand elle dit très justement qu'il ne faut pas penser abstraitement « l'après » sans référence aux luttes qui ont précédé la crise sanitaire, elle ne peut s'empêcher de faire comme si le mouvement des retraites, par exemple, avait permis de se poser la question d'une autre façon de travailler, d'enseigner, de soigner et qu'il suffirait de s'approprier cela en passant à l'acte à travers l'opportunité offerte par la crise sanitaire. Sur ce présupposé, elle ne peut que s'étonner de la passivité des anciens protagonistes des luttes de ces deux dernières années, alors que comme elle le fait remarquer, « à Hong Kong la lutte a déjà repris ». Elle en reporte donc la faute sur la gauche, les syndicats et les intellectuels qui n'auraient pas joué leur rôle en ne prenant pas parti contre la « distanciation sociale ». Elle ne perçoit pas le rapport entre le manque d'autonomie de la lutte sur les réformes (par rapport à l'État, par rapport aux syndicats) et l'acceptation sans broncher des mesures de confinement et du maintien de la « distanciation sociale » même après le confinement qui amène les enseignants à repousser le plus possible l'ouverture des écoles, les libraires l'ouverture des librairies[48], la CGT la réouverture des usines.

– Dans leur article de *Mediapart* du 28 mai 2020 : « La folle histoire du laboratoire P4 de Wuhan », Karl Laske et Jacques Massey reviennent sur le laboratoire de haute sécurité (P4) de l'institut de virologie de Wuhan conçu par la France sur le modèle du P4 de Mérieux à Lyon, en dépit des objections de l'administration au moment de la signature de l'accord (2004)[49].

---

48 – https://www.ouest-france.fr/sante/virus/coronavirus/confinement/coronavirus-les-libraires-ne-veulent-pas-rouvrir-6786538 ; et https://www.livreshebdo.fr/article/bruno-le-maire-reclame-un-accompagnement-specifique-pour-les-libraires. Dans son *Journal du confinement*, une libraire rappelait : « Bruno Le Maire a allumé une mèche folle. Jeudi matin, sur *France Inter*, le ministre de l'Économie a dit qu'il réfléchissait à une réouverture des librairies. Aussitôt, on s'est échangé des centaines de mails : une levée de boucliers générale (disons à 99,9 % !) des libraires. Nous demandions qu'il n'y ait pas de concurrence déloyale des vendeurs en ligne, et donc que le livre ne soit pas considéré comme un produit de première nécessité. Nous ne demandions pas la réouverture de nos librairies. Nous ne voulons pas être des vecteurs de propagation du virus. »
De bonne foi, de nombreuses personnes ont ainsi pu se tromper complètement en pensant que le gouvernement jugeait prioritaires les bureaux de tabac plutôt que les librairies. Il est vrai que la plupart des premiers vendant les journaux il pouvait y avoir ambiguïté ou confusion.

49 – « Sur le plan intérieur, quelques légitimes réserves, ont, comme toujours été émises dans la phase d'instruction, souligne Jean-Pierre Raffarin, mais la communauté scientifique — l'INSERM, l'Institut Pasteur, le P4 de Lyon et Alain Mérieux — avait les arguments pour les lever et convaincre le Président et les six ministres concernés, je ne me souviens pas de problème lors des réunions interministérielles. » Alain Mérieux a fait campagne en faveur de la demande chinoise d'un laboratoire P4 dès le milieu des années 1990. « Le monde de la défense était extrêmement réservé, rapporte à *Mediapart* un haut cadre de la sécurité nationale. Les risques liés à des projets biologiques secrets de la Russie et de la Chine étaient constamment dénoncés par les services de renseignement. Mais un rouleau compresseur pro-chinois essayait de faire croire qu'il s'agissait d'un grand projet. Durant la période de cohabitation (1997-2002), nous avons bâti une stratégie pour mettre un feu rouge, en opposant des demandes de garanties aux projets d'accords qui se sont succédé [...] Le pouvoir politique ne voulait pas faire obstacle à cette demande de la Chine », et l'administration étant divisée, le clan Mérieux a fini « par avoir gain de cause », poursuit le haut fonctionnaire. « On savait tous qu'il y avait un risque. La question était : est-ce que cette prise de risque en vaut la peine ? Et aussi est-

Depuis son inauguration en 2017, Paris ne disposait plus d'aucun contrôle sur la gestion de l'installation et la coopération prévue a été stoppée. Pourtant le premier ministre de l'époque, Bernard Cazeneuve déclarait alors à Wuhan, le 23 février 2017 : « Mesdames, Messieurs, ce laboratoire que nous avons bâti ensemble sera un fer de lance de notre lutte contre les maladies émergentes. Il accroîtra considérablement la capacité de la Chine à conduire des recherches de pointe et à réagir efficacement à l'apparition de maladies infectieuses qui menacent les populations de l'ensemble du globe ». Du résultat de cette enquête *Mediapart*, il ressort que la course aux armements biologiques se poursuit dans les laboratoires y compris dans les pays où il n'y a pas de séparation entre civil et militaire. Mais cela ne veut pas dire que des laboratoires purement civils ne puissent aussi s'échapper des virus ou bactéries manipulés sans précaution et stockés sans protocoles stricts de sécurité.

– Durant cette crise sanitaire, la question du rapport croissance économique/sécurité sanitaire a pesé lourd dans la décision des gouvernements de suivre une politique de confinement ou une politique dite d'immunité de groupe. En réaction au faible taux de mortalité supposé du Coronavirus parmi la population des actifs, certains pays comme le Royaume-Uni, les Pays-Bas, et dans un premier temps la France, ont pu penser qu'il était plus rentable de laisser poursuivre l'activité économique si on pouvait maîtriser la gestion hospitalière. L'intensité de l'épidémie et ses conséquences aussi bien sociales, que politiques et économiques ont fini de les faire changer d'avis et les ont contraints à opter pour le confinement.

Il n'empêche que cette question de la rentabilité des systèmes de santé se pose pour tous les pouvoirs en place. Pour l'évaluer, des indices ont été jugés opérationnels, comme aujourd'hui l'indice QALY (*Quality Adjusted Life Year* ou année de vie pondérée par la qualité) qui est un des plus utilisés à travers le monde. Il vise à évaluer si appliquer un traitement sur un patient est « rentable » au vu du nombre d'années de vie en bonne santé qu'il pourrait lui faire gagner. Cette variable statistique est appréciée par les gestionnaires de santé publique, car elle permet d'intégrer la notion d'utilité, c'est-à-dire une année de vie en parfaite santé, plutôt que celle de la productivité que l'on fait gagner au patient. La nuance reste ténue, au moins pour les actifs, car une année de vie en bonne santé implique impli-

---

ce que l'on pourra contrôler l'installation ou pas ? La plupart des experts jugeaient à juste titre qu'on ne contrôlerait rien du tout. »

citement une meilleure productivité. Mais au-delà de cette question, le QALY est surtout utilisé pour déterminer le prix que la collectivité est prête à payer pour tel ou tel traitement. Par exemple au Royaume-Uni, le service de santé national (NHS) a limité ses dépenses de santé à 30 000 £/QALY maximum. C'est-à-dire qu'on estime qu'il n'est pas rentable de dépenser plus de 30 000 £ pour une intervention thérapeutique et ses à-côtés (hospitalisation, traitement, opération, soin, etc.) puisqu'elle ne permettrait pas d'espérer plus que le gain d'une année de vie en parfaite santé pour le patient. Si l'exemple du Royaume-Uni est souvent cité, c'est que depuis 1990 le NHS a adopté le système QALY pour évaluer son système de santé et qu'il communique officiellement sur le sujet. En France, le système d'évaluation reste plus opaque et les décideurs publics ne communiquent pas sur le prix qu'ils sont prêts à payer par QALY. Il n'empêche que les critères d'évaluation restent les mêmes et que la Haute Autorité de Santé (HAS) désigne le QALY comme le critère à privilégier pour déterminer le rapport « coût-utilité » d'un traitement[50]. Dans la continuité du QALY, un second indice a été développé à partir des années 1990 par les économistes de la santé pour affiner leurs calculs de rentabilité : le DALY (*Disability Adjusted Life Years* ou « année de vie ajustée sur l'incapacité »). Il mesure les années de vie en bonne santé perdues en cas de maladie ou d'accident. C'est une échelle qui a pour but de déterminer l'impact négatif sur la santé en termes de perte d'année de pleine capacité. Elle fonctionne à l'inverse du QALY, c'est-à-dire qu'une année de vie en parfaite santé équivaut à 0, tandis que l'année où l'on meurt correspond à un DALY de 1. Suite à une maladie, cet indice fait la synthèse entre les années de vie perdues liées à une mort précoce et les années de vie passée avec un handicap. Le DALY est un système largement utilisé par l'OMS pour définir la gravité que peut représenter une maladie pour une population. Cet indice est surtout utilisé sous forme d'agrégat à l'échelle d'une population. Par exemple, les maladies cardiovasculaires ont fait « perdre » (coûté) 858 000 DALY à la population française en 2004. Il permet surtout de déterminer si les mesures de santé publique ou le traitement d'une maladie sont considérés comme efficaces au vu de leur prix. Selon les critères de l'OMS, si une mesure de santé publique (vaccin, confinement, campagne d'information, de prévention, achat de masques) ou un traitement (chirurgical ou médicamenteux) coûte moins

50 – Source : HAS, « Choix méthodologique pour l'évaluation économique à la HAS », 82 p., octobre 2011.

cher que le PIB par habitant du pays par DALY qu'il permet de « gagner » (soustraire), alors il est considéré comme efficace. S'il coûte plus de trois fois le PIB par habitant, il est considéré comme inefficace (une charge économique trop lourde par rapport à un budget contraint), indépendamment de son efficacité thérapeutique réelle. En 2019, le PIB par habitant en France était de 32 900 €. Dépenser 10 milliards d'euros pour diviser par deux les conséquences des maladies cardiovasculaires serait donc considéré comme rentable. Avant tout, cette méthode de calcul permet de déterminer quelles dépenses le fonctionnaire public chargé d'appliquer une politique d'austérité va rogner en premier. Réponse : celle qui diminue le moins le nombre de DALY.

Prenons l'exemple du dépistage de l'ensemble d'une population à l'aide de tests PCR. Il a été annoncé que le test coûtait 135 €. S'il était utilisé pour dépister l'ensemble de la population française, cela coûterait 8,7 milliards d'euros. Pour que ce choix s'avère « rentable » en termes d'évaluation de santé publique, il faudrait donc qu'il permette de gagner presque 264 500 DALY (soit 4 DALY/1 000). Or, c'est loin d'être le cas. À titre de comparaison, l'ensemble des maladies infectieuses génère « seulement » 194 000 DALY (soit 2,9 DALY pour 1000 habitants). Pour comparaison, et selon la Cour des comptes, s'il n'y avait plus aucun accident de la route en France, cela permettrait de gagner 184 000 DALY (2,8 DALY/1 000 habitants). De plus, la généralisation du dépistage du Covid-19 en elle-même n'aurait aucun impact sur le DALY. Elle permettrait en revanche la prise en charge des patients infectés et donc la limitation de la propagation de la maladie. Alors que l'utilisation massive de tests serait utile pour endiguer la pandémie, les critères d'évaluation actuels des politiques de santé publique ne permettent pas de l'envisager, le test étant jugé non rentable. C'est ce qui expliquerait, au-delà du manque de matériel médical, la non-mise en place d'une stratégie de dépistage massif. Cette extrême quantification est liée au développement/ généralisation de la « médecine industrielle » théorisée par des économistes comme Claude Le Pen, pour laquelle toute procédure de soin se voit standardisée et rationalisée. Elle est ensuite appliquée scrupuleusement par le personnel soignant réduit au rôle d'exécutant, la réflexion devenant le domaine réservé de l'expert se basant sur les indices et les modèles ou simulations (algorithmes) préalablement établis pour établir les protocoles à suivre. Avec la généralisation de ces modèles, le but principal n'est plus de soigner un patient, mais de produire un protocole de soin pour traiter une maladie en général[51]. La quantification statistique de la santé permettant sa rationalisation économique ne modélise absolument pas la réalité, mais cela n'a aucune importance. L'important c'est que le modèle soit suffisamment crédible pour permettre d'affirmer publiquement que la rentabilité a été améliorée, ce qui permet une continuité des financements. Qu'importe que ce soit vrai ou non tant que l'indice statistique démontre que la rentabilité s'améliore, même si dans les faits ce n'est pas le cas. En effet, malgré toutes ces réformes visant à l'améliorer, 40 % des hôpitaux et 30 % des cliniques privées restent en déficit (*ibid.*). Rose-Marie van Lerberghe, ancienne directrice de l'Assistance publique-hôpitaux de Paris (2002-2006) estime pour sa part, mais cela n'infirme pas ce qui précède, que c'est l'opacité générale des dépenses qui est en cause. Ainsi, le plus souvent, c'est la tarification à la tâche (T2A) qui est clouée au pilori comme signe de la marchandisation de la santé alors que cela masquerait la politique de contention des dépenses de santé à l'intérieur de l'objectif national de dépense d'assurance maladie (Ondam). Un tonneau des Danaïdes quand on sait que le vieillissement et les maladies chroniques vont croissant. Le T2A ne ferait donc que tenter de réguler le rapport prix/volume dans un cadre ou le premier terme baisse parce que l'assurance maladie rembourse moins et le second augmente pour rééquilibrer l'ensemble. C'est l'approche médico-économique qui est mise en échec sans que, jusqu'à maintenant, une enveloppe budgétaire comprimée pour des raisons de dépense publique générale en baisse ne puisse s'y substituer. Clairement, la politique de Santé n'était plus depuis longtemps une priorité.

## Interlude

– *Libération* (le 25 mai 2020) dévoile un projet de transformation de l'Hôtel-Dieu de Paris en galerie marchande. Sur le modèle de ce qui s'est fait à Lyon ? Les décideurs parisiens n'ont-ils pas entendu parler du sort réservé à ce nouveau « temple du capitalisme », appellation incontrôlée qui lui a été décernée par les manifestants lyonnais

51 – https://www.cairn.info/revue-du-mauss-2013-1-page-25.htm. Et pour tout ce passage, cf. l'article de Benjamin Lalbat aka Ben Malacki pour L'orage.org: « Restructuration et rentabilité statistique à travers la gestion pandémique », https://lorage.org/2020/05/22/restructuration-et-rentabilite-statistique-a-travers-la-gestion-pandemique-chapitre-1-criteres-de-rentabilite-covid-19-et-reification-de-la-maladie/

depuis le mouvement des Gilets jaunes et celui contre la réforme des retraites conduisant la préfecture à détourner depuis toute manifestation pour éviter les jets d'objets divers et variés sur sa façade ?

– Trump fait taxer les produits chinois importés... or ce ne sont pas les Chinois qui paient les droits de douane, mais les entreprises américaines qui importent des produits semi-finis qui leur sont nécessaires (*Libération*, le 26 mai 2020).

– Pour les élèves retoqués de l'école, parce que « non prioritaires », Blanquer invente un nouveau sigle magique : les 2S2C (sport/santé et civisme/ culture). Pour filer la métaphore, la coexistence du deuxième couple risque d'être « sportive ».

– Pedro Sanchez et un petit groupe de cinq députés d'extrême gauche basque ont osé négocier en cachette un donnant-donnant : abstention de ce groupe pour le vote sur la continuation de l'état d'alerte contre abrogation de la loi sur la flexibilité du travail (*Libération*, le 26 mai 2020). Réaction : un patronat et des syndicats ouvriers furieux d'avoir été court-circuités, alors qu'ils étaient en négociation officielle en interne sur ce point (niveau II de la domination) ; et une initiative qui risque d'incommoder l'UE en externe par rapport au plan de mutualisation de la dette (niveau I de la domination).

– En début de semaine, le maire PCF de Grigny (Essonne) a porté plainte suite à un match de football ayant réuni 300 personnes au stade local. Ainsi, les habitants des villes qui, en temps normal, voient leurs bandes de jeunes aller à la baston pour des questions de territoire, ont dû apprécier le match de l'amitié entre Corbeil et Grigny à cette occasion. Pas les maires apparemment qui se plaignent de leur manque de pouvoir pendant la crise sanitaire. Heureusement qu'il en est ainsi vu le zèle de certains qui se sont mis à édicter des arrêtés les plus fantaisistes retoqués le plus souvent par les préfectures. *Aujourd'hui en France* (le 28 mai 2020) a mené une enquête sur le sujet et fait état de nombreux matchs « sauvages » en Île-de-France, surtout depuis le 11 mai. La police nationale aurait reçu l'ordre de ne pas intervenir à partir du moment où ne lui étaient pas signalés d'incident majeur.

– Magdalena Anderson, ministre des Finances de Suède déclare dans un entretien au journal *Le Monde*, le 29 mai 2020 : « Je trouve très provocant que des pays qui, de différentes manières depuis le début de la crise sanitaire, ont violé le marché intérieur en bloquant par exemple l'exportation d'équipements médicaux (en mars, la France avait saisi quatre millions de masques à Lyon, appartenant à une multinationale suédoise, dont la moitié était destinée à l'Espagne et l'Italie, ce qui avait failli déclencher un incident diplomatique entre Stockholm et Paris), nous parlent de solidarité ».

– Édouard Philippe, au cours de son intervention, jeudi soir 28 mai sur la seconde phase du déconfinement, s'est réfugié derrière les « décisions des ligues et fédérations » qui ont décidé, seules parmi les grandes fédérations européennes de football, d'arrêter précipitamment la saison indépendamment de l'évolution du virus ; quant à la Ligue 1, elle s'est abritée derrière l'interdit gouvernemental pour justifier sa décision (éditorial de Vincent Duluc, *L'Équipe*, le 29 mai 2020). Match nul dirons-nous !

LES BASES FRAGILES D'UNE REPRISE…

– Il y a certes un début de reprise de la consommation, mais cela semble plus être le fait d'un rattrapage que dû à une frénésie compensatrice. L'incertitude sur l'emploi, mais aussi sur les vacances ne pousse pas à « manger » immédiatement les économies qui auraient pu être faites pendant le confinement. En effet, les embauches sont encore rares et concernent beaucoup plus que d'ordinaire un travail précaire là aussi de rattrapage et qui n'a donc pas vocation à être pérennisé. Fort de ces constatations, le MEDEF compte proposer un mixage de relance par l'offre (baisse des impôts sur la production, report de charges ou même exonération pour l'embauche au premier CDI) et de relance par la demande (éco-chèques, aide à l'emploi même en sous-activité) avec l'accent mis sur l'embauche des jeunes. À noter que personne ne parle de réaliser ce dernier objectif sous la forme des brulots que constituèrent le contrat d'insertion professionnelle (CIP) en 1994 et le contrat premier emploi (CPE) en 2006. Prudence oblige quand tous les gouvernements surveillent la jeunesse comme le lait sur le feu. En France, c'est l'apprentissage en alternance qui sera privilégié avec une prime à l'embauche pour l'employeur (cf. l'entretien de Muriel Pénicaud, ministre du Travail au *Figaro*, le 29 mai 2020). Cela n'empêche toutefois pas des économistes orthodoxes comme Cahuc et Zylberberg (*Les Échos*, le 29 mai 2020) de reposer la question de l'inégalité de situation entre *insiders* (favorisés d'après eux par leur position acquise et leur statut) et *outsiders* (entrants sur le marché du travail) dans la mesure où ni les patrons ni l'administration ne veulent que les seconds n'entrent sur le marché du travail dans les conditions des premiers. Mais pour le moment, l'essentiel pour le patronat semble être de recréer la confiance à chaque bout de la chaîne (capital et travail, production et consommation) avec une croix tirée sur l'orthodoxie budgétaire. Du Keynes minimaliste où il faut que l'épargne accumulée[52] se transforme en investissement et consommation sans toucher aux salaires. Les planètes peuvent s'aligner temporairement pour les gouvernements si on pense que l'austérité ne sera pas acceptable par les opinions publiques et qu'elle n'est pas efficace pour relancer l'économie... sauf si un forcing d'une fraction du patronat sur un accent mis sur la productivité/compétitivité venait à prévaloir.

– En contrepartie du plan d'aide à Renault[53] le gouvernement a obtenu que la fabrication des futurs moteurs électriques de l'alliance entre les trois constructeurs du groupe, revienne à l'usine de Cléon alors que c'est une localisation en Chine qui était prévue. La stratégie du groupe passe par un découplage des territoires de marché (Renault couvre l'Europe, l'Amérique du Sud et le Maghreb), mais avec une tendance à la normalisation/unification de la R-D et des plateformes communes (de huit elles ne seront plus que quatre) sur le modèle *leader-follower*. Renault l'est par exemple sur le Kangoo et le sera sur la voiture connectée, sauf pour la Chine ; et sur l'électronique (*Le Monde*, le 28 mai 2020), Nissan sur la voiture autonome, Mitsubishi sur les hybrides. Il ne s'agit plus de faire du volume, mais de réduire les coûts fixes avec comme objectif d'abaisser le « point mort[54] » et de voir venir en étant capable de répondre à une nouvelle hausse de la demande si elle se produit.

---

52 – Nous ne faisons pas référence ici à l'épargne des riches, car sur les 48 milliards de flux nets outre ce qui a rejoint les dépôts à vue des comptes courants, la grande majorité des dépôts rémunérés a été placée sur un livret A. Par ailleurs, les ménages se sont désendettés au niveau de 4,5 milliards, soit une épargne totale de presque 55 milliards. Cela représente deux à trois fois plus que d'habitude.

53 – Le nouveau PDG, J.-D. Sénard tient à préciser dans un entretien au journal *Le Monde*, le 29 mai 2020, suite à une question que tout le monde se pose sur un prêt qui aboutirait à des licenciements même s'ils ne sont pas « secs » : « le prêt à Renault n'est pas un prêt de l'État, mais un prêt des banques garanti par l'État et donc à rembourser. »

54 – Cf. Relevé de notes II, note 14. Quant au coût fixe, il devrait en théorie être rapporté à des coûts unitaires calculés sur 1,1 million de véhicules produits/an alors que l'entreprise n'en produit plus que 650 000. Ghosn a représenté l'archétype du mondialisateur poussant au gigantisme dans une période traversée par le scandale du

« C'est une méthode différente de ce qui se faisait sous Carlos Ghosn où tout était imposé pour tous d'en haut. Il n'y a plus de Gosplan mais la mise en commun d'une grande boîte à outils » (le petit Deleuze et Guattari recyclé et illustré pour dirigeants) explique l'un des cadres de l'Alliance. À cet aune l'usine de Choisy-le-Roi (Val-de-Marne) doit apparaître comme un bien petit outil alors pourtant que le site a reçu en 2014 le trophée de l'économie circulaire pour son activité de *remanufacturing* réduisant l'impact environnemental (*Le Monde*, le 29 mai 2020). Un transfert à Flins (à 50 kms) serait toutefois prévu pour faire passer la pilule. Renault est à l'image de l'évolution du pays, laboratoire industriel et social pendant les années de la reconstruction puis la première phase de la société de consommation; laboratoire des restructurations à partir de la fin des années 1980 avec la liquidation de la « forteresse ouvrière » de Boulogne-Billancourt et les délocalisations. En bout de piste, Renault n'est plus définie en France par ses unités de production — même là où il en existe encore, comme à Douai où l'usine tourne à 20 % de ses capacités, à Maubeuge et Sandouville où cela tourne autour de 50 % —, mais par son technocentre de Guyancourt où se trouve le plus grand nombre de salariés. L'ingénierie et la conception, c'est ce qui reste de l'identité Renault liée à son histoire particulière depuis 1945; mais là aussi il est prévu le départ de 10 % du personnel. Dans cette situation, certains ont tendance à comprendre cette surcapacité comme étant une caractéristique d'une tendance capitaliste séculaire à la surproduction. Nous ne le pensons pas. La plupart des entreprises automobiles sont en surcapacité potentielle (la mondialisation a poussé à la course à la taille), mais en sous-production effective pour maintenir des prix élevés en situation d'entente oligopolistique sur un marché déprimé. La concurrence ne s'y exerce pas par la compétitivité-prix puisque ces derniers sont à peu près fixes selon la gamme et fixés/unifiés mondialement, mais par les marges bénéficiaires qui peuvent être dégagées. Là où elles sont minces (les petites cylindrées) c'est alors la délocalisation qui est choisie, à la fois pour des raisons de coûts salariaux et parce que cette gamme doit se rapprocher de ce qui est devenu son marché naturel (cf. Dacia, par exemple en Roumanie) d'où les délocalisations; là où elles

---

dieselgate, la demande décroissante de véhicules thermiques par une population plus sensible aux questions climatiques et de plus en plus persuadée que les incitations vont porter sur l'acquisition de voitures électriques, la demande faiblissante depuis de longs mois en Chine avant même le coronavirus... D'où le problème des stocks.

sont plus importantes, elles sont assurées par la capacité à monter en gamme et à donner l'image de marque équivalente à cette compétitivité-qualité (cf. la « qualité allemande »).

– Le plan de relance européen de 750 milliards d'euros se fait théoriquement sur la base : « de chacun selon ses moyens à chacun selon ses besoins » (*Libération*, le 28 mai 2020) même si on peut douter de l'esprit par rapport à la lettre (le journal ne va pas jusqu'à citer Marx comme référence de citation) puisqu'il faudra en rembourser une partie, certes à très long terme. Il faudra attendre 2021 pour bénéficier de l'ensemble du prêt qui en valeur absolue bénéficie surtout à l'Espagne (170 milliards) et l'Italie (140) puis la France (39) dans l'ordre, d'après *Le Figaro* du 28 mai 2020. Mais en valeur relative par rapport au PIB, le classement s'inverse puisque sur les 27 pays de l'UE, l'Espagne n'est que huitième, l'Italie douzième et la France dix-huitième. Ce sont les Peco (pays de l'Est de l'Europe faisant partie de l'UE) qui arrivent dans le peloton de tête avec le Portugal. Ils ont pourtant moins été touchés par le virus, mais il s'agit d'un savant calcul politique de la part des pays à l'initiative du plan, de façon à s'attacher leurs voix pour contrer les quatre « frugaux » (source : Guillaume Duval, *Alternatives économiques* n° 402, juin 2020). Mais dans tous les cas, il s'agit d'un plan de relance pour la croissance. Point. L'urgence est de compenser en termes de croissance ce qui est financé et non pas d'initier/impulser un autre modèle de croissance ou *a fortiori* de décroissance. Nous l'avons vu pour l'automobile où comme le disent ministre de l'Économie et journalistes, « il ne faut pas envoyer Renault dans le mur[55] » et pour ceux qui ont des Lettres politiques et historiques à mettre à jour : « il ne faut pas désespérer Flins » (la plus « grosse » usine restante). Il en va de même pour les compagnies aériennes où toutefois Air-France s'engagerait à fermer certaines lignes domestiques à moins de 2 h 30 de Paris en train, ce qui est le cas pour Bordeaux, Lyon, Nantes, mais pas pour Aix-Marseille, Nice et Toulouse (*Aujourd'hui en France*, le 28 mai 2020). *Réseau Action Climat* de Bordeaux a calculé que la suppression des trois liaisons avec Orly aurait un impact « insignifiant » sur les émissions de $CO_2$. Il réclame la suppression pure et simple de tous les vols court-courriers et leur remplacement par le

55 – À Édouard Philippe qui a promis de sauver les sites, Bruno Le Maire répond en fustigeant « la politique qui a échoué, celle qui consiste à faire de grandes déclarations sur les micros en disant : "j'exige de Renault qu'il ne fasse aucune fermeture de site et qu'il ne se sépare d'aucun salarié". Tout ça ce sont les vieilles déclarations du XX^e^ siècle, pas la politique du XXI^e^ » (entretien sur BFM-TV, le 25 mai 2020).

train, jugé « plus propre »... même s'il roule grâce à une électricité d'origine nucléaire honnie des écologistes... (*Le Monde*, le 29 mai 2020). L'Allemagne nous suit avec le sauvetage de Lufthansa. Toutefois, les réaménagements pourraient bien n'être qu'à la marge. Dans le plan de relance européen, la part prévue en direction des entreprises stratégiques évitera sans doute la mortifère concurrence intra-européenne qui régnait jusque-là, mais il ne dit pas un mot sur la nature et l'intérêt de ces entreprises stratégiques. Tout juste a-t-on de premiers éclaircissements sur le financement, le plan prévoyant de recourir au maximum à des fonds propres tels ceux pouvant être obtenus par une taxation des GAFAM, la taxe carbone aux frontières, la taxe sur le plastique à usage unique et une taxe sur les transactions financières (*Les Échos*, le 28 mai 2020).

L'hebdomadaire italien *L'Espresso*, pour sa part, suggère un dénouement en deux phases, « dans la première, celle que nous sommes en train de vivre, la priorité sera d'aider les entreprises en difficulté pour éviter des pertes d'emplois immédiates. Mais dans une seconde phase, celle de la reconstruction proprement dite, il est probable que les prêts et les aides européennes seront soumis à des conditions précises liées à la transition écologique. » *(Courrier International*, le 28 mai 2020). Un exemple de ces tendances contradictoires nous vient des États-Unis : « l'électricité produite à partir de sources d'énergies renouvelables pourrait dépasser cette année celle produite par les centrales à charbon », souligne le *New York Times*. Selon le dernier rapport de l'*Energy Information Administration*, les centrales à charbon ne devraient produire « que 19 % de l'électricité du pays, devancées pour la première fois par la production d'électricité nucléaire ainsi que celle issue des énergies renouvelables (éolien, solaire, barrages hydroélectriques, énergie géothermique et biomasse). Le quotidien y voit une mini-révolution liée en partie à la pandémie de Covid-19 et qui intervient alors même que, depuis trois ans, le gouvernement Trump tente de raviver l'industrie du charbon. *Le New York Times* souligne également que « depuis 2010, le coût de construction des grandes fermes éoliennes a baissé de 40 %, tandis que celui des installations solaires a chuté de 80 % ». Mais l'après-pandémie pourrait être porteuse de moins bonnes nouvelles : ces dernières semaines, le gouvernement Trump a poursuivi son entreprise de démantèlement des mesures de protection de l'environnement, rapporte *The Guardian*. Les agences fédérales américaines ont notamment assoupli les normes de consommation de carburant pour les voitures neuves (*Courrier international*, le 28 mai 2020).

– Le paradoxe est qu'au moment où le plan de relance européen s'affiche comme solidaire, on discute beaucoup de l'attractivité des différents pays de l'UE par rapport aux investissements directs à l'étranger (IDE) et ce d'autant plus en France qui, juste avant la pandémie, arrivait en tête du classement annuel en 2019 avec +17 % d'IDE, l'Angleterre suivant de près, les autres étant très en arrière. Comme les observateurs estiment que cette attractivité post-crise sanitaire sera tributaire de la qualité des plans de relance nationaux, on voit mal comment la solidarité affirmée ne pourrait pas se transformer en compétition sur le modèle du « monde d'avant ». D'un autre côté l'attractivité ne doit pas non plus conduire les entreprises à faire leur marché sur des entreprises affaiblies par la crise sanitaire. C'est dans cette optique que le gouvernement français a prévu un contrôle accru sur l'entrée au capital d'entreprises françaises en délimitant des secteurs stratégiques où la proportion de capitaux étrangers ne pourrait pas dépasser 10 % du capital total.

Par contre dans le domaine de la santé, l'UE semble décidée à sortir du traitement régalien État par État qui a prévalu dans l'impréparation de ces derniers mois. Un fonds spécial de 9,5 milliards serait prévu (*Les Échos*, le 29 mai 2020) contre 400 millions actuellement, afin que les errements souverainistes ne se reproduisent pas. Il s'agirait de « muscler la réserve stratégique » car la santé publique est devenue elle-même une arme géostratégique afin d'assurer les approvisionnements en produisant plus en Europe. Mais apparemment on est encore loin du BARDA américain ni même de la loi américaine de 1983 qui visaient à orienter la R-D pharmaceutique pour ne pas laisser le champ libre à la main visible du marché que représente le Big Pharma qui ne s'oriente ni vers le traitement des maladies rares (non rentables) ni vers la production de médicaments bon marché, pour les mêmes raisons.

– On entend souvent dire que la politique économique de l'Allemagne est dictée par la peur historique d'une inflation qui aurait conduit indirectement Hitler au pouvoir. Or si cette inflation fut réelle au début des années 1920 et la tentative de putsch de la brasserie de Munich de 1923 en fut en partie la conséquence, la période qui précéda l'arrivée d'Hitler au pouvoir fut au contraire celle d'une grande dépression avec une sévère déflation. On parle moins du fait que l'Allemagne a été marquée par un fait plus récent, la réunification, qui l'a amené à assumer presque seule l'intégration de la partie orientale de son territoire, l'UE intervenant surtout pour l'intégration sans trop de douleur de l'ex-bloc de l'Est de l'Europe. S'il y a dans l'attitude allemande par rapport à la monnaie une part de rationalité : les ménages y sont moins endettés qu'en France (54,5 % du PIB contre 61,1) et moins propriétaires de leur logement (45 contre 62), ils sont plus épargnants (11,6 contre 8,4 ; Italie : 2,5) ; elle contient aussi une part d'irrationalité car les actifs des ménages allemands ont augmenté de 4,3 % pendant la période récente de rachat de la dette par la BCE (politique anti-conventionnelle dénoncée par la Cour de Karlsruhe, cf. relevé V), alors qu'ils n'ont augmenté que de 3,7 entre 2004 et 2008 (*Les Échos*, le 26 mai 2020).

### … QUI NÉCESSITENT LE MAINTIEN DE MESURES SOCIALES COMPENSATOIRES DE LA PART DU POUVOIR

– Le gouvernement prolonge le chômage partiel, mais en le rendant plus incitatif pour les patrons qui se voient mis à contribution à hauteur de 14 % des 84 % du salaire net versé par l'UNEDIC. Par contre il ne va pas jusqu'à remettre en cause la hiérarchie des salaires à travers sa prise en charge maintenue jusqu'à 4,5 fois le SMIC alors que tous les observateurs attendaient une baisse à 3,5 ou même à 2 (*Les Échos*, le 26 mai 2020). Les mesures sont proches de ce que proposaient l'union patronale de la métallurgie et l'ensemble des syndicats de la branche, excepté la CGT. Pourtant, dans l'ensemble, le gouvernement continue sa politique de « distanciation sociale » envers les syndicats par une nouvelle ordonnance du 27 mai qui vise à raccourcir les prises de décision en période de crise sanitaire et éviter donc de les consulter pour chacune (*Le Monde*, le 29 mai 2020). Les pratiques dérogatoires au droit du travail prises par ordonnances vont dans le même sens d'une urgence décrétée, comme celle qui vient d'être prise pour l'extension conjoncturelle du travail le dimanche au personnel administratif de l'assurance maladie.

– L'Espagne innove pour éviter la répétition de 2008. Nous avons parlé antérieurement de la proposition gouvernementale de « dette perpétuelle », puis du « revenu minimum vital » qui concernerait finalement 2,3 millions de personnes (800 000 familles en fait, proportionnellement à leur taille) et voici maintenant que suite à une menace de grève des loyers le 30 mars, le second vice-président du gouvernement, Pablo Iglesias (Podemos) lance un moratoire sur les loyers ou une réduction de 50 % de son montant pour les personnes en difficulté, auprès des grands propriétaires immobiliers (plus de dix biens) dont seuls 30 % auraient déjà signé ; et il invite aussi les petits propriétaires à négocier avec leurs locataires (*Le Monde*, le 27 mai 2020). Pendant ce temps, les salariés de Nissan-Barcelone et leurs soutiens ont manifesté devant l'usine contre la fermeture annoncée et ils ont brûlé des pneus (*Le Figaro*, le 29 mai 2020).

– En France, pour le mois d'avril, le nombre de personnes au chômage inscrites en catégorie A, c'est-à-dire n'ayant pas du tout travaillé le mois précédent, a enregistré une hausse historique de 843 000 personnes, soit + 22,6 % en un seul mois. En mars, la hausse en catégorie A, avait atteint 246 000 personnes (+7,1) « Sur trois mois, 1 065 200 demandeurs d'emploi supplémentaires sont enregistrés dans cette catégorie », note la Dares, l'institut statistique du ministère. Cette hausse brutale et inédite s'explique en partie par l'effondrement du nombre de personnes inscrites en catégorie B et C (qui ont travaillé respectivement moins de 78 heures, et plus de 78 heures durant le mois précédent) : ils sont 633 600 de moins en avril qu'en mars. « Ainsi, trois quarts de la hausse du nombre de demandeurs d'emploi en catégorie A observée ce mois-ci sont alimentés par des personnes inscrites en catégories B et C en mars », explique la Dares. Dit autrement : les petits boulots ont massivement disparu au mois d'avril (cf. R. Godin et D. Israël, *Mediapart*, le 28 mai 2020). Plus concrètement encore, des travailleurs de l'événementiel (maître d'hôtel, cuisiniers, serveurs, conducteurs) à l'arrêt depuis le confinement, ont manifesté à Cannes le 26 mai (cf. *Aujourd'hui en France*, le 28 mai 2020). De plus, ils sont menacés par le nouveau calcul des droits qui concerne aussi les intermittents du spectacle, autres « invisibles » du confinement, mais que leur statut protège au moins pécuniairement.

Le 31 mai 2020

# Relevé VIII

# (9 juin 2020)

Les thèses post-modernes particularistes tentent aussi d'émerger de la crise sanitaire

– Assa Traoré dans *Libération*, le 4 mai 2020 : « Peu importe notre origine sociale, notre religion ou orientation sexuelle. La période du coronavirus a poussé les gens à évoluer sur leur manière de voir les choses, de consommer, de ne plus être passif ». Cela n'enlève évidemment rien au fait que des dizaines de milliers de personnes ont manifesté en France le 2 et le 6 juin, mais on ne peut s'empêcher de penser que le « peu importe » ne se justifie pas en la circonstance puisqu'il « importe » justement à qui l'énonce[56]. Pendant ce temps (le même mardi 2 juin 2020), Donald Trump a signé dans la matinée un décret réaffirmant le principe de la liberté religieuse (« peu importe » en politique étrangère. Puis, il s'est rendu en compagnie de la First Lady au sanctuaire dédié au pape Jean Paul II (« peu importe ») dans la capitale fédérale (*Le Monde* le 4 mai 2020).

Aux États-Unis, la génuflexion, expurgée ou non de sa connotation religieuse, est emblématique des protestations pacifiques contre les violences policières et le racisme institutionnel, depuis qu'en 2016 le joueur de football américain Colin Kaepernick l'a popularisée, posant le genou à terre en début de match, lors de l'hymne national. Joe Biden l'a bien compris qui, à l'issue d'une discussion qui s'est tenue lundi dans une église avec des res-

56 – Par rapport au mouvement des Gilets jaunes pour qui finalement un tel énoncé aurait pu convenir (« peu importe, tous Gilets jaunes »), la différence réside justement dans le fait d'en faire ici une sorte de pré-requis qui est un signe de plus de l'américanisation des politiques militantes à l'extrême gauche du moins. Ce mimétisme vis-à-vis des activismes outre-Atlantique est une dimension qui bouleverse les conceptions et pratiques politiques et militantes en Europe et surtout en France : moralisme politico-religieux, racialisme, communautarisme, victimisation, dichotomie entre le Bien et le Mal. Néanmoins, dans son langage empreint directement de références à Dieu certes, Terrence Floyd, le frère de Georges assassiné, a tenu un langage plus clair : « le pouvoir au peuple [...] Pas seulement mon peuple, pas seulement votre peuple, mais à tout le peuple, chacun de nous. »

ponsables noirs d'associations a posé le genou sur le sol, invitant, en outre, à la prière (« peu importe »).

Alors que les observateurs se sont immédiatement posé la question du rapport spécifique qu'entretiendraient coronavirus et Africains-Américains[57] (morbidité supérieure, licenciements, manque d'accès aux soins dans les quartiers les plus déshérités) pouvant être un des éléments susceptibles d'expliquer le caractère massif des émeutes de ces derniers jours, par-delà le crime commis par des policiers, les conclusions d'une enquête Ipsos commandée par le *Washington Post* iraient plutôt dans le sens d'un rapport ténu (*Le Monde* du 4 juin 2020). En effet, les Latino-Américains plutôt plus exposés aux emplois les plus précaires et ne bénéficiant parfois pas de papiers et travaillant dans les secteurs de la restauration et du BTP, auraient été plus touchés par les pertes d'emplois que les Africains-Américains dont certains travaillent dans la fonction publique ou dans des usines où ils ont pu bénéficier du filet social (aide fiscale + chômage partiel accordé par les autorités fédérales). Il faut dire que les Latino-Américains sont les grands oubliés de l'antiracisme de gauche. Ils n'ont pas de Martin Luther King ou de Black Panthers pour faire oublier aux gauchistes américains à quel point leur « communauté » comme celles des Africains-Américains est conservatrice politiquement, la différence étant que lorsqu'elle vote (et elle vote moins) elle ne se porte pas sur le même parti. En effet, si les Africains-Américains votent démocrates, ils soutiennent la plupart du temps dans les primaires le candidat le plus à droite. Bernie Sanders vient encore de s'en apercevoir, lui, le candidat de la gauche « blanche » branchée sur les « sujets de société » qui a été obligé de se retirer au profit de Joe Biden qui ne porte absolument aucun projet autre que de battre Trump.

---

57 – Au milieu des années 1960 « colored » et « negro » ont été jugés dépassés et racistes, grâce au mouvement des droits civiques, et on a adopté le terme « Black » (d'où le slogan *Black is beautiful*, le Black Power et les Black Panthers), et Black a gardé cette tonalité militante encore aujourd'hui aux USA, les autres termes étant progressivement abandonnés et définitivement considérés comme racistes. À la fin des années 1980 Jesse Jackson et un certain nombre d'universitaires ont décidé qu'il fallait choisir *African American* plutôt qu'*Afro-American* que reprend pourtant encore, majoritairement, la presse française dans sa traduction (source : Yves Coleman, NPNF, http://npnf.eu/spip.php?article750 « De "l'homme de couleur" à l'afrodescendant ».

Le 2 juin, dans son éditorial *Le Monde* donnait son avis : « Cela ne suffit pas. Un autre facteur, sous-jacent, explique la colère : la disproportion dans la répartition ethnique des quelque 100 000 victimes de l'épidémie de Covid-19 aux États-Unis. Les Africains-Américains ont été deux fois et demie à trois fois plus nombreux à mourir du virus que les membres des communautés blanche, latino et asiatique. Les Noirs américains concentrent plus de facteurs de comorbidité, comme le diabète et l'obésité, que les autres, parce qu'ils concentrent aussi plus de pauvreté[58] ». Au-delà de ce fait indéniable, on s'aperçoit que le journal, gagné par son empathie avec la révolte des Africains-Américains en vient à adopter l'hypothèse d'une « communauté blanche » dans un pays qui a déjà du mal, malgré sa volonté identitariste, à classer les Latino-Américains qui ne sont pas considérés officiellement par l'administration américaine comme une « race[59] ».

Pour Jason Furman, professeur à Harvard et ancien conseiller économique de Barack Obama : « En février encore, le taux de chômage des Afro-Américains était à son plus bas historique. De plus, la réponse du gouvernement à la crise du Covid-19 a très certainement conduit à une hausse du revenu net disponible. Le désavantage économique [dont souf-

---

58 – Pourtant, si les Noirs ont deux fois plus de probabilités de ne pas avoir d'assurance médicale que les Blancs, pour les Hispaniques c'est trois fois plus (*Le Monde*, le 4 mai 2020).

59 – La question de l'origine hispanique ou latino est distincte de la question de la race. Les Hispano-Américains et les Latino-Américains ont des origines ethniques dans les pays d'Amérique latine et de la péninsule ibérique. Par conséquent, il n'existe pas de catégorie raciale distincte pour les Hispano-Américains et les Latino-Américains, car ils ne constituent pas une race, ni un groupe national selon les critères américains. Lorsqu'ils répondent à la question sur la race sur le formulaire de recensement aux États-Unis, chaque personne est invitée à choisir parmi les mêmes catégories raciales que tous les Américains et est incluse dans les chiffres indiqués pour ces races. Chaque catégorie raciale peut contenir des non-hispaniques ou des latinos et des hispaniques ou des Latino-Américains. Par exemple, la catégorie raciale des Blancs ou des Euro-Américains contient des Blancs non hispaniques et des Blancs hispaniques (de même qu'il y a des Blancs hispaniques et des Blancs latino-américains). Quant à la catégorie des Noirs ou des Afro-Américains; elle contient les Noirs non hispaniques et les Noirs hispaniques (de même qu'il y a des Noirs hispaniques et des Noirs latino-américains). La catégorie des Asiatiques-Américains contient les Asiatiques non hispaniques et les Hispano-Américains (voir Asiatiques hispaniques et latino-américains); et de même pour toutes les autres catégories (source Wikipedia en anglais, traduction : Yves Coleman).

frent les Afro-Américains] fait donc partie de l'explication des émeutes, mais il est peu probable qu'il s'agisse de changements économiques récents dus à la pandémie et certainement pas de disparités raciales dans les changements économiques récents. » (*Le Monde*, le 4 juin 2020).

Là où il y a eu une dégradation importante, c'est par rapport à la propriété du logement : Afro-Américains 41 %, blancs 71 %, une situation plus défavorable qu'en 1968 où il existait pourtant une discrimination légale au logement (*Libération*, le 30 mai 2020).

EXPERTISE ET RÉSEAUX : LES RÉSEAUX DE L'EXPERTISE

– Dans son éditorial (*Libération*, le 30 mai 2020), Laurent Joffrin tire la sonnette d'alarme devant les conséquences que pourraient produire les failles du discours scientifique. Il conclut par un « Ce n'est pas la science qui trompe l'opinion. C'est sa politisation ou sa déification ». Le jour même des dizaines de scientifiques ont écrit pour dénoncer les conditions de l'enquête publiée dans *The Lancet* lui apportant indirectement leur réponse. Depuis, la revue a fait amende honorable par rapport à son coupable laisser-aller. Ainsi, jusqu'en 2004, M. Fortunak, chimiste ayant travaillé vingt ans dans l'industrie pharmaceutique supervisait la production de midazolam pour le compte du laboratoire américain Abbott. « À l'époque, le principe actif était fabriqué aux États-Unis. Par la suite, le laboratoire a préféré s'approvisionner en Inde, car c'était moins cher. Vendre des principes actifs est bien moins rentable que vendre des produits finis » (*Le Monde,* le 4 juin 2020) et El Mouhoub Mouhoud, professeur d'économie à l'université Paris-Dauphine d'expliquer les raisons qui augurent mal d'une relocalisation : « En dépit des possibilités d'automatisation, les groupes préfèrent délocaliser dans des pays à bas salaires, de façon à dégager des marges importantes, grâce auxquelles ils pourront verser des dividendes élevés à leurs actionnaires et/ou compenser les investissements réalisés pour le marketing et la recherche et développement » (*ibid.*). Pour les mêmes raisons, la fabrication des « génériques » a été délaissée. E.M. Mouhoud poursuit : « Les normes européennes n'autorisent pas les États à mener des politiques ciblées sur tel ou tel secteur. Il faudrait changer les règles, de façon à mieux orienter les aides publiques, notamment le crédit d'impôt-recherche, en le concentrant sur les chaînons manquants des filières de production. Ainsi que sur les secteurs stratégiques, comme la santé ; aujourd'hui, le crédit d'impôt recherche est aussi bien alloué à l'industrie pharmaceutique qu'à la grande distribution » (*ibidem*).

Plutôt que d'une relocalisation problématique plusieurs observateurs dont Penny Goldberg, enseignante à Yale (*Le Monde*, le 7 juin 2020) pensent plus efficiente une rupture avec les pratiques du juste à temps et du zéro stock, lesquelles pratiques s'avèrent incapables de répondre à des chocs conjoncturels. Elle présenterait en outre l'avantage de ne pas rompre les liens avec les pays pauvres mais industrieux (par exemple le Bangladesh) qui se sont accrochés au cycle mondial. Problème, même de ce point de vue réformiste : si les chaînes de valeur restent mondiales, la rupture n'a de sens que si elle est mondiale… sans être pour autant souverainiste.

INTERLUDE :

– Dans la série novlangue du capital (suite) « l'agenda » a remplacé le programme puisque les politiques ne classent pas leurs idées, mais leurs rendez-vous. Nous avons eu droit aussi à une multiplication des « cides ». Après le féminicide qui apparemment n'est plus un homicide puisque ce dernier ne concernerait plus que les « victimes » masculines et non les humains en général[60], nous avons eu droit au « climaticide » et, plus radical encore, à « l'écocide ». Mais les deux nouvelles perles de la semaine sont : « être allant » ou pas, tel ce : « Macron est plutôt allant dès qu'il est question de restreindre les libertés » livre un député de la majorité au journal *Le Monde,* le 28 mai 2020 ; ainsi que « tangenter avec » : cette « idée tangente avec », ce qui à l'usage doit être très pratique pour faire

60 – Ce découplage est en rupture avec la progressivité historique du droit qui a consisté à développer une conception universaliste détachant la particularité des individus, qu'elle soit physique, de race, de sexe, d'origine sociale, du contenu de l'acte criminel lui-même pour donner à ce dernier une importance intrinsèque objectivée. Qu'il y ait eu des difficultés à faire correspondre droit progressiste et décisions de justice comme dans le cas du prétendu « crime passionnel » ne doit pas conduire à tordre le bâton dans l'autre sens et en légalisant la chose qui plus est. Mais l'extrême gauche d'aujourd'hui a perdu toute ligne de conduite et pour tout dire tout principe. Alors qu'elle s'est toujours opposée à ce que le meurtre d'un policier soit plus gravement puni du fait de la spécificité de la « victime », elle applaudit maintenant à ce que ce soit le cas pour un « féminicide ». Certes la femme assassinée n'est que rarement en position de pouvoir, mais quand même… Il est vrai que l'extrême gauche et le droit c'est presque pire que l'extrême gauche et l'économie puisque les maos et Serge July en 1972 (« Marc » à l'époque) voulaient faire payer au notaire de Bruay-en-Artois son statut de notable qui en faisait un forcément coupable.

passer n'importe quoi puisque personne ne s'accorde sur le sens de l'expression et puis c'est parfaitement compatible avec le « en même temps ».

– Muriel Pénicaud, ministre du Travail, de l'Emploi et de la Formation professionnelle : « Il faut, en tant que français (sic), qu'on ose consommer, qu'on ose ressortir, maintenant qu'il y a les conditions nécessaires » (*Le Figaro*, le 2 juin 2020). Sans commentaire.

– « Frichti » entreprise plateforme de plateaux-repas s'autodésigne « livreur de bonheur » vantant un modèle alter-écologique derrière lequel se cache un sous-traitant employant des travailleurs sans-papiers et sans contrat (*Libération*, le 2 juin 2020).

– Depuis la Covid-19 « la résilience » s'est répandue à grande vitesse. Exemple parmi tant d'autres, dans *Les Échos*, le 4 juin 2020 nous trouvons « le coronavirus est un test pour la résilience du dollar ». De la même façon, on apprend par la porte-parole de la Maison-Blanche que Trump en se rendant à l'église St John pour brandir une Bible a voulu montrer « un message de résilience et de détermination » (*Le Monde*, le 5 juin 2020). À ce train-là une paire de chaussures qui marche moins du fait du confinement ne va pas tarder à être déclarée « résiliente » au Covid. La résistance à la bêtise s'avère par contre plus difficile à développer que la résilience de la bêtise qui semble très « allante ». Le Japon a fait encore plus fort après Fukushima en créant « Un ministère de la « construction de la résilience nationale ».

## Relocalisation et emploi

– Si certains salariés « invisibles » ont été mis en lumière par la nécessité d'assurer la logistique du confinement, ce dernier aura eu aussi quelques effets positifs sur des personnes parfois jugées trop visibles par les autorités municipales, c'est-à-dire les sans-abri. L'État a ainsi mobilisé des moyens pour loger 178 000 d'entre eux dans différentes structures et 90 000 personnes ont pu bénéficier de chèques alimentaires. Maud Bigot à Lyon déclare au *Monde* le 4 juin 2020 : « Entre associations, collectivités territoriales et services de l'État, nous nous sommes fixés pour objectif "zéro retour à la rue après le 10 juillet". Les bailleurs sociaux jouent le jeu et ont déjà identifié 500 logements disponibles tandis que la métropole cherche des locaux en attente de transformation... », mais pour combien de temps ? À l'inquiétude des associations, le ministre du Logement a répondu qu'il réunissait les « acteurs » (sic) deux fois par semaine. Comme pour la crise sanitaire, comme pour l'arrêt de l'activité économique, il y a donc bien eu une réaction et une réponse de l'État, mais dans sa forme réseau et la gestion des situations par les intermédiaires. Ces mesures seront-elles pérennes ? Cela reviendrait à réinstiller de l'institution là où il n'y en a plus. *A priori*, ce n'était pas à « l'agenda », mais qui sait, le virus est passé par là.

– Benjamin Lemoine, chercheur au CNRS (Université Paris-Dauphine) dans une tribune à *Libération* le 2 juin 2020 explique que la BCE reste spectatrice du fonctionnement économique parce que son plan d'aide n'est conçu que pour garantir et non orienter les prêts. Pour lui, en cela réside la grosse différence avec ce que faisaient les États nationaux au moment de la reconstruction de l'après-Seconde Guerre mondiale. En France l'État-nation articulait budget, politique monétaire, orientait le crédit avec la nationalisation des banques de dépôt et leur séparation des banques d'affaires, promouvait le rôle du Trésor public (les Bons du Trésor) et la culture du service public. Alors qu'aujourd'hui, toujours selon Lemoine, ce sont les marchés qui décident. C'est effectivement l'impression que l'on pourrait avoir quand on constate que les marchés de taux d'emprunt viennent de demander à la BCE d'augmenter l'aide jusqu'à 1250 milliards parce qu'au train amorcé de la crise sanitaire les premières centaines de milliards seront entièrement absorbées à la fin septembre. Cela risquerait de produire une fragmentation des taux d'emprunt avec de gros écarts de taux de refinancement (les *spreads*) entre membres de l'UE. Cela aurait pour conséquence de faire voler en éclat l'unité de l'UE et mettrait en danger des pays comme l'Italie, l'Espagne et la Grèce renvoyés alors à des politiques d'austérité ou aux risques de banqueroute. Mais on peut aussi avoir l'idée inverse qui est que les marchés suivent aussi toute décision politique qui leur apparaît comme ferme. Ils sont tendanciellement pro-cycliques mais ils ne décident pas du cycle[61]. En tout cas la BCE exauçait largement leurs vœux deux jours plus tard avec un total porté à 1350 milliards. À l'heure de la globalisation, de la forme réseau des États et de la finance directe sur le marché financier, Lemoine regrette la période de l'État-nation et sa finance intermédiée par le système bancaire. Hélène Rey de la *London Business*

61 – Ce ne sont pas les marchés qui ont décidé de la globalisation financière, mais gouvernements et dirigeants d'entreprise qui ont privilégié des politiques de finance directe coïncidant davantage à l'intensification des échanges internationaux. C'est pour cette raison que globalisation et mondialisation sont indissociables.

*School* lui répond indirectement dans *Le* Monde, le 4 juin 2020, que ce n'est pas à la politique monétaire (technocratique) de faire des choix qui relèvent des politiques budgétaires (démocratiques) privilégiant tel ou tel agent, tel ou tel secteur.

Dans les mesures particulières d'accompagnement pour une sortie de crise, l'Allemagne a décidé de baisser de trois points ses deux taux de TVA pour relancer plus rapidement la consommation ; une mesure que le gouvernement Macron refuse parce que la France devenue plus importatrice qu'exportatrice, la baisse profiterait aux produits chinois.

– Comme nous le disions dans un de nos précédents relevés (VI), c'est la négociation dans la métallurgie qui semble donner le ton des débats sur l'accompagnement des salariés dans la période de crise actuelle. D'après *Les Échos*, le 2 juin 2020, c'est sur cette base que le gouvernement bâtit son projet de « régime spécifique d'activité partielle » prévu pour succéder aux mesures actuelles de chômage partiel. Sa programmation court sur le moyen terme puisque les entreprises peuvent en faire la demande jusqu'en juin 2022. L'idée (l'idéal) est que cela se fasse par accord d'entreprise même si l'accord métallurgie est un préaccord concernant toute la branche. En cas d'échec cela peut être une mesure prise unilatéralement par les directions dans le cadre d'une demande « d'activité réduite pour maintien dans l'emploi » qui avait déjà été lancée en 2017 sous la présidence de François Hollande. Dans ce cas, la validité de la demande serait contrôlée, théoriquement, par l'inspection du travail. Des mesures allant dans le même sens ont d'ailleurs été prises pour ce qui est du travail intérimaire où la chute d'activité pendant la crise sanitaire a atteint 61,1 % (*Les Échos*, le 4 juin 2020), mais où les salariés ont globalement bénéficié du chômage partiel. Par ailleurs, s'il existait déjà un CDI de l'intérim (CDII) d'une durée maximum de 36 mois, Proman, la 4e agence européenne a décidé de développer un nouveau CDI « aux fins d'employabilité » qui existe en théorie depuis la loi Avenir de 2008 réformant le Code du travail, mais qui est resté peu utilisé sans doute parce que le chômage avait lentement décliné. Il ciblerait aujourd'hui les salariés de l'intérim les plus en difficulté pour retrouver un emploi dans la nouvelle situation, en fait les moins qualifiés ou les salariés handicapés ou encore les plus de cinquante ans, à condition que tous soient au chômage depuis plus de six mois et qu'ils touchent les minima sociaux. Les syndicats y étaient jusqu'à maintenant opposés parce qu'ils y voyaient une méthode d'externalisation de la force de travail. Pour l'instant les sirènes de mauvais augure sur l'augmentation du temps de travail[62] semblent plus dans l'idéologie que dans l'analyse des mesures spécifiques qui posent plutôt le problème de l'emploi que celui du temps de travail.

– Cette préoccupation prioritaire semble confortée par un article du *Monde*, le 3 mai 2020 à propos des relocalisations qui, là aussi comme nous le disions dans un relevé précédent (VI), ne peuvent guère concerner que les tâches déjà très mécanisées et donc robotisables. L'OCDE prévoit ainsi une perte possible de 16,4 % des emplois pour la France dans un pays peu robotisé (154 robots/10000 salariés contre 168 pour l'Espagne, 174 Slovénie, 200 Italie, 338 Allemagne[63]). Il est à remarquer que le pays européen qui reste le plus industrialisé (en production de valeur ajoutée/PIB) est aussi le plus robotisé et celui où le secteur industriel a continué à embaucher (100 000 salariés supplémentaires en 20 ans). C'est aussi celui qui a gagné le plus de parts de marché dans le secteur industriel et le mieux résisté à la progression chinoise en s'appuyant non seulement sur ses grandes entreprises, mais sur le dynamisme exportateur de son *Mittelstand* c'est-à-dire un réseau de sociétés de taille moyenne qui ne sont pas cotées en Bourse. Dans l'acception allemande, elles réalisent un CA inférieur à 50 millions € et occupent moins de 500 salariés. C'est à comparer à ce qu'on appelle en France les ETI (Entreprises de Taille intermédiaire). La France en compte 4000 contre environ 10 000 pour l'Allemagne. Stabilo,

---

62 – Les menaces qui pourraient advenir *via* les Accords de performance collective crées par la réforme du Code du travail sont très hypothétiques ; d'abord parce que jusqu'à maintenant ils ont été peu nombreux (environ deux cents sur trois ans et surtout pour des entreprises de moins de 20 salariés) ; ensuite parce que les problèmes principaux des entreprises en sortie de crise sanitaire sont de l'ordre d'une reprise de la demande et de besoin de trésorerie, non de productivité et de compétitivité (*Les Échos*, le 4 juin 2020). Muriel Pénicaud est d'ailleurs intervenue à ce sujet pour fustiger les menaces contre l'emploi chez Ryanair, une situation qui, d'après elle, ne rentre pas du tout dans le cadre des Accords de performance, n'en déplaise à Romaric Godin dans *Mediapart* le 28 juin 2020, au bord du procès d'intention.

63 – La différence avec nos pays voisins s'expliquerait d'abord par le fait que leur tissu industriel de PME est plus dynamique et a plus investi dans les procédures automatiques en ouvrant aussi son capital de façon à pouvoir augmenter surface financière et productive, alors qu'en France, de fait, la priorité patronale a longtemps été celle de la préservation de la nature patrimoniale du capital par crainte d'être dessaisi au profit du pouvoir bancaire.

Playmobil, UHU, ou encore SAP dans le logiciel en sont quelques exemples emblématiques devenus des champions internationaux investissant dans l'innovation et adoptant des stratégies de différenciation. Le problème de cette résistance industrialiste allemande, c'est qu'elle s'est souvent faite au détriment d'autres pays de l'UE dans une sorte de jeu à somme nulle. Il y a par ailleurs des marges importantes de robotisation possible dans les services. En effet, en France, l'automatisation des caisses d'hyper et supermarchés a été ralentie pour des raisons politiques et sociales, les grandes surfaces représentant un élément important de la stratégie des différents gouvernements pour maintenir l'emploi et une source de revenus pour un personnel peu qualifié. Mais cette entente est menacée par les nouveaux acteurs de l'e-commerce, la numérisation des échanges et l'automatisation des plateformes. D'après une enquête des *Échos*, le 3 juin 2020, quatre mille petits robots viennent d'être installés dans la plus grande plateforme d'Amazon-France, à Brétigny-sur-Orge.

La relocalisation pourrait aussi être simplement Est-européenne, des pays comme la Roumanie et la Bulgarie offrant une structure industrielle avec des salaires qui sont concurrentiels avec ceux de Chine si on inclut la différence de prix de transport (*Le Monde*, le 5 juin 2020). Mais d'autres comme la Tchéquie et la Pologne ont envie de monter en gamme dans la production de valeur ajoutée et ne veulent pas devenir simplement l'atelier de l'Allemagne ou de l'Europe. Mais en dehors de l'Allemagne qui demeure un contre-exemple, cette substitution capital/travail produit de la robotisation risque de conduire à une inessentialisation encore plus grande du travail vivant (force de travail) dans le procès de valorisation avec son double processus contradictoire de surqualification pour une minorité de salariés et déqualification pour une majorité, avec en prime, si l'on peut dire, une tendance globale à la baisse du salaire médian qui partage la population active salariée en deux, l'une gagnant plus, l'autre moins. C'est ce que des économistes de Harvard comme Anna Stansbury et Larry Summers observent pour les États-Unis même s'ils relient cette baisse du pouvoir ouvrier de négocier à la désyndicalisation plus qu'aux transformations de la structure de production (cf. l'article de Iana Marinescu, professeur d'économie à l'université de Pennsylvanie, *Libération*, le 3 juin 2020). C'est pourtant cet objectif de relocalisation et/ou de limitation des délocalisations vers lequel se dirige Bruno Le Maire quand il vise à faire de la France le leader de la voiture électrique avec son projet d'alliance Peugeot-Renault pour la fabrication de batteries sur le territoire national. Ces batteries représentent 35 % de la valeur ajoutée du produit fini et elles ne sont actuellement produites qu'en Chine, Corée du Sud et au Japon. Or pour le moment, les usines d'assemblage des modèles électriques se situent en Pologne pour Renault, en Chine pour Peugeot. Mais pour des raisons de rentabilité, cela ne pourrait se faire que par plus de protectionnisme en instaurant une taxe sur l'énergie carbonée qui domine encore dans ces deux pays. Toutefois, cela ne résoudrait pas la question de la cherté des véhicules électriques par rapport à leurs concurrents. La CGT propose en ce sens une petite voiture populaire électrique produite en France sans doute en souvenir de la légendaire 4 CV Renault, voiture des « travailleurs français » produite à des millions d'exemplaires dès 1946. Une époque mythique pour la CGT. En fait, la révolution que représentent la voiture électrique et la diffusion des nouvelles technologies bouleverse le temps long qui est celui de l'industrie et particulièrement de l'industrie lourde qui se fait bousculer ici par l'urgence climatique et les nouveaux désirs des consommateurs. Symptomatique de ce processus d'accélération est le fait que les modèles hybrides soient déjà remisés au rencart avant même leur plein développement. Une révolution maintenant bien comprise par Volkswagen décidée à passer à la vitesse supérieure après avoir freiné des quatre fers sur le sujet de la voiture électrique. Volkswagen à son plan : en 2030, près de 70 % des voitures qu'il commercialisera en Europe seront électriques. Et pour cela, il va mettre en place l'effort industriel le plus colossal de son histoire : un investissement de près de 25 milliards d'euros pour construire six usines géantes en Europe, au rythme d'une par an à partir de 2025. La première sera prête dès 2023, du côté du cercle polaire, mais elle appartient à son partenaire suédois Northvolt, dont il détient 20 % du capital. Puis viendront des sites en Allemagne, en Europe du Sud (France, Portugal ou Espagne), en Europe de l'Est... Chaque usine représentant un investissement de près de 4 milliards d'euros.

– La ré-industrialisation n'est pas le seul objectif du gouvernement. Pour Macron, l'agriculture française est stratégique : « Il nous faut rebâtir une indépendance agricole, sanitaire, industrielle et technologique française et plus d'autonomie stratégique pour notre Europe. » Le beurre et l'argent du beurre si on comprend bien puisqu'il passe de « ma » France à « mon » Europe sans aucun problème pensant sans doute que la France est restée cette grande puissance agricole que pourtant elle n'est plus (cf.

relevé IV). La FNSEA est évidemment d'accord avec cette stratégie industrialiste qui seule peut faire que « ma » et « mon » correspondent ; la Confédération paysanne (second syndicat agricole en importance) l'est moins qui parle d'agriculture sans paysans et d'une compréhension concurrentielle de la « souveraineté alimentaire » (produire toujours plus pour moins cher) alors qu'elle a été définie au niveau mondial par *Via Campesina* dans une optique coopérative de garantie des prix des petits producteurs et d'équilibre sud/nord (*Le Monde*, le 4 juin 2020).

Le 9 juin 2020

# Relevé IX

## (17 juin 2020)

### État de droit et crise sanitaire

– On assiste à un début de dérive constitutionnelle à travers ou au prétexte d'une « urgence sanitaire » qui tend à fonctionner comme un véritable laissez-passer pour le pouvoir exécutif. Cela peut commencer par des faits assez peu spectaculaires comme la décision du Conseil constitutionnel du 28 mai 2020 où ce même Conseil saisi d'une « question prioritaire de constitutionnalité » au sujet de l'installation d'éoliennes a décidé, en vertu de l'article 38 de la Constitution donnant force de loi aux ordonnances sous condition de ratification par une loi au Parlement dans la limite d'un certain délai, de faire comme s'il y avait eu ratification sous l'effet d'aubaine que représente la situation d'urgence sanitaire (en fait plusieurs dossiers traînaient effectivement). Une fois de plus se pose le problème constitutionnel de savoir si l'article 38 maintient l'équilibre entre ordonnances (l'exécutif) et ratification (le législatif), surtout dans une période où le gouvernement donne l'impression de ne gouverner que par ordonnances (*Le Monde*, le 6 juin 2020). Le problème va à nouveau se poser sur un sujet majeur cette fois, à savoir le prolongement ou non de l'état d'urgence sanitaire au-delà du 10 juillet sachant que les parlementaires ne pourront pas se réunir avant septembre. Le constitutionnaliste Dominique Rousseau s'est déjà élevé contre cette possibilité (*Les Échos*, le 8 juin 2020). Conscient du danger d'une opposition critique en ce domaine, le gouvernement prépare un projet de loi pour le 11 juillet où il lui serait possible de faire des restrictions similaires à celles du temps d'urgence jusqu'au 10 novembre, à l'exception d'un nouveau confinement (*Les Échos*, le 11 juin 2020).

– Les enquêtes judiciaires contre la police en France ont augmenté de plus de 23 % en un an. Il est vrai que plus il y a de luttes qui se développent — et cela a été le cas depuis plusieurs années — plus mécaniquement ces chiffres ne peuvent qu'augmenter dans la mesure où l'État reste sur une ligne politique de répression et de criminalisation des luttes. Sur le même sujet et en résonance avec ce qui se passe aussi bien en France avec « Justice pour Adama » qu'avec les manifestations américaines contre le meurtre de

Georges Floyd, la ville-État de Berlin, pour lutter contre un type de discrimination, dite institutionnelle, a adopté jeudi dernier la « LADG », soit la loi anti-discrimination du Land qui vise à inverser la charge de la preuve en cas de conflit avec la police (*Le Figaro*, le 8 juin 2020). Castaner encore un effort…

– Alors que les manifestations contre les violences policières ont montré que le droit de manifester ne se demande pas mais se prend, les syndicats continuent à chercher la marche à suivre pour la grande manifestation hospitalière du 16 mai. De la même façon qu'ils n'ont tiré aucune leçon du mouvement des Gilets jaunes, ils ne tirent aucune leçon du mouvement contre les violences policières. Ils restent comme leur statut le veut, attachés aux basques de l'État et à sa légalité censée être par définition légitime. Preuve en est, la CGT avec la Ligue des droits de l'Homme, viennent de demander au Conseil d'État la levée de l'interdiction de manifester (*Libération*, le 12 juin 2020). Peu de chance qu'elles se rendent compte que la légitimité de manifester l'emporte sur sa légalité puisque pour elles : « L'autorisation permettrait une concertation avec les autorités sur le choix du lieu, le parcours, l'encadrement par les forces de l'ordre », estime Patrice Spinosi, avocat de la LDH. Les syndicats l'affirment : ils sont aujourd'hui capables d'organiser des rassemblements dans le respect des gestes barrières en encourageant le port du masque et les distances entre participants.

Le Conseil d'État semble mieux prendre en compte le rapport de forces quand, devant les manifestations répétées contre les violences policières, il vient de se prononcer, le 13 juin, pour une autorisation partielle jusqu'à 5000 participants au lieu des 10000 prévus à l'origine (*Le Monde*, le 16 juin 2020). Mais pourquoi le chiffre de 5000 plutôt qu'un autre, on ne le saura pas.

### LE RAPPORT CAPITAL/TRAVAIL À TRAVERS LA CRISE SANITAIRE

– Dans l'entretien qu'il a donné aux *Échos* le 8 juin 2020, le directeur général de Nissan insiste sur le fait que la priorité de son groupe va être de baisser les coûts fixes. Plutôt rassurant pour l'emploi sauf que traditionnellement, dans les *zaibatsu* de l'industrie japonaise, les salariés titulaires avaient tendance à être considérés comme du capital fixe (« capital humain » et emploi à vie)… au coût fixe. Il sera donc jugé sur pièce. Mais dans les secteurs les plus touchés par la crise sanitaire (restauration-hôtellerie, aéronautique), c'est le capital variable qui devient surnuméraire. Trois économistes (Blanchard, Pisani-Ferry et Philippon) par ailleurs experts de

Macron, proposent de subventionner les salaires de ces branches à hauteur de 30 % pour éviter que les entreprises ne ferment maintenant pour rouvrir plus tard. Le coût de l'opération ne serait pas très élevé car il n'y aurait plus besoin de verser les allocations-chômage et il y aurait, en compensation, une récupération des cotisations sociales sur les 70 % du salaire restant. Il s'agirait d'éviter un processus de destruction-création conjoncturel sur le temps court en aidant à la continuité de l'activité. L'autre volant de leur plan est que les banques se substituent à l'État pour l'aide aux PME dans la mesure où ce sont elles qui connaissent le mieux leurs clients et qu'elles pourraient donc faire le tri dans les défaillances d'entreprises qui ne vont pas manquer de survenir. Cela éviterait aussi d'accorder des aides au hasard à des entreprises qui auraient fermé de toute façon (« les entreprises zombies » comme les appellent avec tact les économistes).

– Ce type de subvention est aussi ce que préconise Patrick Artus économiste en chef chez Natixis (*Le Monde*, le 13 juin 2020) quand se produisent des blocages comme dans le cas des « accords de performance » qui se font plus nombreux et dont certains semblent achopper sur la question des salaires comme chez Derichebourg dans l'aéronautique à Blagnac (Toulouse). L'idée c'est que soit la subvention doit aller à l'entreprise pour préserver l'emploi et la « ressource humaine », soit elle doit compenser la perte de salaire des salariés ; mais cela ne doit se faire que dans les secteurs qui le nécessitent vraiment parce qu'ils sont les plus touchés par la crise sanitaire et pour les entreprises qui ont un plan clair de reprise les rendant capables d'aller de l'avant quand celle-ci sera amorcée. On peut raisonnablement avoir des doutes sur l'effectivité de cette perspective : Peugeot, Renault et Air-France, un plan clair ? Non un ticket gratuit pour les fleurons nationaux. Quant aux entreprises sous-traitantes comme Derichebourg (Airbus) elles ne sont même pas prévues dans le plan d'extension du chômage partiel pendant un an ou deux pour les salariés de l'aéronautique. En attendant et malgré la signature de l'accord par FO, la résistance s'organise chez les 1600 salariés avec la CGT et l'UNSA qui n'ont pas signé et auxquels s'est adjoint un collectif de non-syndiqués déclarant représenter 400 salariés et qui appellent à une manifestation rejoignant celle des hospitaliers le 16 juin (*Libération* le16 juin 2020).

– Pour le Ségur de la Santé, la lutte sur les salaires des hospitaliers commence par les propositions syndicales classiques comme celle de la CGT sur l'augmentation du point d'indice qui permet de maintenir et même d'accentuer la hiérarchie salariale ; ou celle plus égalitaire de Sud-Santé qui demande un premier geste de 300€ net pour les plus bas salaires avant toute discussion ultérieure (*Le Monde*, le 9 juin 2020). Les pistes gouvernementales, outre un « premier geste », s'orientent plutôt vers une individualisation des rémunérations, au mérite ou suivant la technicité et la pénibilité, mais on voit mal comment cette dernière pourrait être détachée de la question d'ensemble des conditions de travail à l'hôpital et plus structurellement des interactions entre médecine de ville, urgences et hospitalisations. L*a suppression du numerus clausus* dans les études de médecine qui fonctionnait comme politique malthusienne jusqu'alors sera effective à partir de 2020, mais ne résoudra pas tous les problèmes et particulièrement ceux liés au lieu d'installation. Une politique qui a engendré des déserts médicaux dans les communes rurales ou comme en Seine-St-Denis, justement un département qui n'est pas par hasard fortement touché par la récente pandémie. Toutefois, cela pourrait mieux servir de contention pour la masse de personnes qui se retrouvent aux urgences comme solution de facilité et dont une partie est déversée ensuite sur les hôpitaux en mal de lit. Le problème, c'est que comme dans le privé, tout le monde se sert au passage : la densité médicale permet de se payer à l'acte même quand on est conventionné, chaque passage aux urgences « rapporte » 161 euros à l'hôpital qui, de son côté, pratique maintenant la rétribution à l'acte. L'infirmière expérimentée passe dans le privé à 40 ans où comme le médecin elle double son salaire (*Le Monde*, le 16 juin 2020). Le système s'autoentretient et les pharmaciens y jouent aussi leur rôle.

– Ceux que les médias ont appelés les « seconds de cordée » ont l'impression de retomber dans l'oubli. Leur relative héroïsation en temps de confinement se rapprocherait plutôt aujourd'hui de l'esprit de sacrifice au regard des miettes qui leur sont promises ou accordées. Il est vrai que l'État peine déjà à accorder ses propres primes dans la fonction hospitalière, il aura donc plus de mal encore à les initier dans le secteur privé puisqu'il ne peut se substituer à des directions qui arguent des difficultés de reprise (*Le Monde*, le 9 juin 2020). On pourrait penser que les organisations syndicales... mais non puisque si les médias ont vilipendé la CGT pour avoir prétendument bloqué la reprise du travail à Renault-Sandouville, ils ont oublié de nous dire (excepté *Le Canard enchaîné*, le 10 juin 2020) que la CGT aux côtés de son supposé ennemi la CFDT avait signé avec la puissante DGB allemande une déclaration de soutien au plan de relance initié par Macron-Merkel. Néanmoins, les staliniens de la Fédération de la Chimie ont manifesté leur mécontentement contre la direction de leur Centrale jugée trop réformiste. La situation n'est pas sensiblement différente en Italie où les syndicats confédéraux, alors que les assemblées et les initiatives sur le lieu de travail sont interdites, relancent la concertation et, par la bouche de Maurizio Landini, un de leurs dirigeants, déclarent « en tant que syndicats, non pas seuls, mais avec les associations et le gouvernement, nous avons fait des choses importantes et avons obtenu un plan de travail[64] ».

– Les économistes français Saez et Guzman qui ont déjà conseil Elizabeth Warren, candidate démocrate aux primaires de son parti, proposent une taxation provisoire des 1 % les plus riches pour rembourser les sommes prêtées, une solution pour eux plus plausible que celle d'un gommage de la dette par une inflation improbable dans les conditions actuelles. Signalons qu'en France ces 1 % détiennent d'une manière ou d'une autre 20 à 25 % de la richesse nationale. Il est alors facile, pour ne pas dire « populiste » de faire de ces 1 % des boucs émissaires à bon compte. Mais alors que le gouvernement n'entend de toute façon pas céder, contrairement à 2008, des voix autorisées comme celle de Louis Maurin de l'Observatoire des inégalités, se sont penchées sur les seuils de richesse pour en tirer d'autres conclusions ; à savoir qu'il n'y a pas de raison que les ménages aisés échappent à la solidarité sous prétexte qu'ils ne sont pas dans les 1 % des plus riches. Cette idéologie des 1 % de super-exploiteurs contre les 99 % d'exploités supposés sans distinction s'est répandue depuis le mouvement *Occupy Wall Street* aux États-Unis pour gagner ensuite l'Europe. Sa diffusion et sa réception positive à gauche montre à quel point la critique du capitalisme en tant que rapport social de domination et d'exploitation est en train de reculer au profit d'une critique de surface sur laquelle extrême droite et extrême gauche, souverainisme de droite et de gauche peuvent communier. Contre ces facilités pseudo-révolutionnaires, Maurin propose un autre seuil de richesse déterminant qui pourrait concerner entre 8 et 10 % de la population au-dessus de deux fois le salaire médian (*Le Monde*, le 11 juin 2020). Cela ne le conduit pas à négliger des mesures pouvant concerner les 1 %, puisqu'il montre que c'est en France qu'on trouve les plus gros revenus du travail en Europe si l'on excepte la Suisse (alors que c'est loin d'être le cas pour les revenus du patrimoine[65]). Il n'y a donc pas eu, contrairement à ce

64 – Traduit par nos soins du site *carmillaonline* qui y voit un exemple de retour des organisations ouvrières à la vieille stratégie togliattiste d'unité nationale de l'après-Seconde Guerre mondiale.

65 – Il n'est donc pas étonnant que l'impôt sur la fortune immobilière (IFI) ne touche plus que 133 000 contribuables déclarant un patrimoine immobilier supérieur à 1,3

que cherche à faire accroire un gouvernement qui crie au feu à la moindre occasion, de fuite des plus riches à l'étranger car ces derniers connaissent leur intérêt bien compris et de toute façon ont l'habitude de garder deux fers au feu. En valeur relative à l'augmentation de la population, il y a même eu un tassement du nombre de « riches », mais un approfondissement des écarts de richesse avec des classes dites moyennes qui ont vu s'accroître l'écart entre ses différentes composantes ou fractions. C'est sans doute pour cela que Maurin cherche à définir, au moins fiscalement, un bloc « bourgeois » nettement plus important que celui des hypercapitalistes du sommet. Il faudrait voir, dans ce réformisme bon teint ce qui est compatible ou pas avec l'approche de Piketty dans *Le capital au XXI^e^ siècle* (Seuil, 2013).

– Ce qui tranche dans ce que nous appelons le discours du capital par rapport à ce qui a été jusqu'à la Première Guerre mondiale l'idéologie bourgeoise, c'est que, par exemple à propos des conséquences de la crise sanitaire, presque tous les articles de presse parlent en termes de croissance ou de creusement des inégalités comme si cela était une surprise ou un effet pervers des restructurations et réformes amorcées dans le courant des années 1980 et non pas le fruit d'une volonté de rupture avec la période des « Trente Glorieuses » dont le mode de régulation reposait justement sur la réduction des inégalités. Un processus effectif, mais qui s'est dégradé puis inversé partout depuis la fin des années 1980, sauf en France où l'amortisseur social constitué et institué par l'État dans sa forme nation a continué tant bien que mal à corriger/limiter les inégalités de revenus du travail en les transformant en termes de revenu disponible net (après impôts et prestations sociales).

Derrière ce discours s'entrecroisent des tentatives pour trouver des nouveaux modes de régulation et une plus grande flexibilité sous prétexte d'équité (cf. *Le Monde*, le 11 juin 2020 et aussi le relevé de notes (VII) mentionnant l'opposition entre *insiders* et *outsiders*). Le gouvernement Macron reste sur les bases de ses prédécesseurs en ce qui concerne la transfor-

---

million d'euros, bien moins que l'impôt de solidarité sur la fortune (ISF) qu'il a remplacé et qui concernait jusqu'en 2018, 358 000 foyers. Le « pas touche à l'ISF » du côté du pouvoir et de la droite parlementaire est devenu un marqueur du même type que le « pas touche aux 35 h » du côté de la gauche et des syndicats. C'est sans doute pour cela que le gouvernement lui préfère une solution de taxe des GAFAM et de taxe carbone aux frontières, alors que ces mesures pourraient parfaitement être cumulées.

mation du droit du travail français en régime de « flexisécurité » à la danoise. Le dernier discours de Macron en date du 15 juin est typique d'un manque de ligne directrice. Il pose cette question comme s'il s'agissait de vases communicants où pour soutenir l'emploi des seconds il faudrait que les premiers fassent des sacrifices. Or pour y répondre, il faut s'être mis d'accord sur le type de stratégie de relance qu'on adopte. Il s'agit d'abord de savoir si elle sera nationale ou européenne. Si elle est européenne ce que semblait laisser penser les derniers accords sous l'égide franco-allemande et les déclarations de Von der Leyen sur la nécessité d'une politique industrielle européenne avec des « champions » européens, la question de la compétitivité et de son rapport à la croissance qui détermine le taux d'emploi ne peut pas être première. Elle devra en effet tenir compte des niveaux disparates de productivité/compétitivité à l'intérieur de l'UE pour qu'il n'y ait pas trop de concurrence et de décrochages intrazone. Il s'agit ensuite de savoir si la priorité sera donnée à cette solidarité européenne ou si, de fait, la politique européenne sera guidée par l'objectif d'une accroche la plus favorable possible au cycle mondial des affaires une fois la reprise enclenchée, alors que le rythme de cette reprise sera forcément disparate. Comment la Commission européenne réagira-t-elle dans « le monde d'après », alors qu'elle a jusque-là saboté toute tentative de consolider une industrie européenne de taille mondiale apte à résister à l'offensive américaine ou chinoise, en s'opposant aux grandes fusions intrazones sous prétexte qu'elles conduiraient à des pratiques monopolistiques... au sein de la zone ?

Il s'agit ensuite de savoir quelle sera la qualité de cette relance ; très clairement Macron ne semble pas s'orienter vers une relance des infrastructures publiques pas plus qu'il ne veut mettre l'accent sur une « transition écologique ». En effet, les secteurs ciblés comme fondamentaux sont ceux qui sont au cœur du modèle capitaliste de croissance hérité des Trente Glorieuses et ils concernent des entreprises qui n'embauchent qu'à la marge, mais dont la production gonfle le PIB et entretient un semblant de tissu industriel traditionnel comme c'est encore le cas pour l'automobile et l'aéronautique et leurs nombreux équipementiers et sous-traitants. Aucune relance particulière du secteur du bâtiment (logements sociaux par exemple qui manquent cruellement pour les plus démunis et les plus jeunes) n'est pour le moment mise en avant et les projets pour favoriser une meilleure isolation n'auront pas d'effet à court terme. Dans le flou actuel, la seule façon pour le gouvernement de faire tenir en l'état le couple salariés garantis/salariés précaires sans risquer des situations explosives est de suivre la voie scandinave en rajoutant de la flexisécurité. Certaines mesures vont donc aller dans le sens d'un peu plus de sécurité pour les précaires avec les nouveaux contrats d'intérim (cf. Relevé VIII), la transformation des contrats de certains salariés ubérisés de contrats commerciaux en contrats de travail, des projets de formation professionnelle de conversion, l'aide à l'apprentissage ; et d'autres vers un peu plus de flexibilité avec le déclin de l'embauche de fonctionnaires aux conditions de leur régime particulier (cf. le projet de réforme des régimes spéciaux) remplacés au mieux par des CDI ou par le développement de différentes formes de contrats d'auxiliaires qui donnent malgré tout du travail à des jeunes sans passer par les concours ; et pour le noyau dur des salariés des grandes entreprises du secteur privé, les « accords de performance collective[66] ».

Les mêmes injonctions contradictoires se retrouvent dans ce que le gouvernement présente l'opposition salaire/emploi comme si la solution idéale était forcément à choisir entre d'un côté une flexisécurité certes attentatoire au Code du travail condensant les acquis sociaux, mais sécurisant certains de ses acquis contre des compensations en provenance des salariés ; et de l'autre la voie plus ordolibérale des Allemands avec la réforme Hartz de Gehrardt Schroeder (croissance des travailleurs pauvres) ou celle proprement libérale des Anglais, d'incitation forcée au travail et à la multiplication, de fait, des petits boulots au mieux[67], et des contrats « zéro heure » garantis au pire. Dans tous les cas, on a affaire à une politique d'arbitrage qui ne change pas de paradigme. La finalité en est le maintien coûte que

66 – Dans ces accords, le piège consiste à faire croire que le droit négocié dans le cadre de l'entreprise l'emporte sur le droit imposé par la loi et l'État (cf. Pascal Lokiec, Université-Paris I, *Libération* le 16 juin 2020). Cela a été le cas pendant la période où dominait le compromis fordiste avec des accords d'entreprise et de branche souvent plus favorables, mais suite au renversement du rapport de force et osons le dire aussi, au déclin de l'antagonisme de classe, la tendance s'inverse aujourd'hui. Néanmoins, la décision du Conseil constitutionnel de ne valider que des accords qui seraient établis en la présence d'un délégué du personnel limite le « laissez-faire laissez-passer » à la base de ce type d'accord dans la mesure où il concernait quand même un tiers d'entreprises de moins de 50 salariés qui se trouvent désormais hors cadre de ce type d'accord.

67 – Des incitations plus douces comme l'augmentation de la prime d'activité (cf. l'article de Mathieu Plane, économiste, dans *Libération*, le 16 juin 2020) restent toujours dans l'idéologie de la « préférence française pour le chômage » et le refus des petits boulots par les salariés.

coûte du travail au centre des rapports sociaux de production et la croissance comme but. Une croissance qui continue à être mesurée par un PIB pourtant de plus en plus critiqué. En effet, il est détaché de la mesure de la richesse produite de par sa mesure purement quantitative qui ajoute les moins au plus comme si tout pouvait s'ajouter sans jamais n'avoir rien à retrancher. La critique de cette conception a fait l'objet de divers articles récents dans la presse de la part deDominique Méda, certains de ses arguments ayant été avancés et théorisés dès 1968 par Jean Baudrillard dans son livre *La société de consommation*. Priorité accordée donc à une politique de l'offre, alors que de nombreuses entreprises sont en situation de surproduction contenue et que presque tous les « experts » reconnaissent que l'une des spécificités de la crise sanitaire est qu'elle entraîne une double crise de l'offre et de la demande. Nous ne parlons pas ici d'abolition du capitalisme, tant s'en faut. On guette juste, sans illusion, après plusieurs mois de pandémie, un pas de côté de la part de ceux qui promettaient la fin de « l'ancien monde ». Il ne s'agissait évidemment pas, dans leur bouche, de l'ancien monde capitaliste.

INTERLUDE

– Les syndicats les plus attachés au caractère national des examens sont le SNALC et le SNES. Les syndicats qui ont le plus poussé à la suppression de l'épreuve de français au bac de 1re sont… le SNES et le SNALC (*Le Figaro*, le 8 juin 2020). Cherchez l'erreur. Le double langage des enseignants a encore frappé et il n'y a plus qu'un journal de droite pour le rappeler.

– « Pendant le confinement, j'ai travaillé comme un Romain ! » déclare de son côté le ministre Blanquer (*ibid.*). On ne sait pas de quel « Romain » il s'agit là. Est-ce le Romain italien des administrations à Rome qui, il y a encore quelques dizaines d'années, venait pointer le matin et repartait immédiatement pour faire « un vrai boulot » dans le secteur privé ou le Romain de la Rome antique et ses travaux herculéens… effectués par ses esclaves ?

– « Si tu continues, je te renvoie à l'école » (parole de parents, *Le Monde*, le 15 juin 2020). Tout un programme en effet[68].

68 – Cf. le texte de J. Guigou : « École, déconfinement et autonomisation des apprentissages » : http://tempscritiques.free.fr/spip.php?article421.

– « Dans la situation exceptionnelle que nous vivons aujourd'hui, l'essentiel est de maintenir un lien pédagogique et éducatif avec tous les apprenants et notamment les plus fragiles, afin de maintenir leur encrochage » (note d'après confinement adressée par l'Inspection de l'enseignement agricole aux 220 établissements concernés). La même note invite aussi les professeurs « à préparer des temps d'échanges individuels et collectifs synchrones et asynchrones avec leurs apprenants » (*Le Canard enchaîné*, le 10 juin 2020).

– Toujours dans la novlangue du capital, « la problématique » continue à faire fureur en remplaçant définitivement le trop vulgaire « problème » ; ainsi, pour le président de l'Adhrhess Mathieu Girier, une structure qui réunit les responsables RH des établissements de soins, « La vraie problématique, c'est qu'on manque d'agents ». Dit comme cela, cela va être difficile de problématiser le manque !

– Alors que 87 % des interrogés pensent que « C'est aux scientifiques de dire quelles mesures doivent être prises pour lutter contre l'épidémie et le gouvernement doit les appliquer le plus strictement possible », 73 % des mêmes estiment que « les chercheurs servent trop souvent les intérêts de l'industrie, notamment pharmaceutique »... tout en affirmant à 86 % que « les chercheurs sont des gens dévoués, qui travaillent pour le bien de l'humanité » (*Le Monde*, le 10 juin 2020). Ah, comme les sondages sont réconfortants dans leur fabrication de l'équivalence des opinions. Ils réduisent la dialectique à son sens littéral de « contradiction ». Là encore, on chercherait en vain un commentaire dans la presse relevant et analysant ces contradictions. Eh bien non, le sondage est devenu la propre preuve de son caractère insondable. Donc on l'expose, on lui fait faire un petit tour et puis on le range dans un tiroir pour ne jamais y revenir malgré la mode des *cold case*.

## Une reprise de l'activité industrielle dans une perspective darwiniste

– Comme nous le disions dans nos relevés précédents à propos de la « reproduction rétrécie », la relance des entreprises va se faire sur des bases darwiniennes : les experts d'Alix Partners, par exemple, s'attendent à une rationalisation industrielle (moins de modèles, davantage de plateformes communes) et à l'accélération des partenariats, voire des fusions/acquisitions. L'étude anticipe une baisse du point mort à 65 millions, contre environ 80 millions l'an dernier pour la production automobile mondiale, une nécessité sur un marché saturé et en reconversion du point de vue énergétique. « Ceux qui ont su abaisser leur point mort avant le Covid ont un avantage certain » (*Le Monde*, le 9 juin 2020) puisque la pandémie réduit à la fois l'offre et la demande.

Quant à l'effort budgétaire et monétaire des États et de la BCE, le prix Nobel Joseph Stiglitz, estime, dans *Les Échos*, le 11 juin 2020, que pour l'instant il ne semble pas avoir eu « d'effet multiplicateur » puisqu'il a renforcé l'épargne plus que la demande (consommation + investissement) ; et les liquidités bancaires en excédent, si elles ne sont pas dirigées vers des entreprises désirant investir, risquent d'alimenter encore des placements spéculatifs. Pour briser ce cercle vicieux, les pouvoirs publics devraient intervenir d'abord en donnant des bons d'achat en direction des ménages pour stimuler la consommation ; ensuite en garantissant aux entreprises des compensations si une durée trop importante de la crise entraînait des défauts de paiement de leurs clients. En fait, le « monde d'après » de Stiglitz ressemble beaucoup au monde d'avant et on voit mal comment ses préconisations pourraient rendre confiance aux ménages et aux entreprises.

Les décisions de soutien à Renault vont dans le même sens ; elles entérinent la doxa de Renault (et Peugeot) comme quoi il est impossible de construire un petit modèle en France alors que la Yaris de Toyota triomphe à Valenciennes. Tout cela pour se projeter sur une voiture électrique dont on ne sait pas encore si elle se vendra en nombre suffisant pour amortir et plus les investissements. Une fuite en avant dans l'innovation, mais sans plan clair de développement industriel. Même dans les secteurs de pointe plus récents comme la pharmacie — et alors que les entreprises n'ont pas été touchées négativement par la crise sanitaire (elles n'ont jamais fermé et la crise sanitaire leur a profité) — eh bien cela n'empêche pas de fermer des établissements ou secteurs d'activité comme s'apprête à le faire Sanofi qui abandonne son centre de recherche d'Alfortville (Val-de-Marne). C'est comme si la ré-industrialisation repérée statistiquement depuis 2015 en France n'empêchait pas la désindustrialisation par transfert territorial de capital. Ce transfert est médiatisé dans le cadre de la mondialisation, mais il l'est moins quand il consacre des transferts interrégionaux. Ainsi le secteur industriel en Île-de-France n'a représenté que 5 % des créations d'emplois depuis 2018 au lieu de 19 % pour le reste de la France (*Le Monde*, le 16 juin 2020). Terrain et immobilier y sont en effet devenus trop onéreux et les usines trop polluantes par rapport aux nouveaux critères environnementaux, aux programmes de nouveaux maires écologistes et *in fine* aux désirs des habitants des hyper-centres.

– Un condensé de la tendance à l'inessentialisation de la force de travail transparaît à travers l'historique des mesures prises « en faveur » de l'emploi des jeunes en France depuis plusieurs décennies. Pour l'ensemble des actifs se sont succédés les travaux d'utilité collective en 1984, puis, après un « plan d'urgence pour l'emploi des jeunes » en 1986, les contrats emplois-solidarité, puis les contrats initiative emplois, les emplois-jeunes, les contrats jeunes en entreprise, ceux dits « d'avenir », « d'initiative emploi », ou « d'accompagnement vers l'emploi ». Il y aura aussi les mort-nés contrats d'insertion professionnelle (CIP) de 1994 et contrat première embauche (CPE) que les mouvements lycéens-étudiants refuseront, le contrat unique d'insertion, les emplois d'avenir, le parcours emploi compétences et, enfin, la garantie jeunes, généralisée au 1er janvier 2017. Un enchaînement de dispositifs qui illustre la limite de ce type de politique. Le traitement de l'entrée des jeunes sur le marché du travail ne s'avère pas plus efficace que le traitement social du chômage pour les adultes confirmés. Parallèlement, des aides pour les entreprises embauchant des jeunes ont été prises le plus souvent sous forme d'allégements de charges. À ces mesures, il convient d'ajouter les derniers dispositifs en faveur de l'apprentissage et l'alternance (*Le Monde*, le 15 juin 2020) qui sortent un peu de l'ordinaire et veulent se rapprocher d'un système allemand moins méprisant vis-à-vis du travail manuel et adepte des passerelles entre formations tout au long de la vie.

– Alors que les gamins et adolescents gambadent par grappes agglutinées, l'école continue à faire de la résistance avec des règles qui ne s'appliquent plus qu'à l'école. Comme si derrière tout ça se cachait la crainte d'actions en justice en cas de contamination. Pressé de toute part le ministre vient de déclarer à nouveau l'école obligatoire pour tous, sauf pour des lycéens qui, pour la plupart, sont en vacances depuis longtemps avec l'annonce de la suppression du bac de 1re et de l'épreuve de Term' sur dossier et la non-prise en compte des notes évaluées pendant la période du confinement. « Pour la première fois le rapport entre les lycées d'élite et les autres s'inverse » (déclaration d'Eléa, élève de Term' à Henri IV, *Libération*, le 15 juin 2020) avec des notes de contrôle annuel plus sévères dans les premiers qui vont nuire à la sélection par mentions survitaminées des années précédentes.

– Pour ceux qui pensent encore que le « capital fictif[69] » n'est que spéculation et n'aurait rien à voir avec « l'économie réelle », l'exemple de Nikola Corporation leur ouvrira peut-être les yeux. En effet, cette *start-up* américaine vient de se manifester sur le devant de la scène. Spécialisée dans le secteur du camion électrique à hydrogène, sa capitalisation boursière a bondi, atteignant les 34 milliards de dollars (31 milliards d'euros), soit autant que la valeur combinée de PSA, Fiat-Chrysler Automobiles et Renault. Une valorisation d'autant plus sidérante que Nikola n'a jamais vendu ni même vraiment produit un seul véhicule, qu'il prévoit un chiffre d'affaires nul pour 2020 et que sa propre usine d'assemblage en Arizona ne sera pas opérationnelle avant 2027 (*Le Monde*, le 15 juin 2020).

À NOUVEAU SUR LA DETTE ET LE « TOUR DE MAGIE MONÉTAIRE ».

Mieux que la mutualisation de la dette dont on a déjà parlé dans des relevés précédents se fait jour une solution capitaliste d'annulation pure et simple qui n'a rien d'utopique (cf. l'article du journal *Le Monde*, le 15 juin 2020 : « Pour une annulation des créances détenues par la banque Centrale Européenne (BCE) ». Dans ce projet présenté par des chercheurs (Gaël Giraud entre autres), il s'agirait d'annuler uniquement les dettes rachetées par la BCE depuis 2015 et non celles détenues par les banques commerciales, les assurances ou les fonds de pension. En effet, annuler ces dernières conduirait à ruiner les épargnants y compris les petits épargnants (« l'euthanasie des rentiers » dont parlait Keynes pendant la crise de 1930), alors que la BCE ne peut se ruiner elle-même parce que sa dette n'est exigible par personne. Les États endettés n'auraient donc ni à rembourser l'intérêt de la dette (ce qu'on exige d'eux en premier d'habitude) qui de toute façon aujourd'hui est proche de zéro, ni « le principal », c'est-à-dire le montant de la dette elle-même et ils pourraient donc immédiatement s'endetter d'autant (2320 milliards d'euros dont 457 pour la France) pour, par exemple, une reconversion verte des investissements au lieu de laisser « rouler la dette » jusqu'à des ratios dette/PIB (120 % pour la France) qui ne peuvent que conduire les « politiques » à des choix d'austérité sous-tendues par une

69 – Il n'est pas réductible au capital spéculatif ni même au crédit, mais comprend toutes les anticipations de capital sur les valeurs futures. Ce qu'on appelle en termes techniques le capital-risque en est aujourd'hui une des principales formes. Il a servi, entre autres, au financement des NTIC et à l'éclosion de nombre de start-up.

morale sacrificielle (« il faut bien payer » ; « il ne faut pas sacrifier les générations futures » et autres rengaines du même type).

L'annulation des dettes aurait aussi l'avantage d'éviter le risque inflationniste. En effet, il n'y aurait pas création monétaire puisque l'annulation ne ferait qu'empêcher la destruction monétaire qui préside à tout remboursement. Par rapport à un endettement public qui continuerait à croître au mieux pour assoir des investissements publics nécessaires, L'État (ou l'ensemble de l'UE) fonctionnant alors comme assureur en dernier ressort, l'annulation ne craindrait pas une remontée des taux ; il subirait juste une baisse de ses fonds propres qui ne l'empêcherait pas de continuer à fonctionner. Mais ce plan, le plus radical du point de vue capitaliste aussi bien dans sa conception que par l'effet de choc qu'il produirait, est pourtant celui qui risque de n'être essayé qu'en dernier recours, une fois épuisées les autres « solutions » plus conformes à l'orthodoxie monétaire.

Un exemple de ces solutions qui n'en sont pas : quand l'exécutif entend faire passer la dette Covid dans la dette sociale, cela reviendrait à augmenter des prélèvements sociaux qui seront payés par les salariés et les retraités (une fraction de la CSG y serait consacrée et la contribution pour le remboursement de la dette sociale (CRDS) serait prolongée de neuf ans). Or, le gouvernement claironne à tous les vents que la France a déjà le plus haut taux de prélèvements obligatoires, ce ne serait donc pas très cohérent d'utiliser cette voie. Julien Damon, enseignant associé à Sciences-Po, pense qu'il aurait été plus juste que l'État garde la dette Covid dans son giron puisqu'il s'agit de « sa » dette et qu'en plus il peut actuellement la financer à long terme à des taux très faibles (*Le Monde*, le 9 juin 2020). Il s'agit bien d'un choix politique.

Un autre plan semble plus probable (*Le Monde*, le 16 juin 2020), celui qui verrait l'UE déléguer à la Commission européenne une autonomie budgétaire lui permettant d'emprunter à bon marché du fait de son évaluation AAA par les marchés financiers. En conséquence, un pan du budget ne dépendrait plus des États qui sont tenus à l'équilibre et le financement pourrait provenir de taxes communes.

– Après le discours autour du « plombier polonais », un des premiers exemples de « travailleur détaché », c'est aujourd'hui au tour de PSA de rapatrier d'urgence en France ses salariés polonais qui travaillent localement pour son groupe. Il s'agit de parer aux commandes en retard alors que les intérimaires du groupe travaillant dans les sites en France ont été écartés pendant la crise sanitaire. Devant cette situation, le gouvernement réagit comme s'il se trouvait surpris des incidences de la mondialisation parce que ce qui se fait parfois entre usines nationales d'un groupe (les ajustements temporels de personnel) devient tout à coup international et apparaît comme un mauvais coup contre les travailleurs français d'une entreprise française (*Le Monde,* le 15 juin 2020). L'arroseur arrosé. Selon les dernières informations (*Le Monde*, le 16 juin 2020), l'action du gouvernement aurait porté ses fruits. Toutefois cela ne concernera que le plus gros site d'Hordin (Nord), mais pas ceux de Metz et de Douvrain (Pas-de-Calais) où des salariés polonais sont à pied d'œuvre depuis le 15 juin.

« Je vais demander à Muriel Pénicaud d'aller travailler six mois en Pologne ! Ce n'est pas la société que je souhaite pour mes enfants » a déclaré avec aplomb le secrétaire national du PCF. Est-ce à dire qu'il préfère la Pologne riante de l'époque stalinienne et qu'il exonère cette dernière de toute responsabilité sur la situation actuelle du pays ?

Le 17 juin 2020

# Relevé X

# (28 juin 2020)

Le temps des réseaux

– À la rubrique gestion de L'État-réseau par ses intermédiaires qui supplantent les anciennes médiations institutionnelles en voie de résorption, la Convention-climat rend son diagnostic et ses préconisations. À noter que les 150 personnes tirées au sort ont été bien encadrées. En effet, l'organisation de la Convention a été confiée à un consortium d'entreprises : l'institut de sondage Harris Interactive pour le tirage au sort ; Eurogroup Consulting pour le socle d'informations à disposition des citoyens ; et pour l'animation des débats, Res Publica et Missions publiques, deux cabinets de conseil en démocratie participative (*Libération*, le 19 juin 2020). Mais on ne s'arrêtera pas à la « technique participative », il y a aussi une couverture idéologique : une trentaine d'universitaires surveillent le bon ordonnancement de la chose et que tout fonctionne suivant les règles post-modernes. Parmi eux, Maxime Gaborit, chargé de cours à Sciences-Po. Derrière l'activité des animateurs, il décèle « le rôle moteur des sciences sociales et leur réflexion autour des mécanismes qui permettent de produire une bonne décision » grâce à cette « ingénierie de la concertation ». Au sein des groupes, observe-t-il, les professionnels « veillent à distribuer la parole à tous et à éviter que ne se reproduisent des dominations de classe ou de genre ». Bref, une sorte de conjonction de « Nuit debout », d'Université Paris VIII et de « Grand débat » dans une grande alliance entre clientèle macronienne spontanée et « macroniens sans le savoir ».

Des tirés au sort donc, mais guidés par un bien petit « milieu » comme le reconnaît d'ailleurs *Libération (ibid.)*, dans lequel les startuppers de la communication et de l'information qui ont fait leurs armes dans les mouvements des années précédentes (comme certains le faisaient naguère au syndicat étudiant UNEF) ont semble-t-il toute leur place dans une optique d'*open government*. « C'est un outil conçu par des technos, un affaiblissement du pouvoir représentatif », cingle un dirigeant de la majorité (*Le Monde*, le 20 juin 2020). Mais rassurons-nous : tout cela est quand même dirigé par un « comité de gouvernance » de la Convention. Que ferions-nous d'ailleurs sans ce concept qui s'est imposé peu à peu à l'initiative de foucaldiens comme François Ewald et Denis Kessler conseillers du MEDEF et qui y ont introduit la notion de gouvernementalité et toutes ses déclinaisons.

Et de quoi ont accouché les 150 ? De 150 mesures ! Une par personne on suppose ; c'est ça le côté participatif, paritaire et démocratique. Toutes ont été acceptées sauf une et pas n'importe laquelle (la baisse du temps de travail à 28 h) avec, comme dans les dictatures, des scores à plus de 90 %. Les sujets qui fâchent n'ont pas été abordés, telle la taxe carbone qui a été remisée à plus tard avec un moratoire de 5 ans peu engageant, mais très éclairant de la vive conscience de la part des « tirés au sort » qu'ils ne sont « représentatifs de rien » ou, si on veut être gentil, que d'eux-mêmes. Quant à l'énergie nucléaire, elle a quasiment été plébiscitée comme énergie décarbonée ! (*Libération*, le 22 juin 2020). Il est vrai que le mouvement antinucléaire est mort depuis longtemps et le mouvement pour le climat qui lui succède ne présente pas le même danger pour les pouvoirs en place. D'ailleurs ils le financent et le promeuvent par médias et fondations interposés. Par contre les déclarations de bonne intention sont légion et une nouvelle qualité de crime devrait être promue de par son inscription dans la Constitution : « l'écocide ». La Convention ne nous dit pas si les pouvoirs en place vont se juger eux-mêmes de leur propre « crime » ou bien s'ils vont s'en prendre à des cibles extérieures qui les en dédouanent.

– Marcus Rashford, l'attaquant international anglais de football et son réseau de *followers* ont fait plier le gouvernement britannique qui revient sur sa décision de suspendre les mesures de soutien alimentaire en direction des familles pauvres avec enfants (15 livres sterling soit 16,50 euros/ semaine/enfant) prises pendant le confinement afin de compenser la fermeture des cantines scolaires. Où ne va pas se nicher la gestion par les intermédiaires aujourd'hui !

Pour éclairer maintenant l'aspect résorption des institutions au profit de la « gestion par les émotions », Sabine Prokhoris, dans sa tribune (*Libération*, le 19 juin 2020) fait remarquer que le président de la République et garant de la séparation des pouvoirs, demande pourtant à la ministre de la Justice de se pencher sur « l'affaire » Adama Traoré, puis que celle-ci propose de recevoir la famille du jeune homme. L'affaire judiciaire étant encore en cours, la ministre se voit rappelée à l'ordre par l'avocat de la famille Traoré. Pain béni pour Marine Le Pen, laquelle ne souffle mot, attendant d'empocher les dividendes d'une telle faillite politicoinstitutionnelle ; et pendant ce temps Virginie Despentes annonce sur une radio du service public qu'il n'y a jamais eu de « ministre noir » en France. Pauvre Taubira ! Sans doute n'est-elle pas de la bonne couleur noire pour la « blanche » Despentes qu'on savait plus experte en langage ordurier qu'en coloriage. La police de la pensée ne gagne toutefois pas à tous les coups puisque la loi Avia sur la haine en ligne vient d'être censurée par le Conseil constitutionnel. Va-t-on bientôt en être réduit à préférer un sursaut de ce type d'institution de pouvoir par rapport à abandonner la définition et la délimitation de la censure aux GAFAM et aux groupes de pression de toutes sortes ? Mais ladite Avia ne s'est pas démontée en répliquant : « Cette décision doit pouvoir constituer une feuille de route pour améliorer un dispositif que nous savions inédit et donc perfectible » (*Les Échos*, le 18 juin 2020). La stratégie politique consiste maintenant à passer de l'agenda à la feuille de route et à trouver un dispositif pendant le trajet (avec ou sans GPS ?).

LES GRANDES MANŒUVRES

– Au moins en ce qui concerne l'Europe, le Covid-19 aura accéléré les choix énergétiques vers une décarbonisation. Un événement important radicalise toujours une tendance déjà à l'œuvre sans qu'on puisse y voir trace d'un complot. De leur côté, les grandes compagnies pétrolières réorientent leurs investissements vers le gaz et l'électricité plutôt que vers le gaz de schistes et l'offshore profond, des formes d'extraction à prix élevé. Mais cela s'accompagne en retour de versements de hauts dividendes à leurs actionnaires qui pourraient avoir envie de se réorienter vers des secteurs plus porteurs à l'avenir que le pétrole parce que l'innovation technologique rend aujourd'hui la chose possible (cf. aussi la voiture électrique). Les collapsologues de l'épuisement de la dernière goutte de pétrole nous privant d'énergie sont donc devancés par de nouvelles anticipations capitalistes qui comptent compléter ces nouveaux investissements par l'exploitation actuelle des réserves de pétrole ordinaire sur la base d'un prix dorénavant structurellement bas (Philippe Escande, *Le Monde*, le 17 juin 2020). Toutefois comme chaque tendance comprend des contre-tendances, la production de pétrole ordinaire, la moins onéreuse, voit ses réserves entamées pendant que la demande potentielle va continuer à croître au niveau mondial. Le prix de ce pétrole devrait alors remonter à l'horizon 2027/2030 et à ces conditions, de nouveaux investissements dans l'exploration redeviendraient rentables à terme (*Le Monde,* le 24 juin 2020).

– Les déclarations de la Commission européenne et de sa commissaire à la concurrence Margrethe Vestager en faveur d'une ré-industrialisation de l'Europe passant par des restrictions à l'entrée sur le marché européen d'entreprises subventionnées par des capitaux publics, constituent une première réponse à ce qui était apparu à beaucoup comme une anomalie, à savoir le rachat du port du Pirée à vil prix par le trust chinois Cosco. Mais là où la Commission avait laissé faire dans la période précédant la crise sanitaire, sa décision est maintenant attendue dans les nouvelles conditions en ce qui concerne le dossier de fusion entre Fiat-Chrysler et PSA. La tendance est au changement de stratégie avec une surveillance de la nature des investissements directs à l'étranger (IDE), mais encore dans le flou de savoir si la réponse doit se faire au niveau national ou au niveau de l'UE. Ainsi, le laboratoire allemand CureVac de recherche de vaccin anti Covid, menacé par une offensive américaine, a vu le gouvernement allemand y répondre par une entrée au capital, alors que la taxation aux frontières de produits textiles égyptiens... subventionnés par des chinois a été européenne. Mais pour la taxe carbone, en toute logique, elle ne pourra être imposée aux frontières que si son empreinte est d'abord réduite à l'intérieur de l'Europe (*Le Monde* le 28 juin 2020). Dans la période antérieure, la Commission ne jugeait finalement que les atteintes à la concurrence au sein de l'Europe, alors que là, le projet est d'adopter une position sur la concurrence globale, c'est-à-dire celle qui s'exerce au niveau mondial. Il s'agit de donner une chance à la formation de « champions européens » (cf. relevé IX), afin de mieux s'opposer à des pratiques anti-concurrentielles d'entreprises non-européennes comme c'est le cas actuellement avec l'enquête en cours contre l'américain Apple ou à un autre niveau vis-à-vis du chinois Huawei.

Comme il était assez prévisible, la crise sanitaire renforce la tendance à la concentration et aux surprofits. Apple vient ainsi de décider de se passer (dans les deux ans) de son fournisseur de microprocesseurs, le leader mondial Intel (*Le Monde*, le 24 juin 2020) pour produire ses propres puces pour Mac similaires à celles qui équipent déjà ses smartphones. Une internalisation de production qui renforce sa structure en écosystème et devrait lui faire économiser un à deux milliards de dollars/an dans deux ans. Il faut dire qu'en pleine crise sanitaire et malgré la fermeture de 500 de ses magasins, sa capitalisation boursière a augmenté de 200 milliards de dollars depuis le début de l'année. Pourquoi alors se gêner. Cette tendance à la concentration se retrouve dans beaucoup de secteurs ; par exemple le produit « bio » a fait une large percée hors de sa niche d'origine pendant la crise sanitaire et le confinement. Monoprix avait déjà racheté Naturalia ; Carrefour la pépite du Web Greenweez, Picard[70] rachète Bio C'Bon. Le but est que les discounters fassent ce que ne savent pas faire (lire : imposer) les pionniers du produit biologique : mettre la pression sur les commissions pour assouplir le cahier des charges et faciliter l'augmentation de la production et la baisse les prix (*Les Échos*, le 24 juin 2020). Mais même si la part de production biologique augmente, la production reste instable et insuffisante par rapport à la demande potentielle malgré sa nature rendue incertaine par les incertitudes que la crise sanitaire fait peser sur l'évolution du pouvoir d'achat. Toutefois, les « bios » semblent mieux se porter que Fauchon.

– Conséquence indirecte de la crise sanitaire, la Lufthansa quitte le DAX (le CAC40 allemand), son déclassement étant dû à la situation difficile de l'aéronautique et du transport aérien. Elle y est remplacée par Deutsche Wohnen (Habitat allemand), un groupe propriétaire d'immeubles de location qui n'a rien fait, c'est le moins qu'on puisse dire, pour éviter la montée vertigineuse des loyers, surtout à Berlin, où le parc locatif représente 80 % du total à cause de l'histoire particulière de la ville où la partie Est n'était pas sous le régime de la propriété privée. Devant la crise sanitaire, ce groupe immobilier s'est quand même engagé à créer un fonds de soutien pour les locataires ne pouvant temporairement payer leur loyer et à construire de nouveaux logements, problème particulièrement aigu à Berlin où 50 000 nouveaux habitants sont comptabilisés chaque année depuis 2011 (*Le Monde*, le 23 juin 2020). Un DAX d'ailleurs affaibli par le trou béant découvert dans les comptes de la fintech Wirecard.

– un exemple récent de défaut d'articulation entre niveau I et niveau II dans la société capitalisée : la décision des 27 de taxer les GAFAM en 2018 avait reçu l'approbation de 26 pays sur 27, mais la règle de l'unanimité en matière fiscale a permis à la seule Irlande de faire capoter le projet, ce pays étant le siège social de plusieurs de ces entreprises du numérique (*Libération*, le 19 juin 2020).

---

70 – Pour être plus précis la famille Zouari, déjà le plus gros franchisé du groupe Casino, était devenue majoritaire chez Picard. Quant à Bio C'Bon la société a été fondée par le fonds d'investissement Marne et finance qui a eu l'originalité de faire appel directement aux particuliers pour la constitution de son capital. Leur part s'élevait à 25 % du total.

INTERLUDE

– À propos de la campagne de dépistage conduite aux États-Unis, qualifiée d'« arme à double tranchant » par Trump : « Quand on fait ce volume de dépistages, on trouve plus de gens, on trouve plus de cas. Alors j'ai dit : ralentissez le dépistage », a assuré le président des États-Unis le 20 juin à Tulsa (*Le Monde*, le 23 juin 2020).

– Castaner dans *Le Parisien* du 21 juin 2020 : « Quand on jette un pavé sur un policier on le jette sur un morceau de la République ».

– Selon *Le Figaro*, le 19 juin 2020 : « Faute de débouchés sur les tables 5 % du vin français sera recyclé en gel hydroalcoolique ». Commentaire du *Canard enchaîné* le 24 juin 2020 : « Le Covid-19 sait à quoi s'en tenir ; grâce au pinard, les Français auront de quoi lui faire barrière ».

– L'Oréal, une grande entreprise française marquée par ses rapports historiques avec l'extrême droite dans les années 1930 puis sa collaboration sous Vichy vient de découvrir que noir lave plus blanc en supprimant sur tous ses produits les mots « blanc », « blanchissant », « white », « whitening », « fair », « fairness » (*Le Progrès*, le 28 juin 2020).

CROISSANCE QUANTITATIVE POUR ÉVITER LA DÉCROISSANCE

– À nouveau sur la dette et pour contredire les tenants de la tendance à la banqueroute, la dette française est détenue à 46 % par des investisseurs institutionnels résidents, dont 18 % par la Banque de France ; les détenteurs non-résidents représentent 54 % des détenteurs (chiffre en baisse puisqu'il était de 60 % en 2015). Ceux-ci pourraient théoriquement représenter un risque « extérieur » par rapport à la souveraineté nationale, toutefois on peut en douter dans la mesure où ces non-résidents sont de même nature que les résidents, à savoir eux aussi des investisseurs institutionnels et des banques centrales étrangères qui marquent ainsi leur confiance en la richesse potentielle du pays (par comparaison la dette italienne est presque totalement la propriété de résidents). Or dit Patrick Artus (*Le Monde*, le 24 juin 2020) on n'a jamais vu une banque centrale provoquer volontairement une crise de la dette. Pour cet économiste orthodoxe, le fait que la dette soit largement possédée par des non-résidents permet aussi une meilleure « allocation des ressources » (orientation de l'épargne disponible) vers l'investissement productif par rapport aux seuls placements financiers sur la dette. Nous avons déjà parlé, dans de précédents relevés du fait qu'il y avait eu depuis 2008 au moins, un découplage entre création monétaire et inflation la première n'entraînant plus la seconde. Pour être précis il faudrait rajouter que ce découplage ne concerne que le prix des biens et services qui restent stables et non le prix des actifs (actions et immobilier) qui augmente fortement au risque de bulle si la création monétaire venait à perdurer après la reprise (P. Artus, *Les Échos*, le 24 juin 2020). La faiblesse extrême des taux d'intérêt entraîne une tendance économique générale vers la déflation et la tendance inflationniste se réfugie dans les cours boursiers et la bulle immobilière.

– Les premiers signes d'une reprise plus rapide que prévue en juin pour l'ensemble de la zone euro et plus rapide en France que dans le reste de la zone, semblent conforter le choix de l'État français d'un remède de cheval pour soutenir à la fois la trésorerie des entreprises et le maintien d'un niveau de salaire par l'intermédiaire d'un chômage partiel de grande ampleur et à un niveau élevé. Mais le gouvernement va-t-il rester dans cette logique où bien faire du Fillon comme en 2010 où celui-ci étouffa la reprise d'après crise de 2008 en revenant aux règles de l'orthodoxie budgétaire de compression des dépenses d'une part et d'augmentation des recettes par l'impôt d'autre part ? (*Les Échos*, le 24 juin 2020). Pour le moment le gouvernement dit non, d'abord parce qu'il prolonge les mesures de chômage partiel à un haut niveau (l'équivalent d'une nationalisation des salaires) et ensuite parce qu'il adopte la perspective et le langage de la croissance quantitative (travailler plus, produire plus, recommencer à consommer). Or, dans l'automobile, si PSA réembauche 800 intérimaires parce que son PDG Tavarez, un héraut de la compétitivité, tient bon la barre sous les auspices de Charles Darwin (*Le Figaro*, le 25 juin 2020), c'est que la demande est au rendez-vous sur les modèles qui dégagent le plus de marges et permettent en outre l'embauche de personnel en France parce que ces modèles y sont encore produits… Mais ce sont aussi les véhicules les plus polluants (les SUV 308 et 508) qui vont être produits par des salariés occasionnels auxquels, *a priori*, la Direction ne réserve aucune perspective de qualification par une formation quelconque et en conséquence aucun emploi pérenne.

Il en est de même, de l'extension des mesures de chômage partiel jusqu'à octobre puis, dans une formule moins avantageuse au point de vue salaire, pendant deux ans dans le cadre d'accords d'entreprise. Mais où entend-on parler d'autre chose que d'accords de performance avec intensification du rythme du travail ? C'est-à-dire là encore une conception quantitative et cour-termiste de la performance que Dani Rodrick, professeur d'économie à la Kennedy School d'Harvard, dénonce dans *Les Échos*, le 25 juin 2020. En effet, la reconfiguration de la production post-crise sanitaire reste dans le même paradigme que celui de la restructuration capitaliste des années 1975-1980 avec une intégration de plus en plus poussée de la technoscience dans un procès de production qui est de moins en moins un procès de travail. Aux mêmes causes les mêmes effets et leurs conséquences : surqualification pour une minorité de salariés/déqualification pour la masse dans la mesure où les machines s'incorporent les anciens savoirs professionnels. Ce processus s'est depuis étendu de l'industrie au secteur des services produisant ce que Rodrick appelle la raréfaction des « emplois médians[71] » qui, pour les Américains, constituaient la base de leur « grande société » (cf. Lyndon B. Johnson et Humbert Humphrey) et de la « société libérale avancée » de Giscard.

Les relocalisations, si elles sont effectives et qu'elles concernent bien, comme nous l'avons indiqué dans de précédents relevés, des emplois très mécanisés, pourraient peut-être s'inscrire dans la perspective plus optimiste tracée par Rodrick. Mais pour que cela soit significatif, il faudrait que leur nombre soit élevé et là, les considérations spécifiques des différents pays interviennent. Si les Allemands et les Italiens produisent plus « national » que les Français (respectivement 70 %, 75 et 64 (Mickaël Valentin in *Les Échos*, le 25 juin 2020), ce n'est pas parce qu'ils sont plus nationalistes ou même souverainistes, mais parce que les premiers ont conservé l'*hinterland* d'un dense tissu industriel et les seconds les petites industries lombardes dynamiques et agressives et le savoir-faire textile de Prato en Toscane qui forment encore un dense tissu industriel, même s'il doit composer avec la Chine. C'est ce qu'on ne retrouve plus en France où domine un capitalisme de CAC40 et de FMN qui n'a pas d'intérêt particulier à produire sur le territoire français et a ainsi tendance à contrevenir à ce qui pourrait être éventuellement une politique industrielle et commerciale initiée ou orientée par l'État. Outre le problème que cela pose au niveau de l'articulation entre niveau national et niveau international, le résultat le plus visible se

---

71 – Cf. le relevé VIII et les positions de Stansbury et Summers sur la question. Pour prendre un exemple de cette evolution en France, le secteur de la banque a perdu 130 000 salariés entre 2018 et 2019 même si, pour la plupart, ils ont bénéficié de mesures d'âge.

manifeste au niveau de la Comptabilité nationale aussi bien du point de vue de la mesure du PIB[72] que de celui du déficit de la balance commerciale.

– Sanofi fournit un bon exemple des restructurations actuelles dans l'industrie parce que ce n'est pas une entreprise sinistrée par la crise sanitaire, mais une entreprise qui tout en n'ayant jamais arrêté la production et finalement avoir tiré son épingle du jeu dans la crise, n'en est pas moins en train de se restructurer.

Quelle est la situation générale de l'industrie ? Depuis de nombreuses années la plupart des grandes entreprises sont en sureffectif et le restaient pour garder de la « ressource humaine » à disposition et ce, particulièrement dans le secteur de la recherche-développement (R-D), un secteur qui comme les autres dans une vision à court terme, doit être réorganisé pour se centrer sur ce qui est rentable immédiatement et donc pour Sanofi, ce sera sur les vaccins avec abandon d'autres activités. Nous avons vu dans d'autres relevés que le secteur R-D de Renault serait celui qui souffrira le plus de la restructuration à venir en termes d'emploi et pour les mêmes raisons. Par contre PSA qui s'est recentré plus vite dans le cadre d'une cure d'amaigrissement/compétitivité insufflée par Tavarès arrive quand même en tête des innovations françaises cette année en les ayant ciblées.

---

72 – Celui-ci ne prend en compte que ce qui est produit sur le territoire national, quelle que soit la nationalité de l'entreprise. Mais cet indicateur, comme d'ailleurs celui de la balance commerciale, perd le sens qu'il avait à l'origine, dans les premiers systèmes de Comptabilité nationale (1945-46). Ils ont en effet été mis en place dans l'optique de mesurer des grandeurs cumulées (les « grands agrégats ») au niveau national de la part d'entreprises nationales dans des économies encore assez fermées. Or, la globalisation/ mondialisation qui se développe dans le cours des années 1980 change la donne en ce qui concerne la pertinence des anciens instruments de mesure. Au niveau PIB/PNB : plus les firmes délocalisent plus la production nationale est en déclin et joue à la baisse du PIB. C'est un des indicateurs qui exprime la « désindustrialisation » de la France. Mais cela ne nous dit rien sur la puissance de firmes comme Michelin dont la force vient justement de son implantation mondiale qui apparaît statistiquement, mais dans le PNB ; et inversement, l'importance des implantations étrangères en France joue en faveur du PIB. Il en est de même pour la balance commerciale. Les délocalisations peuvent en effet jouer dans le sens d'une baisse des exportations quand les firmes veulent se rapprocher d'un nouveau marché (par exemple Renault-Dacia et les pays de l'Est) et inversement. La pertinence de la balance des paiements qui inclut les services dans les échanges est aujourd'hui beaucoup plus grande, surtout pour un pays comme la France où le tourisme et les services en général tiennent un grand rôle.

Pour en revenir à Sanofi voilà donc un de principaux groupes du CAC40 qui vit à 80 % des remboursements de la Sécurité sociale, a touché 150 millions d'euros en crédit impôt-recherche et va maintenant recevoir une aide pour relocaliser la production de paracétamol dans le cadre du fonds de relocalisation de 600 millions pour « épauler plusieurs secteurs dits stratégiques » (Neuville-sur-Saône, près de Lyon, environ 200 emplois d'après *Le Monde*, le 28-29 juin 2020), mais prévoit par ailleurs d'en supprimer 1000 ailleurs tout en versant quatre milliards de dividendes à ses actionnaires soit plus qu'en 2019. Que lui demande l'État en échange ? Premièrement, que ses vaccins soient immédiatement délivrés en France selon les besoins et non pas prioritairement aux États-Unis comme l'avait impudemment affirmé son PDG sous influence trumpienne sans doute ; deuxièmement de ne procéder qu'à des départs volontaires en mesure d'âge.

Le 28 juin 2020

# Relevé XI

## (10 juillet 2020)

La « vérité » du travail

– Les cas sévères de Coronavirus vont être reconnus en tant que maladie professionnelle par un décret à la mi-juillet, comme cela avait été annoncé fin mars par le ministre de la Santé à la suite du décès par Covid-19 de plusieurs médecins. Néanmoins, syndicats et associations critiquent la distinction maintenue entre « premiers de cordée » : personnel soignant au sens large (les non-soignants travaillant à l'hôpital public étant finalement inclus après des hésitations et négociations) et « seconds de cordée » qui ont pourtant été à l'ouvrage pour assurer l'intendance dans différents secteurs (*Le Monde*, le 2 juillet 2020).

– Alors que le développement du télétravail a fait porter l'attention des médias et dirigeants sur les formes d'organisation du travail, la crise sanitaire semble avoir déclenché un moment de « vérité » du travail au sens où plus ou moins confusément chacun a pu mettre le sien en rapport concret avec la marche du monde tel qu'il est et son modèle de croissance. Cela ne constitue certes pas une critique radicale du travail puisqu'implicitement ou explicitement, tout est rapporté à une « utilité » dont on a déjà dit à quel point elle était subjective puisqu'elle ne remet en cause ni la division du travail ni la hiérarchie qui l'accompagne ; mais cela questionne son sens et les choix des différents pouvoirs dans la plus ou moins grande valorisation de ces tâches. L'étude Malakoff Humanis, publiée le 25 juin et réalisée du 6 au 20 mai auprès de 2970 salariés du secteur privé signale une réticence importante à la reprise du travail (*Le Monde*, le 2 juillet 2020). Parmi les réticents, il y a les salariés en activité partielle et ceux dont le travail n'a pas été qualifié d'essentiel. Pendant des semaines, les managers étaient au four et au moulin, et leur priorité allait aux collaborateurs qui avaient une importante activité. Ceux qui n'avaient plus l'obligation de se rendre au bureau ont été isolés du collectif. « Il n'y a pas plus de décrocheurs que d'habitude, mais le confinement a zoomé sur des situations particulières qu'il a amplifiées » relativise Frédéric Guzy dans ce même journal. Ainsi, la personne qui est en chômage partiel à 80 % de son temps quand son voisin l'est à 20 % sur une même activité révèle une différence de performance et d'implication, illustre-t-il ; et : « Ces mesures sanitaires très restrictives qui accompagnent l'obligation de retour empêchent le collectif de fonctionner ».

Plus important peut-être, les véritables salariés décrocheurs du Covid-19 sont tous ceux qui, pendant le confinement, se sont interrogés sur le sens de leur travail et ont réalisé soit qu'il ne leur plaisait pas, soit que leur contribution au collectif n'était pas valorisante. Ceux-là plus que tous les autres freinent des quatre fers pour revenir. Pourtant, on va les obliger à revenir disent plusieurs DRH, même si c'est en commençant par un ou deux jours par semaine jusqu'en septembre. C'est dire si, loin d'un appel à une mobilisation générale pour se retrousser les manches après le confinement, les dirigeants marchent en fait sur des œufs.

– On peut étendre ce champ de questionnement au type de consommation et au tourisme. Ainsi, on remarque une reprise à la fois forte et fragile de la consommation. En effet, l'épargne a été forte pendant le confinement (une épargne forcée bien souvent) et ce malgré des pertes de revenu. Reste maintenant à savoir ce qui sera consommé au cours de cette reprise et s'il n'y aura pas de changement dans la structure des postes de consommation car les conséquences n'en seront pas les mêmes. En effet, 85 % des services sont produits en France contre 36 % des produits manufacturés (*Les Échos*, le 29 juin 2020). Dit autrement, si le fait de ne pas aller au restaurant et au spectacle conduit à acheter un lave-vaisselle Bosch le compte n'y est pas ni du point de vue de l'emploi, ni du point de vue du maintien de commerces indépendants[73] en centre-ville, ni du point de vue de l'équilibre des échanges commerciaux internationaux. Le sens de ces transformations aura aussi un impact sur l'organisation du travail et l'emploi. Ainsi, la commercialisation des biens d'habillement restait un des rares secteurs à ne pas être encore passé en flux tendus. La crise sanitaire aura eu raison de cette exception. Le modèle de la profusion de biens et donc la constitution de stocks qui se finissent en soldes (60 % de la production totale) de plus en plus fréquentes a montré son caractère obsolète pendant la crise. D'une manière générale la crise met fin à une fuite en avant tendanciellement surproduc-

73 – Le gouvernement planche sur un nouveau plan de soutien au petit commerce qui dépasserait la simple suppression des charges pour cette année. Il parle de baisser les loyers par différents procédés comme la création de sociétés foncières en lien avec les municipalités, alors que ce qui grève les marges relève plus de taxes importantes subies qui sont bien supérieures à celles de l'e-commerce (*Libération*, le 29 juin 2020).

tive et révèle la nécessité d'une production plus qualitative capable de s'adapter aux goûts versatiles de la clientèle et aux caprices du climat (qui achètera désormais un manteau pour à peine deux mois d'hiver ?).

– D'après Émilie Raoult, « la création des emplois aujourd'hui suivrait une logique d'agglomération, tandis que les migrations résidentielles se font au profit des zones périurbaines ». Le mouvement des Gilets jaunes[74], à l'automne 2018, a montré les tensions qui en résultaient. L'épidémie et le confinement risquent d'amplifier ce qu'Émilie Raoult appelle « le risque d'une inadéquation grandissante entre la localisation de l'offre et la demande de travail, risque contre lequel il appartient aux politiques publiques de lutter. » (*Les Échos*, le 30 juillet 2020). Or, jusque-là les politiques prenaient plutôt le chemin inverse en restreignant certains services publics de ces zones périphériques soit pour des raisons budgétaires (fermeture de lignes de chemin de fer déficitaires, de bureaux de poste, regroupement d'écoles rurales) soit pour des raisons dites technologiques (insuffisance d'équipement et de compétences dans les petits hôpitaux vétustes). Et si la dépense publique ne suffit pas à combler cet écart entre offre et demande d'emploi, il y a des demandes privées qui se bousculent au portillon profitant de la digitalisation de l'économie pour proposer leurs formations. C'est le cas de Microsoft qui veut, via Linkedin, accompagner le retour à l'emploi des 25 millions de personnes dans le monde à l'avoir perdu à cause de la crise sanitaire. Et les autres GAFAM ne sont pas en reste (*Le Figaro*, le 1er juillet 2020). Mais qu'on le veuille ou non en fonction d'un positionnement politique sur leur pouvoir grandissant, force est de constater que les GAFAM ne font pas qu'accompagner le retour à l'emploi par le biais de formations ; ils créent directement des emplois. Et contrairement à une doxa devenue dominante depuis les années 70 avec l'idée de la formation tout au long de la vie, celle-ci n'a jamais créé d'emplois ; elle contribue bien plutôt à gérer les suppressions d'emploi, ce

74 – À noter que la taxe carbone n'a pas produit les mêmes effets partout. En Angleterre, le pays le plus décarboné d'Europe, elle n'a produit aucun mouvement du type de celui des Gilets jaunes, alors qu'elle a été imposée à un moment de pétrole cher. Elle a en partie été compensée par des mesures de soutien aux ménages modestes.

que Jacques Guigou a mis en avant dès 1973 avec les exemples de Lip à Besançon et de l'industrie de la chaussure à Romans[75].

– Pensions et nivellement par le bas. Plusieurs experts (cf. *Le Monde*, le 1er juillet 2020) font état d'une participation inégale au financement de la pandémie dans la mesure où les retraites indexées sur l'inflation (augmentation de 1,2 % en 2019) seraient mieux protégées que les salaires (baisse de 5,3 % dans le même temps). Avancer cela, c'est ne pas tenir compte du fait que le processus s'inverse en période de croissance et surtout, ce que personne ne semble relever, que l'éventail des retraites est beaucoup plus resserré que l'éventail des salaires avec sans aucun doute une baisse plus que proportionnelle des salaires les plus élevés.

Toujours à propos des retraites et alors qu'on reparle d'une réforme ensablée dans la crise sanitaire, il est piquant de voir se confirmer, contre la volonté des États à allonger la durée de vie au travail, une vision pragmatique des dirigeants d'entreprises qui mettent en avant comme solution provisoire aux dégâts de la crise sanitaire... la pyramide des âges comme c'est ouvertement le cas pour Airbus et on vient de le voir pour Sanofi. En effet, d'ici 2027 un tiers du personnel partira naturellement à la retraite dans les conditions actuelles (*Les Échos*, le 1er juillet 2020). Mais quatre cents entreprises de la région toulousaine travaillent pour et seulement pour Airbus ce qui représente près de 100 000 salariés (*Le Monde*, le 2 juillet 2020). Or, ces entreprises qu'on aurait dit sous-traitantes il y a encore vingt ans découvrent le concept de « l'entreprise étendue », qui a fait d'Airbus un groupe mondialisé, avec des usines d'assemblage jusqu'en Chine et outre-Atlantique. Les PME qui vivaient sous l'aile protectrice[76] de l'ex-Aérospatiale à Toulouse ont ensuite appris, à l'occasion du dernier plan de restructuration, qu'elles étaient désormais susceptibles d'être mises

75 – Cf. J. Guigou, « Lip à l'heure de l'autogestion pédagogique ? » et aussi « La formation comme équivalence et comme différence », *Les Temps Modernes*, juillet 1975 disponible sur https://www.editions-harmattan.fr/minisites/index.asp?no=21&rubId=396#Lip

76 – Airbus a signé une « charte de bonne conduite » avec les éléments de sa *supplychain*, comme on dit dans le jargon entrepreneurial. En fait, cela fait référence à l'importance de la maîtrise de la chaine logistique particulièrement mise à mal par la crise sanitaire qui en a dévoilé les limites et points de rupture.

« On connaît des boîtes qui travaillent à perte pour Airbus et qui sont sauvées chaque année pour ne pas les faire couler », glisse un militant CGT de la métallurgie. (*Libération*, le 2 juillet 2020).

en concurrence avec des entreprises du monde entier. La présidente (PS) de la région Occitanie, Carole Delga, doit présenter vendredi une nouvelle mouture d'urgence du plan Ader, destiné à sauver les meubles dans ces PME en facilitant les regroupements d'entreprises. L'un des objectifs affichés est d'empêcher la prise de contrôle d'entreprises jugées stratégiques par des capitaux étrangers. Latécoère, l'entreprise pionnière de l'aéronautique à Toulouse, est ainsi passée récemment sous contrôle de fonds de pensions américains (*Libération,* le 2 juillet 2020).

– Si on entend beaucoup parler des « accords de performance » qui feraient payer une partie de la crise sanitaire aux salariés, une nouvelle plus surprenante est venue du tribunal judiciaire de Clermont-Ferrand qui a obligé la direction de Michelin à annuler sa proposition faite aux salariés de renoncer aux accords collectifs salariaux signés avant la crise sanitaire. Le côté croquignolesque de l'affaire réside dans le fait que la CGT et SUD n'ayant pas signé l'accord, ils ne pouvaient l'attaquer en justice et que la CFDT qui avait signé acceptant la proposition patronale, il ne restait que la vaillante CGC des cadres pour défendre « la lutte de classes », attaquer la proposition et remporter le morceau (*Le Monde*, le 7 juillet 2020).

## La crise sanitaire accélère la crise de la représentation politique

– La bataille capitaliste pour les « valeurs » bat son plein : le boycott commencé par le mouvement civique américain *#StopHateForProfit*, s'est amplifié en fin de semaine dernière visant, notamment, Facebook et Instagram du fait du renfort que lui ont apporté de grands annonceurs tels que Coca-Cola, Verizon, Unilever ou encore Starbucks, ce dernier spécialisé dans la défense de la « valeur » que représente le non-paiement d'impôts dans les pays où il s'installe. En conséquence, la société de Mark Zuckerberg a vu son action chuter de 8 % vendredi. Ce dernier a annoncé l'interdiction sur ses réseaux de toute publicité à caractère raciste ou discriminant (*Les Échos*, le 29 juin 2020) ; et il va ajouter un avertissement sur les messages de personnalités politiques dont le contenu pose problème (en l'occurrence ceux de Trump que Twitter avait déjà sanctionnés), tout en les laissant en ligne, car ils ont une valeur informative (*Le Monde*, le 30 juillet 2020)[77]. L'Europe ne sera pas en reste comme on a pu le voir avec le

77 – Cf. aussi la tribune libre d'intellectuels américains contre la *Cancel culture* et ses effets : licenciements immédiats sans médiations, enquêtes, autocensure. Salman

projet de loi Avia, même s'il est pour le moment repoussé. Sur le front de la censure, des convergences de fait entre censure de positions de l'extrême droite et imposition du politiquement correct par la gauche et l'extrême gauche[78] marquent un recul historique des garanties en matière de liberté d'expression, même si la plupart du temps il n'y a pas besoin de beaucoup de pression extérieure car les grands médias ont tellement adopté une attitude conventionnelle et « dans le sens du vent » que les pratiques de lobbying en deviennent de simples pratiques d'accompagnement.

Depuis les attentats de janvier 2015 à Paris, la lutte contre la propagande djihadiste et les « discours de haine » semble servir de justificatif à des collaborations toujours plus étroites entre les forces de police et les GAFAM pour invisibiliser les expressions jugées illicites ou simplement « indésirables », selon le terme employé par M. Macron à l'UNESCO. Il s'agit à présent de massifier la censure en contournant les procédures judiciaires et en l'automatisant. Les États entendent en effet généraliser le recours aux techniques d'intelligence artificielle développées par les géants de la Silicon Valley pour identifier dans l'océan numérique les contenus jugés « inappropriés » et les bloquer. Et ce même si, pour l'heure, les plateformes doivent encore faire appel aux milliers de « petites mains de la censure », ces travailleurs précaires chargés d'appliquer leurs politiques de modération. Dans un courrier conjoint envoyé à la Commission européenne en avril 2018, les ministres de l'Intérieur français et allemand évoquaient sans fard le but de ces textes : la généralisation à l'ensemble du Web des dispositifs de censure développés par Google ou Facebook. Ils expliquaient également que « l'apologie du terrorisme » — une notion extensible régulièrement instrumentalisée pour invisibiliser et réprimer des expressions contestataires — ne constituait qu'un premier pas. À terme, écrivaient-ils, « il conviendra d'étendre les règles fixées aux contenus à caractère pédopornographique à ceux relevant des discours de haine (incitation à la discrimination et à la haine raciale, atteinte à la dignité de la personne) ».

– Dans un document, publié mercredi 1er juillet 2020, l'Association des administrateurs territoriaux de France (AATF) fournit des informations sur

---

Rushdie est un des signataires (*Le Monde* du 9 juillet 2020). Il doit quand même « halluciner » par rapport à son époque.

78 – On peut se rappeler l'exemple de censure des *Suppliantes* d'Eschyle le 25 mars 2019 à la Sorbonne.

les rapports entre les différentes strates de l'État pendant la gestion de la crise. Les cadres territoriaux ayant contribué à cette enquête expriment un sentiment général d'insatisfaction et relèvent « un déficit de coordination ». Ils déplorent à la fois un « manque de concertation », « l'imprécision des informations et des directives », « le temps de latence entre les annonces gouvernementales et les conditions de mise en œuvre ». « Elles ont souvent dû anticiper les normes nationales et adopter des mesures dans un contexte d'incertitude quant à leur maintien dans le temps et leur sécurité juridique », note le rapport, rappelant les difficultés rencontrées à l'annonce de la fermeture des écoles ou dans la préparation du déconfinement. Pour le président de l'AATF, Fabien Tastet, ce retour d'expérience met en exergue, d'une part, la capacité d'adaptation et l'agilité des collectivités territoriales et, d'autre part, la nécessité « d'un État plus svelte et plus musclé ». « On a observé, pendant cette crise, un État effacé, désarticulé et englué » note-t-il (*Le Monde*, le 2 juillet 2020). C'est qu'il est loin le temps où la forme nation de l'État parlait encore dans un langage où s'opposaient déconcentration et décentralisation[79] !

– Dans une certaine mesure la crise sanitaire enchaîne sur celle des Gilets jaunes dans la mise en cause de la représentation politique. Ceux qui se gaussaient hier de Macron élu par moins de 30 % des Français crient aujourd'hui victoire devant le succès des « Verts » alors que le taux d'abstention atteint un record qui marque un décrochage toujours plus important par rapport aux institutions, une montée de l'indifférence politique et du ressentiment car la colère reste trop souvent sans débouché (*Libération*, le 4 juillet 2020). Pour Chloé Morin, directrice de l'Observatoire de l'opinion à la Fondation Jean-Jaurès, « Une majorité de Français ont d'autres priorités que l'écologie ». L'autre point à retenir est celui de la désarticulation entre local et national. Les partis traditionnels droite/gauche continuent à dominer sur les valeurs idéologiques de l'ancienne forme nation de l'État et ce, même s'il y a une interprétation différente de ces valeurs (le RN est à ce niveau intégré dans le champ politique). Ils résistent dans les petites et moyennes villes ; alors que LREM et les

79 – Richard Ferrand (LREM et sur le perchoir de l'Assemblée nationale) croit avoir trouvé la porte de sortie en parlant d'une « décentralisation ascendante » (*Les Échos*, le 25 juillet 2020). Cela ne veut rien dire, mais au moins il a fait l'effort de chercher une sorte de métaphore géométrique plus que politique de la chose plutôt que de nous plomber avec un faux concept.

« Verts » épousent la fluidité des nouvelles formes réseau de l'État et de l'activité économique et sociale qui convergent dans les nœuds de puissance et de pouvoir que forment les grandes agglomérations. Ces derniers partis, sans tradition gouvernementale en France s'échangent même ce qu'on ne peut plus appeler une clientèle puisqu'elle n'a rien de fidèle, mais des individus-particules interconnectés et échangistes se portant sur LREM aux élections nationales et sur les « Verts » au niveau local avec nombre de transfuges passant de l'un à l'autre (cf. Rémy Lefebvre, enseignant de Sciences politiques à l'Université de Lille, *Libération*, le 4 juillet 2020).

INTERLUDE

– À la soirée électorale où il avait invité une vingtaine de personnalités proches, Macron a attendu le dessert pour annoncer : « On a toujours tort de s'embourgeoiser » (*Le Canard enchaîné*, le 1^er^ juillet). Sans commentaire.

– Dans son dernier essai, *Dans la tempête virale*, le philosophe Slavoj Žižek pose son regard sur la pandémie de Covid-19 et souligne « la nécessité d'un communisme revisité, pragmatique. La survie nous l'impose. N'est-il pas déjà un tout petit peu à l'œuvre quand l'État réquisitionne des chambres d'hôtel pour gérer les malades et accueillir les personnels soignants ? Quand le président américain ordonne à General Motors de produire des respirateurs ? » (*Libération*, le 2 juillet). Après avoir soutenu avec Badiou que le communisme pouvait être sauvé en tant qu'idée, voilà qu'on apprend qu'il peut être sauvé par l'État et même par Trump et son idée de génie. Pas tant revisité que ça quand même puisque si Lénine et Trotsky nous ont présenté à l'époque leur communisme de caserne pendant les années 1919/1921, Žižek propose un « communisme du désastre » avec un État plus puissant pour échapper au « capitalisme du désastre ». Et pour corser le tout un féminisme du désastre sans doute : « Plus que jamais, il nous faut des leaders forts. Le problème de Trump n'est pas son autoritarisme, c'est sa bêtise. Peut-être que les dirigeants doivent être des femmes, là où elles sont au pouvoir, en Allemagne, au Danemark, en Nouvelle-Zélande, en Finlande, la situation est souvent meilleure. Elles savent prendre des décisions fortes. Une petite provocation : peut-être que ce dont l'Angleterre a besoin, c'est d'une Margaret Thatcher ! ». On ne sait pas exactement ce dont l'Angleterre a besoin, mais on sait par contre que ce dont

Žižek a besoin, c'est d'une bonne fessée de la part des mineurs anglais s'il en reste.

– Selon l'avocat au barreau de Paris Édouard Delattre (*Libération*, le 2 juillet 2020), une dizaine de pays ont déjà inséré l'écocide dans leur droit pénal, parmi lesquels le Vietnam, la Russie et l'Ukraine. Dans la lignée de ces pays qui montrent la voie, il propose par ailleurs des peines de réclusion criminelle proportionnelles à celles des trafics de drogue et d'être humains quand ils sont commis en bandes organisées. Il est vrai que les pays qui lui servent de référence ont plus une tradition de prisons bien pleines que de lutte contre les crimes humanitaires ! Toutefois pas un mot sur la composante de ses bandes organisées. Doit-on y inclure les dirigeants des grandes puissances et des grandes firmes transnationales ? Bref, on est toujours dans le discours performatif post-moderne.

UNE REMISE EN CAUSE RELATIVE DU TOUT MARCHÉ

– À propos de l'intervention des banques centrales et particulièrement de la BCE sur les rachats de dette, il y a un point que nous n'avons pas abordé et qui est pourtant important parce qu'il permet d'éviter des confusions et déclarations à l'emporte-pièce qui, à trop vouloir prouver, perdent en crédibilité. En effet est souvent négligé le fait que ces banques centrales mènent déjà (avant la crise sanitaire) des politiques monétaires massives et non conventionnelles qui ont des effets redistributifs. La confusion vient du fait que cette intervention produit deux effets de sens inverse. D'un côté, les achats d'actifs par les banques centrales réduisent les inégalités de revenus (salaires surtout) en soutenant l'emploi ; mais de l'autre, ils augmentent les inégalités de richesse (patrimoine surtout) en soutenant le prix des actifs (cf. Benoît Cœuré, directeur à l'innovation de la Banque des règlements internationaux (*Les Échos*, le 1er juillet 2020) et par exemple les prix de l'immobilier ce qui avantage les propriétaires en place par rapport aux futurs accédants. Toutefois, c'est un effet pervers de l'intervention et non une volonté explicite. La plupart des observateurs pensent que cela ne peut être compensé par « l'argent hélicoptère » que les banques centrales feraient pleuvoir au petit bonheur la chance, mais relève de politiques sociales et fiscales compensatrices à mettre en place. Les banques centrales, quant à elles, devraient se contenter de surveiller que leur politique de monnaie facile (*easy money*) débouche sur une bonne allocation de l'épargne vers l'investissement et ne finisse pas en capture du marché financier (*Le Monde*, le 7 juillet 2020). Macron semble avoir choisi, pour le moment en tout cas, le volet social des aides sans toucher à la question fiscale qui, selon lui, risquerait de tarir l'investissement. C'est une affirmation sans véritable fondement, mais qui permet d'éviter le casse-tête de la réforme de la fiscalité, la seule réforme sans cesse repoussée par des gouvernements successifs qui pourtant tous veulent se prévaloir du plus grand nombre de réformes proposées et accomplies pendant leur mandat.

– La FED a décidé de limiter les versements de dividendes par les banques américaines ainsi que les rachats d'actions. Le but : préserver la disponibilité des capitaux en cas de faillites de débiteurs en freinant les tendances à la capitalisation (*Les Échos*, le 29 juillet 2020). Ce n'est en tout cas pas ce qui se passe au niveau des entreprises puisque 37 % des entreprises américaines cotées à l'indice SP500 ont versé en 2019 plus de dividendes qu'elles n'ont fait de bénéfices contre 29 % en Europe (*Le Monde*, le 7 juillet 2020).

– La crise sanitaire a recentré l'Allemagne sur l'UE. En effet, sa politique précédente en faveur d'une mondialisation extrême axée sur ses points forts couplée à une régionalisation de son activité de délocalisation dans son « espace vital » historique de l'Europe de l'Est, l'amenait à s'en désintéresser. Or, elle se heurte dorénavant à une nouvelle situation où son marché intérieur et ses rapports aux puissances voisines redeviennent importants (*Les Échos*, le 30 juillet 2020). Face à la Chine et aux USA, l'Allemagne semble maintenant envisager la question de la compétitivité à l'aune de l'Europe (digitalisation et Big Pharma) et non plus de sa politique propre. Le plan de lutte européen contre les effets économiques de la pandémie a encore renforcé cette réorientation et rapproché le couple Allemagne-France.

Si on compare l'Allemagne à la France terme à terme avant la crise sanitaire, on peut dire que l'État y est ordolibéral alors que colbertiste en France, l'industrie exportatrice y compris au niveau des PME, alors que l'industrie française hors FMN est plus centrée sur le marché intérieur[80], la

---

80 – Par exemple, l'Alpine-Renault de Dieppe, qui tourne à moins de 50 % de ses capacités et qui est en sursis, est vendue à plus de 60 % en France, ce qui est trop limitatif pour un haut de gamme et par rapport aux « allemandes » qui ont une prime *a priori* à la qualité. L'automobile semble le secteur où la France a le plus de mal à vendre du haut de gamme et donc à maintenir l'emploi sur le territoire dans cette filière… qui dégage le plus de valeur ajoutée et donc de marges. Ainsi, la DS4 de PSA qui devait être produite à Sochaux le sera finalement sur un site allemand d'Opel.

Bundesbank rigide sur les règles de Maastricht, la BDF plus accommodante, le *Mittelstand* plus gros et dynamique que les PME françaises toujours à la recherche d'aides à l'investissement ou à l'exportation. Or, la crise sanitaire a mis à mal l'équilibre allemand qui lui assurait une supériorité certaine sur ses voisins. Le gouvernement Merkel, les banques comme les grandes firmes en ont tiré la leçon en remettant en cause tout ou partie des anciennes règles. En effet, depuis la crise sanitaire, seules les forces représentant le *Mittelstand* (et par ailleurs la Cour de Karlsruhe) critiquent l'abandon de principes jugés intangibles, tel celui de la propriété privée quand l'État entre au capital d'une entreprise de bio-tech comme il vient de le faire avec Curevac ou encore tel le refus de toute tutelle quand l'actionnaire principal de Lufthansa menace de faire capoter le plan gouvernemental de redressement.

Peter Altmaier, le ministre de l'Économie, peut donc défendre une nouvelle ligne qui est celle de développer de façon volontariste (donc par l'intervention de l'État) une politique industrielle comme le faisait auparavant la France avec le Plan, ce qui est en soi une entorse à la position ordolibérale fondatrice de la RFA. Mais attention, il ne s'agit pas ici d'une intervention qui consisterait à soutenir des entreprises contre le marché (sauver les « canards boiteux » comme on le dit et le fait traditionnellement en France), mais pour faire que les mêmes règles de marché s'appliquent à tous et donc aussi hors de l'UE, principalement en Chine et aux EU où les subventions vont bon train (*Les Échos*, le 30 juillet 2020). Dit autrement, nous sommes tellement éloignés des conditions de la concurrence libre et parfaite que les fervents soutiens d'une économie de marché régulée sont obligés de monter au créneau. Ce que nous nous avons dit pour la France dans un relevé précédent, est aussi valable aujourd'hui pour l'Allemagne. Dans ce nouveau contexte, le commerce extérieur ne peut plus se réduire aux chiffres de la balance commerciale. Il s'agit de rapatrier les productions à haute valeur ajoutée, raccourcir les chaînes de valeur, choisir ses interdé-

---

On s'aperçoit ici de l'écart entre les stratégies industrielles des entreprises — ici la logique d'intégration d'Opel dans PSA —, qui n'ont rien de nationales et la politique industrielle que certains États veulent relancer. Mais au moins la stratégie s'avère-t-elle européenne avec en complément l'établissement d'un *modus vivendi* entre syndicats français et allemands de la métallurgie pour faciliter cette intégration en Allemagne sans trop de dommage en France puisqu'il ne s'agit là que d'une petite production en termes de quantité (*Les Échos*, le 1er juillet).

pendances sur des critères aussi politiques qu'économiques. Deux exemples : le premier concerne le nord de l'Italie qui est considéré comme vital par l'Allemagne. C'est ce qui a sans doute poussé les Allemands à faire pression sur les industriels de Lombardie pour qu'ils ne ferment pas les entreprises au début de la pandémie quand l'Allemagne n'était pas encore touchée et ce qui les pousse aujourd'hui à accepter de venir en aide à l'Italie parce qu'elle a besoin de ce Nord du Sud qu'est la plaine du Pô (cf. Paolo Gentiloni, commissaire aux affaires économiques de l'UE dans *Libération*, le 1er juillet). Second exemple : pourquoi dépendre de la Chine pour certains approvisionnements ? Cela n'apparaît plus aux yeux de personne comme quelque chose de neutre déterminé sur les seuls critères d'efficience économique. C'était une solution de facilité qui s'est finalement révélée dangereuse car le développement de la Chine repose la question de la puissance et donc de la concurrence entre puissances, si ce n'est de la guerre économique. Il n'est pas étonnant, dans ces conditions, qu'on entende parler de partout de « productions stratégiques ». L'entrée de la Chine dans l'OMC était conçue comme « inclusive » et comme une victoire pour le camp des régimes démocratiques. Ces derniers sont en train de déchanter. Alors pourquoi, pour l'Allemagne, ne pas se retourner vers le Vietnam ou d'autres pays émergents dont la puissance politique est négligeable, pour y tresser des rapports bilatéraux avantageux ?

Ce qu'on appelait la « politique industrielle » pendant les Trente glorieuses, à savoir la mise en place d'une planification indicative initiée par l'État n'est plus une incongruité française dans le monde occidental. L'affrontement entre grandes puissances et la violence de la crise économique provoquée partout par la pandémie conduisent les États à un interventionnisme de plus en plus assumé. Il ne s'agit plus seulement pour les gouvernements, de prendre des mesures de soutien sectorielles, mais de s'impliquer, y compris comme actionnaire, dans des situations particulières, mais au cas par cas et non pas suivant un plan d'ensemble. Ainsi, l'administration Trump dans son souci d'avancer sur la 5G tout en s'opposant au chinois Huawei s'est renseignée sur la possibilité d'une prise de contrôle public sur Nokia le finlandais ou Eriksson le suédois. Outre-Manche aussi, les esprits ont beaucoup évolué. Même le libéral *Financial Times* a bousculé son idéologie et appuie le *Project Birch* du gouvernement Boris Johnson où il s'agirait de sauver, avec l'argent des contribuables, des entreprises en difficulté mais jugées stratégiques, comme le sidérurgiste Tata Steel ou le constructeur automobile Jaguar Land Rover. Le même Boris Johnson, pourtant fervent conservateur (Tory) est prêt à se réclamer de Roosevelt plutôt que de Churchill pour lancer son New Deal[81] de reconstruction par les infrastructures. Pour les Pays-Bas, l'évolution est encore plus contre nature dans un pays qui s'est tourné franchement vers le modèle libéral. Pourtant, le gouvernement de Mark Rutte a fait figure de précurseur l'an dernier, en entrant par surprise au capital d'Air France-KLM. Objectif: faire contrepoids à l'influence française (*Le Figaro*, le 1er juillet 2020).

Le 10 juillet 2020

81 – Pour le *Times* toutefois « c'est peanuts » car les sommes engagées ne représentent que 0,2 % du PIB, contre plus de 5 % pour le New Deal américain (en Europe, l'enveloppe se situe un peu au-dessus de 1 %. Cela apparaît d'autant plus insuffisant que l'intérêt de la dette est au plus bas. Si on prend un pays comme la France, alors que la dette a presque doublé entre 2008 et 2020, l'intérêt de la dette a diminué de moitié (de 2,8 % du PIB à 1,4 %) et il n'y a pas de raison de penser qu'il en est différemment outre-Manche. C'est donc particulièrement le moment, pour la société capitalisée, d'investir dans les écoles, logements sociaux et autres infrastructures d'autant que le chiffre de levée de dettes pour les nouvelles est encore nettement plus bas puisqu'il s'établit pour la France à -0,07 %.
Ou comment s'enrichir en empruntant (*Les Échos*, le 7 juillet 2020). Et cette virtualisation du capital n'a rien de fictive.

# Relevé XII

# (25 juillet 2020)

– Dans *Le Monde* le 3 juillet 2020, le philosophe Jean-Pierre Dupuy donne un entretien sous le titre, « Si nous sommes responsables des maux qui nous frappent, alors notre responsabilité devient démesurée ». Depuis Rousseau, avance-t-il, les causes des malheurs, des catastrophes, des fléaux, les épidémies qui frappent l'humanité ne sont plus attribuées à une ou des puissances extérieures à lui (Dieu, Satan) mais à lui-même et à lui seul. Cette responsabilité absolue conduit à une clôture du monde des hommes sur lui-même. S'agissant du Corona virus toutes sortes de responsables potentiels ont été évoqués ou même invoqués (la Chine, la suppression de la bio-diversité, le commerce des animaux sauvages, les transports aériens à bas coûts, l'anthropocène, le néo-libéralisme, etc.) et ces raisons ne sont pas à écarter dit J-P. Dupuy. Mais il manque une dimension dans toutes ces considérations scientifiques, techniques, économiques, politiques, religieuses, c'est celle de la contingence ; de l'événement contingent. L'épidémie de Covid serait un véritable événement en ce sens qu'il échappe à toutes déterminations de quelque ordre qu'elles soient. Le surgissement d'une réalité nouvelle engendrée par le pur hasard.

Sans les citer, il est probable que J-P. Dupuy se réfère aux philosophes du « réalisme spéculatif » (encore nommé « ontologie factuale ») dont les travaux font fureur dans le milieu et dont en France, Quentin Meillassoux (*Après la finitude : Essai sur la nécessité de la contingence*, Paris, Seuil, coll. « L'Ordre philosophique », 2006) est le principal représentant avec Medhi Belhaj Kacem (*Système du pléonectique*, Diaphanes, 2020), mais ce dernier en tire des conséquences différentes. Sans entrer davantage dans ces métaphysiques singulières, il faut ici remarquer qu'elles impliquent la réintroduction du mal dans l'interprétation de l'histoire d'aujourd'hui. Cela n'est pas étonnant puisque dans la présentation de J-P. Dupuy précédant l'entretien, on apprend qu'il a assuré un séminaire de recherche sur le problème du mal à l'université Stanford. Il reste que cet écart par la contingence tranche avec les discours plus ou moins catastrophistes qui prédominent chez les commentateurs. Mais on reste sur sa faim quant aux pistes qui pourraient être ouvertes par cet écart. Tout le reste de l'entretien est dominé par une conception techno-scientifique de l'action politique ; notamment par un appel au développement de la formation scientifique et technique. J-P. Dupuy partage le présupposé rationaliste et progressiste selon lequel l'éducation, la formation, peuvent modifier le cours des choses ; qu'elles sont « émancipatrices », etc. Contre l'épidémie, il convient donc de développer massivement la culture scientifique et technique dont « nos dirigeants » sont totalement dépourvus. La revoilà cette « République des savants » tant de fois invoquée depuis l'abbé Grégoire, le prêtre révolutionnaire, un des principaux promoteurs des grandes institutions scientifiques et techniques créées par la Convention (ce passage a été rédigé par J. Guigou).

Du côté du salariat

– Si le dernier volet de la réforme de l'assurance chômage a été suspendu et une décision reportée au 1er septembre, la tendance générale de l'évolution des droits à ce propos est à une baisse continue depuis 1979 avec des CDD qui se multiplient pour la gestion des flux d'entrants sur le marché du travail, y compris dans des formes potentiellement toujours plus précaires avec la création des CDD d'usage dans certaines professions, tout cela prétendument afin de garantir l'emploi. La France rejoint ici ses voisins dans le cadre de l'objectif général de maintien de la discipline par le travail, quel que soit le travail en question (le petit boulot fait le futur CV). C'est en plus, pour la France spécifiquement, s'attaquer à la prétendue « préférence pour le chômage » qui y régnerait, les salariés étant en général attachés encore à la valeur que représente le métier. Tout donc, plutôt que de développer différents régimes (RSA étendu aux moins de 25 ans, expériences de « revenu universel » considérées comme de l'assistance. Or, au lieu de s'accorder, par exemple, entre forces politiques et partenaires sociaux sur cette flexibilité accrue comme ce fut le cas pour les intermittents du spectacle dont la situation particulière produisit un régime spécial, les dernières réformes entraînent une difficulté à ouvrir des droits pour ces nouvelles catégories de laissés-pour-compte (des intermittents non structurels en quelque sorte) avec en plus un « effet de cliquet », c'est-à-dire une situation dans laquelle l'évolution d'une variable présente un caractère irréversible, tout retour en arrière semblant impossible. Ainsi, quand le chômage décroît les conditions d'ouverture de droit se durcissent et quand le chômage augmente à nouveau la tendance est de ne pas revenir à la situation antérieure plus avantageuse (cf. Mathieu Grégoire, enseignant de sociologie, Université de Nanterre, *Libération*, le 17 juillet 2020).

Ce qui est nouveau, ce n'est pas la croissance du chômage, mais le fait que de nombreux licenciements annoncés concernent les services de recherche-développement (R-D) et donc des emplois qualifiés (Renault, Nokia). La CGT Nokia parle d'une délocalisation de la recherche, mais est-ce si sûr alors que plusieurs sociétés d'ingénierie se retrouvent dans le même cas où il y a sureffectif par rapport au plan de charge. Cette position syndicale est d'autant plus sujette à caution que la délocalisation n'est plus en odeur de sainteté, la crise sanitaire ayant révélé les effets néfastes de la trop grande dispersion des chaînes de valeur. Il s'agit plutôt de l'extension du processus de *reengineering*, démarche consistant à réorganiser la séquence et le contenu d'un processus, voire du fonctionnement de l'entreprise dans son ensemble… Cette démarche passe le plus souvent par une remise à plat préalable du mode de fonctionnement de l'entreprise ou du service, dans le but de gagner en productivité. Et ce qui est déjà en cours depuis la fin des années 1980 pour ce qui est du cœur de la production, à savoir l'automatisation croissante du procès de production *stricto sensu*, risque de s'étendre en amont et en aval de la chaîne de production. Une automatisation qui concerne aussi la grande distribution avec les accords entre Carrefour et Google sur « les courses à la voix » sur smartphone ; les projets Amazon-Go (le *just walk out* par exemple), associé entre autres au système de logiciel libre Linux, qui peuvent être vendus à n'importe quel commerce et pourraient supprimer à terme 22 % du personnel. Le but d'Amazon est de se rendre indispensable et irremplaçable. Les très gros distributeurs comme Walmart ont senti le danger et cherchent à développer leur propre système. Carrefour hésite devant un processus qui ne s'est pas encore imposé en Europe et s'est retiré de Chine un peu pour cette raison au sein d'un environnement où il est difficile d'échapper à l'organisation plateformiste d'Alibaba et Tencent qui se met en place et tend à faire système. Les entreprises extérieures sont en effet obligées de passer, d'une manière ou d'une autre, par la plateforme.

– Floués les salariés de Daimler-Smart en Moselle ! Alors qu'en 2016 ils avaient accepté individuellement un plan de sauvegarde de la production incluant de travailler 39 h payées 37 et alors qu'ils devaient produire les nouvelles Mercédès, la direction générale de Daimler est revenue sur sa stratégie. Le fait que l'Allemagne se recentre sur le marché européen n'est pas un gage de sécurité car contrairement à ce que semble penser l'opinion publique, opinion renforcée par la prétendue dépendance par rapport à la Chine apparue avec le Covid-19, ce n'est pas la Chine le partenaire privilégié de la France et de l'Europe. Ce ne sont donc pas ces échanges qui creusent le déficit courant où le chômage, mais plutôt nos échanges internes à la zone euro. En cause, une course à la compétitivité qui est largement hors coût sinon on ne comprendrait pas le différentiel de compétitivité avec l'Allemagne où le coût du travail était supérieur à la France avant les lois Hartz. Pour Isabelle Méjean (enseignante à l'École polytechnique, *Les Échos*, le 10 juillet 2020), il ne s'agit pas tant de relocaliser (l'économie française ne sera pas sauvée par le rapatriement du doliprane ou du paracétamol, des molécules à faible valeur ajoutée ou encore par la fabrication de masques respiratoires demandant l'importation de latex) que de localiser à partir de nos points forts en multipliant les économies d'agglomération comme cela se fait dans le Sud-Ouest autour de l'aéronautique (proximité des fournisseurs et clients, compétences sectorielles de la main-d'œuvre) ou comme cela pourrait se faire dans la plasturgie ou à un autre niveau, dans « l'économie de la mer » (14 % du PIB, 820 000 emplois) où l'ambition stratégique portuaire affichée par le gouvernement ne s'est pour le moment concrétisée que dans le tout nouveau ministère de la mer dévolu à Annick Girardin. Le bémol à cette jolie histoire, c'est que lorsqu'un événement imprévu change soudain les équilibres autour d'une sectorisation unique, c'est alors toute une région qui peut sombrer. C'est un peu le problème actuel des sous-traitants d'Airbus dans le Sud-Ouest.

La Moselle est un bon exemple de l'évolution industrielle en France. D'abord centrée sur les mines puis la sidérurgie, mais sans contrôler les nouveaux centres de pouvoir puisqu'elle est devenue terre d'accueil des IDE (British Steel, Arcelor-Mittal) et non-initiatrice elle-même d'un développement économique mosellan, elle semblait devenir un nouveau centre de l'industrie automobile avec Daewoo début2000 et surtout la Smart électrique, jusqu'à ce que ces espoirs de modernisation ne s'écroulent. En effet, la dernière proposition en provenance de l'anglais Ineos de reprendre l'entreprise pour en faire le centre de production limité d'un 4x4 Grenadier thermique n'a pas la même ambition et les éventuelles retombées du grand projet électrique de Daimler. Le projet de reprise d'Ineos n'apparaît que comme une production de niche. Quant aux autres projets industriels de la région, ni le laboratoire de recherche *Digital Lab* de Mittal à Uckange ni le projet de chimie verte de la société Metabolic explorer à Carling Saint-Avold pour remplacer les vapocraqueurs éteints en 2013, ne semblent suffisamment créateurs d'emplois pour compenser les milliers de pertes de ce qu'il faut bien considérer comme une désindustrialisation de la région. Et les nouveaux emplois qui se développent dans l'économie de plateforme avec un gigantesque Amazon sur la friche militaire et les installations logistiques d'Ikea, Lidl, Chausséa sont nettement moins qualifiés et rémunérés que les anciens emplois industriels (*Le Monde*, le 20-21 juillet 2020). Pendant ce temps, le grand centre des congrès de Metz, qui devait être le signe de l'élection de la ville au titre de capitale du tourisme d'affaires, reste désespérément surdimensionné, affecté qu'il est par les annulations de conférence pour cause de crise sanitaire.

Cette économie de plateforme en formation tente de s'affirmer comme la source de nouvelles forces géopolitiques (au niveau I du capitalisme du sommet) qui se confrontent en permanence aux institutions publiques (au niveau II des États dans leur fonction régalienne et gestionnaire au niveau du territoire) que ce soit au niveau des contenus politiques (aux États-Unis avec Trump), de la fiscalité (France, Italie, Royaume-Uni), de l'ouverture de certaines fonctionnalités (StopCovid), de l'accès aux données personnelles (la CIA contre Apple) jusqu'à confiner vers une plateformisation des États (*Les Échos*, le 22 juillet 2020).

– Alsthom-Bombardier devrait sacrifier son site de Reichshoffen en Alsace (750 salariés qui fabriquent en bout de chaîne les trains Régiolis) pour respecter les directives d'une Commission européenne qui estime que le groupe va être en position de quasi-monopole en France sur trois secteurs en tant que 2e mondial, alors que globalement le géant chinois CRRC est à l'affût sur ces mêmes segments. La Commission européenne continue donc ici sa conception d'avant crise sanitaire sur le respect des principes de la concurrence pure et parfaite telle qu'elle est définie par les canons libéraux, alors qu'elle en appelle pourtant à un changement post-crise pour la constitution de champions européens. Par ailleurs et pour satisfaire à la demande de la Commission, la direction d'Alsthom se dit prête à sacrifier un site alsacien sans véritable logique économique puisqu'il est rentable (les carnets de commandes sont pleins jusqu'à 2024), son seul défaut étant de se situer en bout de chaîne et de ce fait, il aura peut-être plus de difficulté à trouver un repreneur le cas échéant. Les experts du secteur attendaient plutôt une cession du site intégré de l'usine de Crespin dans le Nord (*Le Monde*, le 11 juillet 2020).

– Dans la rubrique « le monde d'après » comme avant, la pandémie semble paradoxalement accroître la consommation d'automobiles. Si on prend l'exemple de la Chine dont la reprise a été plus précoce, avant la pandémie 56 % des déplacements s'y effectuaient en transports en commun publics pour seulement 24 % en voiture; après la pandémie les chiffres sont radicalement inversés avec 66 % pour les voitures et 24 % pour les transports collectifs. La crainte d'une contagion collective dans les bus et trains par rapport au cocon automobile ? Possible, mais le paiement électronique par smartphone avec le traçage qui en découle ne jouent-ils pas aussi un rôle dans cette désaffection qui constituerait une résistance passive ? (*Le Monde*, les 13-14 juillet 2020). On n'en est pas encore à ce type de mesure en France malgré « Stopcovid ».

Si les autorités parlent beaucoup de restriction sur les trajets en avion, de promotion des pistes cyclables, le soutien aux producteurs automobiles n'en reste pas moins important et la reprise du marché de l'occasion est nette, alors que le gouvernement parle très peu des transports publics dont la prise en charge est pourtant censée être collective (les usagers paient en moyenne 19 % du prix réel et même 12 % pour les TER) et qu'il semblait devoir être promus dans le cadre d'une ville plus écologique. Pour Michel Crozet, enseignant à Sciences Po et spécialiste de l'économie des transports, le ferroviaire, par exemple, aurait été la victime de tous les arbitrages de Bercy depuis qu'Édouard Philippe est Premier ministre (*ibid.).*

– À force de coller au sensationnel tout en utilisant les dernières tendances des sciences sociales pratiquant l'individualisme méthodologique et l'oubli des rapports sociaux de production, on apprend dans *Le Monde*, le 9 juillet 2020, que (en gros titre) : « Les immigrés ont eu une mortalité deux fois plus élevée face à la pandémie ». Outre le fait que le terme « d'immigré » n'est pas défini, surtout dans un pays qui refuse les statistiques « ethniques », il y a eu des doutes sur la fiabilité de la comptabilisation des décès et de leur imputation ou non au virus. Une autre information du même journal, mais le 22 juillet 2020 nous annonce que d'après une enquête de quatre économistes du travail proches de l'École d'économie de Paris : « Les communes pauvres sont les plus durement frappées par le Covid-19 » du fait des deux causes majeures que sont le surpeuplement du logement et la nature des emplois occupés ». Éric Maurin le précise : les plus pauvres sont les plus en mauvaise santé, mais ils le sont aussi parce qu'ils sont les plus exposés à la surpopulation du logement et à des emplois à risque. Dans cette enquête approfondie, le fait d'être « un immigré » devient alors un élément comme un autre et non la seule grille de lecture qui semble fasciner *Le Monde* (cf. le Relevé VIII et l'article du 8 juin 2020 sur le Covid et les Afro-Américains).

INTERLUDE

– La cérémonie militaire du 14 juillet, prévue cette année 2020 en format réduit, devait être un « hommage aux soignants et à la société civile » selon l'Élysée. Comme « la société civile » est pour nous une catégorie qui n'existe plus dans ce que nous appelons la « société capitalisée », on s'est demandé à quoi cela pouvait bien faire allusion concrètement. On n'a pas eu longtemps à attendre : il s'agit, selon l'AFP de 1400 soignants et « représentants de la société civile ». Ouf, on ne reste pas dans l'inconnu. Si on ne connaît pas la société civile, ses « représentants », on croit les connaître.

– Geoffroy Roux de Bézieux (MEDEF) déborde Macron-Castex sur leur gauche : « L'économie reste très fragile, ce n'est pas le moment de remettre [le sujet des retraites] sur la table » (*Le Monde*, le 9 juillet 2020).

– Macron, son discours du 14 juillet condensé dans trois grandes idées : « Je crois à cette écologie du mieux pas à l'écologie du moins » ; « Je roule écolo et modeste » ; il a avec Darmarin « une relation d'homme à homme ». (*Libération*, le 15 juillet 2020).

– Amélie de Montchalin vient d'être nommée « Ministre de la Transformation et des Services publics ». Cherchez le lapsus !

## LES RÉFORMES EN DOUCE

– Pour ceux qui n'auraient pas trouvé, la réponse est dans un ancien entretien à *Acteurs publics* accordé en mars 2018 dans lequel Amélie de Montchalin considérait que le statut de la fonction publique était une entrave : « Des maires ont des besoins d'agilité dans leurs recrutements, mais sont bloqués à cause du statut », affirmait-elle. Et elle réclamait une « transformation managériale » pour « redonner des marges de manœuvre dans la gestion quotidienne, et donc une forme de liberté dans le recrutement des profils par exemple » (Romaric Godin, *Mediapart*, le 8 juillet 2020). Le moins qu'on puisse dire, c'est qu'elle n'a pas été parachutée, elle. Le 7 juillet, à la passation de pouvoir elle déclarait : « Ma mission est d'autant plus immense que nous sortons d'une crise qui a montré à la fois les forces et les faiblesses de l'action publique. » Une phrase en parfaite résonance avec le bilan tenté par Macron dans son allocution du 14 juin : « Face à l'épidémie, les citoyens, les entreprises, les syndicats, les associations, les collectivités locales, les agents de l'État dans les territoires ont su faire preuve d'ingéniosité, d'efficacité, de solidarité [...] Faisons-leur davantage confiance. Libérons la créativité et l'énergie du terrain. » Donc, si l'on comprend bien, dans cette « transformation » ce qui s'impose, c'est la suppression de toutes les barrières[82]... hormis les « gestes barrières ».

Plus concrètement, dans les hôpitaux, il s'agirait de rationaliser une pratique des doubles emplois et de l'intérim au coup par coup qui coûte cher, par une libéralisation des heures supplémentaires actuellement encadrées pour rester dans le respect des 35 h ; et une annualisation du temps de travail (*Les Échos*, le 10 juillet 2020). Pour ce qui est des augmentations de salaires, pas de surprise ; on est loin des 300 euros pour tous demandés et la compensation que représenterait la montée d'un échelon pour tous dans la grille reproduit strictement la division hiérarchique des métiers et statuts. Une fois de plus le « monde d'après » conçu sur le modèle du monde d'avant.

– Pour ce qui est des retraites, le gouvernement tente de reprendre l'initiative, mais en limitant son ambition. Il ne s'agirait pas d'une reprise de la réforme systémique des retraites (le passage au système par points), mais de la limiter, pour le moment du moins, à son volant financier à travers l'allongement de la durée de cotisation. Le chiffon rouge des régimes spéciaux mis de côté les risques de nouveau blocage du pays seraient réduits (C. Cornudet : « La réforme qui revient par la face Nord », *Les Échos*, le 10 juillet 2020).

## De l'association à la solidarité dans un monde plus globalisé : l'exemple de l'UE (?)

– Pour le politologue de Sciences-Po Bertrand Badie (*Le Progrès*, le 22 juillet 2020), la réussite finale de la réunion de l'UE sur le plan de relance signale le passage d'une Europe de conception associative, ce qui était son but d'origine dans un environnement qui s'internationalisait dans un nouveau contexte de paix, à une Europe solidariste dans un monde globalisé. Une UE qui va donc pouvoir émettre des bons du Trésor ce qui corres-

82 – Montchalin prend ses références dans la théorie américaine du *Public choice* qui s'oppose à l'idée de neutralité de l'État. Ce dernier et son monopole sur certaines activités, l'action corporatiste de ses agents seraient des obstacles à la créativité et à la dynamique des organisations qui passent par une mise en concurrence des agences et agents et une gestion par objectifs. Rien de bien nouveau pour qui fréquente les administrations actuelles, mais pour le moment il a été plus facile pour les pouvoirs en place de faire s'effondrer l'hôpital public que le « mammouth » Éducation nationale pour ne prendre que ces deux exemples emblématiques, avec les conséquences qu'on connaît maintenant. La preuve par 9 en quelque sorte.

pond à la reconnaissance de l'existence d'une dette européenne. L'enjeu s'avérait donc plus important que la réussite du plan de relance ; il s'agissait de savoir si la Commission européenne pouvait désormais emprunter et investir comme elle le désire. C'est fait.

Contre les mauvais augures, surtout en provenance des États-Unis, comme quoi la zone euro ne correspondrait pas à ce que les économistes appellent une « zone monétaire optimale[83] », l'euro en est devenu plus crédible. Il va s'en suivre, d'après Sylvain Kahn, enseignant d'histoire et géopolitique à Sciences Po (*Le Monde*, le 23 juillet 2020), une mise en réseaux des parlements nationaux amenés à voter en lien avec le Parlement européen et les parlements locaux (Länders allemands, régions espagnoles ou belges).

La notion de conditionnalité qui a été au centre des débats de ces dernières semaines semble promise à une belle carrière dans la mesure où il s'avère qu'on peut la triturer dans tous les sens. Ainsi à l'intérieur de l'UE les « frugaux[84] » désiraient-ils soumettre les aides financières à des conditions qui ne sont pas loin de celles imposées à la Grèce au moment de la crise de l'euro et en tout cas imposer un droit de veto qui s'est finalement réduit à un droit de regard. Mais la France qui s'oppose à cette conditionnalité au niveau de l'Europe en fait une position si étendue qu'elle l'applique aussi sur son territoire national aux entreprises à qui elle vient d'accorder une baisse d'impôt sur la production[85] sans condition, ce qui a

---

83 – Par rapport à la théorie de Robert Mundell, celle-ci n'existe que si les mécanismes macro-économiques sont suffisamment communs pour répondre aux chocs asymétriques venus de l'extérieur. Pour cette raison l'UE est bien une unité monétaire, mais jusque là elle n'était pas une ZMO (pas de budget européen, par exemple). Toutefois, la crise sanitaire lui impose des mesures qui l'en rapprochent.

84 – Les Pays-Bas, chef de file des « frugaux » ne peuvent pourtant prétendre à incarner un modèle. En effet, les avantages fiscaux qu'ils accordent ont tendance à siphonner les bénéfices des FMN européennes installées à Amsterdam, La Haye ou Utrecht, bénéfices qui auraient dû en toute logique, contribuer à des recettes publiques.

85 – En France, les impôts de production qui pèsent sur la valeur ajoutée représentent 3,2 % du PIB, contre 1,2 en moyenne en Europe, or le « cadeau gouvernemental » aux entreprises ne représenterait finalement que 10 à 20 milliards, alors que pour s'aligner sur la moyenne de l'UE il faudrait atteindre le chiffre de 40 milliards. Il est à noter que cet impôt touche relativement plus les PME et ETI qui sont pourtant plus fournisseurs d'emploi, que les membres du CAC40 (*Les Échos*, le 20 juillet 2020).

fait bondir Laurent Berger (CFDT) dans *Libération*, le 17 juillet 2020 car s'il est évident que le premier volet de cette position, à l'internationale, bénéficie aux pays en difficulté, le volet national ne peut que favoriser les « gros ». Berger fait remarquer que la conditionnalité est nécessaire pour ne pas délivrer des chèques en blanc au patronat. Il en est de même pour les mesures en faveur des jeunes : elles doivent être ciblées sur les personnes en déficit de formation/qualification et prendre la forme de primes à l'embauche en une fois et non pas d'exonérations qui pèsent sur les comptes des régimes sociaux. Or, si on regarde ce qui se passe au niveau du Service civique où 100 000 places sont ouvertes, le projet est détourné de fait de son but premier, l'aide à la formation des personnes peu qualifiées, parce que les jeunes qui ont une bonne formation, mais qui se retrouvent dans l'impasse actuelle d'un marché du travail qui se referme, ont tendance à en faire le banc d'essai de leur première expérience de travail effectif rémunéré, « pour rester dans le coup » disent nombre d'entre eux (*Le Monde*, le 19-20 juillet 2020).

– Président et ministres font des efforts importants pour éviter de dire qu'ils pratiquent une relance par la demande contraire à leurs présupposés libéraux de rétablissement des bonnes conditions de l'offre. Dans les faits, ils sont bien obligés de se (re) découvrir keynésiens d'abord parce qu'ils savent que la consommation ne redémarrera, si elle redémarre, que sur la base d'une aide aux revenus les plus faibles qui sont aussi les plus nombreux et ceux qui ont la plus forte propension marginale à consommer[86] ; ensuite parce qu'au-delà des mesures d'urgence prises pour la sauvegarde des entreprises en difficulté, il s'agit pour les gouvernements, de s'attacher à des investissements d'infrastructure et de long terme qui ne peuvent être financés essentiellement par le secteur privé dont les anticipations sont forcément prudentes en ces temps d'incertitude sanitaire ; enfin, parce que les marchés financiers recherchent des rentabilités faciles et qu'ils ne se

86 – Par rapport à la propension moyenne à consommer (C/R), la propension marginale mesure les effets relatifs d'une croissance des revenus sur la croissance de la consommation (ΔC/ΔR) et elle est plus forte pour les petits revenus alors que les hauts revenus ont eux une plus forte propension à épargner (ΔE/ΔR). Ce qui faisait dire à Keynes pendant la crise des années 1930 : seuls les bas salaires nous intéressent (concrètement aujourd'hui, ceux en dessous du salaire médian) et il faut donc influer sur leur niveau dans le cadre d'une relance par la demande capable d'enclencher un cercle vertueux.

porteront pas spontanément sur les investissements « de transition » quelle soit énergétique ou autre (Lorenzi, *Les Échos*, le 15 juillet 2020).

– Certains parlent de déconnexion de la Bourse (où régneraient la « finance » et l'économie « irréelle ») dont la « résilience » est patente par rapport à ce qu'ils appellent « l'économie réelle ». La justification la plus souvent émise est que la Bourse aurait sa propre logique court-termiste (spéculation, bulle, etc.), alors que l'économie productive serait long-termiste. Force est de reconnaître que ce qui se passe aujourd'hui s'inscrit en faux contre cette croyance. Pour A. Landier, enseignant à HEC et D. Thesmar enseignant au MIT, les actionnaires raisonnent en propriétaires du profit futur : quand les taux d'intérêt sont bas, les profits futurs pèsent lourd dans les cours de la Bourse, d'autant que la prime de risque encourue est faible. Les actions sont donc attractives, alors que les obligations garanties ne rapportent rien ou trop peu et la situation s'inverse si les taux sont hauts (*Les Échos*, le 10 juillet 2020). Or, l'effet pandémie se fait sentir en faveur des valeurs dominantes. Ainsi, la Bourse de New York a quasiment retrouvé son niveau d'avant la crise sanitaire, car ses valeurs sont surtout technologiques ; alors que les valeurs européennes, plus manufacturières et à coût fixe plus élevé s'en sortent un peu moins bien.

L'action des banques centrales ayant rassuré tout le monde, les marchés sont devenus (provisoirement ?) long -termistes. Il n'y a donc pas « déconnexion » malgré des tendances contraires qui, comme en France, à travers des mesures fiscales uniformes ne permettent pas de traiter différemment actionnaires et créanciers, dividendes et intérêts, finance productive et spéculation (Peyrelevade, in *Les Échos*, le 15 juillet 2020).

– Le 25 septembre 2018, Buzyn et Darmarin annonçaient dans un communiqué officiel un excédent des comptes de la Sécurité sociale d'un montant de 700 millions pour 2019 : « Tous les signaux sont au vert. Initialement prévu à hauteur de 2,2 milliards d'euros cette année, le déficit de la Sécurité sociale devrait finalement se situer autour de 400 millions d'euros en 2018, d'après la Commission des comptes de la Sécurité sociale. Mieux, les comptes de la Sécurité sociale seront excédentaires de 700 millions en 2019. Une première depuis 2001 ! ». Les salariés, chômeurs et retraités allaient enfin être libérés de la « dette sociale » (CRDS) à laquelle ils contribuaient bien malgré eux jusque-là. Mais dès le 30 septembre 2019, le cri de victoire de 2018 se transforme en l'annonce d'un déficit de plus de 5 milliards dû à un ralentissement de l'activité et donc un retour à l'équilibre seulement pour 2023 (*Les Échos*, le 30 juillet 2020 2019). Et puis le Covid-19 est arrivé et fait perdurer la « dette sociale[87] » et le gouvernement vient de procéder à la création d'une 5e branche de la Sécurité sociale sur la « dépendance » et l'ajout de 136 milliards d'euros de dettes au « trou de la Sécu », que les salariés, retraités, chômeurs et bénéficiaires des allocations familiales vont devoir rembourser jusqu'en 2033, soit neuf années de plus que prévu.

Le 25 juillet 2020

87 – Pour une analyse plus complète sur la Sécurité sociale on pourra se reporter à l'article « CSG et CRDS, un racket permanent de l'État » (revue *Échanges*, n° 110, Automne 2004).

# Relevé XIII

# (3 août 2020)

## Le rôle de la finance dans l'économie

– Courtepaille, Camaïeu, André, la Halle autant d'entreprises en assistance respiratoire sous LBO (*Leveraged Buy-Out* pour « opération à effet de levier »). C'est une technique financière de rachat d'une entreprise avec un apport minime d'argent propre, mais avec la constitution d'une dette dont le remboursement est engagé sur les bénéfices à venir. Une opération qui peut être utilisée par des fonds d'investissement en recherche de hauts rendements, et ce aussi bien en phase de cycle long de croissance comme aux États-Unis pendant les Trente glorieuses qu'en période de cycles courts alternés comme depuis 2008 où prédominent les faibles taux d'intérêt. Plus les taux sont bas plus les risques sont limités à financer des entreprises qui autrement ne seraient pas secourues. Les LBO détournent les investisseurs des obligations et actions à rendements alors rendus faibles. C'est l'effet pervers des accords dit de Bâle III qui, suite à la crise des *subprimes*, encadrent maintenant l'action des banques avec des règles prudentielles plus exigentes. Le résultat en est que les fonds privés se substituent progressivement aux traditionnels investisseurs institutionnels. Ainsi, l'enseigne de surgelés Picard, qui a multiplié les LBO pour financer son développement, a certes grossi, mais sa dette atteint 1,4 milliard d'euros. Une partie de l'endettement peut être sain dans la mesure où c'est un endettement volontaire d'acquisition pour atteindre la taille nécessaire dans le secteur permettant de capter des parts de marché, mais une autre partie est plus risquée qui voit l'entreprise déjà endettée par cette acquisition s'endetter pour rémunérer les investisseurs à des taux bien supérieurs au prix de marché. À l'origine, cette technique était faite pour permettre la transformation d'entreprises familiales en sociétés sans passer par la Bourse. Par exemple dans le cadre du rachat de l'entreprise par les salariés, ces derniers bénéficiaient alors de déductions fiscales qui n'ont par contre pas lieu d'être dans le cas d'opérations quasi spéculatives (Nicolas Bédu, « économiste atterré » dans *Libération*, le 27 juillet 2020). Or, la crise sanitaire semble avoir mis fin à cette assistance financière pour de nombreuses entreprises se situant dans les secteurs les plus touchés comme le textile et l'habillement ou la restauration parce que les investisseurs ne sont réactifs qu'à des signes de court terme et non à des politiques industrielles innovatrices permettant de prévenir les changements de comportement de consommation surtout dans des secteurs aussi liés à la mode (cf. le passage à la *fast fashion* ou « mode éphémère[88] »). La gestion de la crise sanitaire et le développement de la vente en ligne ont fait le reste. Ces marques précitées seraient restées sur les critères des années 1980, alors que Zara et H&M utilisent la high-tech à plein. Ainsi, chez Zara, les vendeuses ont un appareil pour informer le siège au jour le jour de ce qui marche ou pas. L'offre est adaptée en permanence. Pourquoi la marque Primark monte-t-elle en flèche ? En raison du prix. C'est le Tati de la grande époque mais « tendance », alors que Camaïeu est plus cher sans proposition particulière de style ou de qualité. Et nous pouvons rajouter, pour en avoir fait l'expérience pendant le mouvement des Gilets jaunes, que l'exploitation de la force de travail dans ce type d'enseigne (Primark ici pour être précis) y atteint un niveau particulièrement élevé avec des grèves sporadiques pour faire respecter les règles minimales de droit du travail auprès du personnel intérimaire, des salariés des sous-traitants ou encore du personnel de sécurité. Zara et H&M subissent aussi le choc, rattrapés qu'ils sont par leur stratégie de réassort frénétique pour coller à la tendance. En effet, la *fast fashion* a fait assaut de soldes anticipées et autres prix cassés pour écouler la marchandise invendue, ce qui réduit d'autant les marges. Le grand absent sur cette question des LBO demeure l'État ; pas question pour lui, pour le moment en tout cas, de réguler l'activité des fonds d'investissement. Sans doute une manière de « ne pas insulter l'avenir », dans la mesure où par le passé, ce sont ces fonds qui ont été les seuls repreneurs d'entreprises en difficulté. Les pyromanes peuvent en effet se transformer momentanément en pompiers et inversement.

– Bruxelles veut faciliter le financement des entreprises en simplifiant l'accès aux marchés financiers. Parmi les mesures notables, on peut retenir la promotion d'une technique qui a pourtant démontré ses potentialités spéculatives, celle de la titrisation qui permet aux banques de regrouper des prêts, de les convertir en titres et de les vendre sur les marchés. L'objectif est de les aider à prêter de manière plus ciblée en transférant sur les marchés financiers une partie du risque lié aux emprunts des petites et moyennes entreprises qui ont justement du mal à trouver des capitaux pour

88 – Cf. https://www.arte.tv/fr/videos août 2020 9135-000-A/fast-fashion-les-dessous-de-la-mode-a-bas-prix/

l'innovation, surtout en France, si on compare la situation avec celle qui prévaut en Allemagne et est à la base du dynamisme du *Mittelstand*. Dans le même ordre d'idée, la Commission européenne a accepté le rachat du canadien Bombardier par Alsthom ce qui en fait le second groupe du ferroviaire derrière le chinois CRRC, alors qu'elle avait refusé auparavant la rencontre entre le même Alsthom et Siemens qui aurait eu plus de sens. C'est la première fois que l'UE prend en compte officiellement la concurrence chinoise et ses conséquences possibles à terme.

– Des inconnues demeurent : la France a refusé une baisse de la TVA, à l'inverse de l'Allemagne, mais celle-ci aurait-elle été porteuse dans un pays où d'après l'INSEE, au plus fort de la crise sanitaire, la baisse des exportations a été plus forte que celle des importations et que par expérience les entreprises ont tendance à ne pas répercuter cette baisse dans le prix, mais à en profiter pour élargir leurs marges surtout si elles sont faibles du fait du positionnement moyen des produits dans la gamme ? (*Les Échos* le 3 août 2020). Par ailleurs, la diversité de situation des secteurs est telle qu'il est difficile de faire des projections. Le luxe, la pharmacie, l'eau, l'agroalimentaire, le BTP s'en sortent relativement bien avec un fort redémarrage. L'automobile, les transports et la métallurgie souffrent beaucoup plus, alors que ce sont les secteurs qui nécessitent le plus gros effort d'investissements privés parce que la relative saturation des marchés impose une bataille de compétitivité, sans pour cela avoir de garantie sur une reprise de la consommation. Les experts (cf. *Les Échos* le 3 août 2020) estiment probable un coût de frein de cet investissement à hauteur de 50 milliards correspondant grosso modo au manque de liquidité de la part des entreprises (*cash-crunch*) françaises. Le risque n'est donc pas dans les services, mais dans l'accentuation de la désindustrialisation, une crainte énoncée par le président du syndicat patronal de la métallurgie (UIMM), Philippe Darmayan (*Les Échos* le 31 juillet 2020). En effet, depuis 1982 les ouvriers sont passés de 30 % des emplois à 19,6 % (2019) et ils travaillent de moins en moins dans le secteur manufacturier (de 15 % ils ne sont plus que 7 %). Les ouvriers qualifiés dans l'industrie manufacturière, peu nombreux sur le total et en net recul numériquement, sont à 85 % en CDI contre 63 % pour les autres. Les autres salariés comptabilisés comme « ouvriers » dans la nomenclature officielle des PCS (professions et catégories socioprofessionnelles) sont chauffeurs, ouvriers de type artisanal, ouvriers du BTP, ouvriers agricoles, ouvriers/employés des entrepôts de logistique ou de nettoyage, des secteurs qui soit résistent mieux à l'automatisation des tâches soit en sont le produit. Mais ces nouvelles fractions ouvrières ont du mal à coaguler et objectiver leur situation, à faire force par comparaison et opposition aux anciennes fractions ouvrières qui faisaient masse mécaniquement au sein des « forteresses ouvrières », un élément essentiel de la conscience de classe, même s'il n'était pas suffisant.

– Un point complémentaire au relevé XII où nous abordions la question de la relance de la demande à partir des bas salaires (cf. l'analyse keynésienne). Pour dynamiser l'embauche, il serait préférable de cibler les emplois à bas salaires car c'est autour de la valeur du SMIC que les incitations gouvernementales en direction du patronat s'avèrent opérantes ; et non comme dans le projet actuel en fixant une limite supérieure à 2,5 SMIC ce qui correspond en fait au niveau de 85 % de salariés ! (Cf. Pierre Cahuc et Stéphane Carcillo, *Les Échos*, le 28 juillet 2020). L'échec du CICE n'aura apparemment pas servi de leçon. À viser tout le monde, l'État ne touche personne car cela conduit au mieux au saupoudrage de la même somme sur un nombre plus grand de bénéficiaires. Ce qui était déjà valable pour les crédits impôts-recherche des entreprises est aussi valable pour les salariés comme cela apparaît bien avec un chômage partiel maintenu à 4,5 SMIC en longue durée au lieu de l'abaisser à 2 ou 2,5 SMIC comme cela a été proposé plusieurs fois par des économistes. Le risque est double car un chômage partiel de longue durée est une contradiction dans les termes qui conduit à subventionner indirectement des secteurs en déclin et à mieux indemniser les heures non travaillées que le chômage. Ces dispositions sont d'autant plus étonnantes que sur la question de l'âge, c'est l'argumentation inverse qui prévaut en arrêtant la limite de bénéfice de la mesure à l'âge de 25 ans, ce qui crée de fait une trappe à chômage pour la catégorie d'âge située juste au-dessus (*Le Monde*, le 29 juillet 2020). Pour Stéphane Carillo de Sciences-Po, il aurait été plus habile de monter jusqu'à 30 ans en âge, mais dans les limites de deux fois le SMIC seulement plutôt que 2,5. Ces dispositions ne parlent d'ailleurs que d'emplois en général, or dans la mesure où elles autorisent les CDD (d'un minimum de trois mois) on ne peut exclure que certains patrons se laissent tenter par un *turn-over* des postes à leur initiative (augmentation de la précarité). Et cela, y compris dans une perspective « inclusive » pervertie de fait parce que ce seraient finalement toujours les mêmes destinataires auprès desquels on renouvellerait le contrat, alors que le but de la mesure est d'élargir les possibilités de « l'employabilité ».

– Le gouvernement va satisfaire le patronat en s'attaquant à l'impôt sur la production. Un impôt de 2010[89] (Sarkozy) que beaucoup considèrent comme aberrant dans son fondement puisqu'il frappe les entreprises au niveau du chiffre d'affaires, des frais fixes (plus important dans l'industrie que dans les services), de la valeur ajoutée et non du profit ; aberrant aussi dans sa destination puisqu'il comprend une cotisation foncière qui sert à financer les collectivités locales, ce qui fait que toute réforme de cet impôt met en difficulté ces mêmes collectivités[90]. Fait aggravant, c'est une cotisation qui pèse proportionnellement plus sur les PME/ETE que sur les grandes firmes. Aberrant aussi par rapport à son poids relatif : 77 milliards en France (on parle de le rabaisser de 10 milliards) contre 26 en moyenne dans l'UE, mais seulement 11 en Allemagne. Cette baisse pourrait toutefois être compensée par une hausse de l'impôt sur les sociétés ce qui apparaîtrait plus « juste » d'un point de vue industrialiste.

– Pour certains experts, la 5G, contrairement à ses devancières, serait d'un usage à 80 % professionnel et non de consommation/loisir. Ils en espèrent une croissance de la productivité (G. Babinet de l'Institut Montaigne, *Les Échos*, le 28 juillet 2020) par optimisation des flux pour éviter les problèmes de stocks, quelque chose que le toyotisme n'a pas complètement réalisé même s'il en a fait un objectif en inversant le sens de la traditionnelle filière fordiste. Cet argument a sa limite puisque la crise sanitaire a démontré qu'une absence totale de stock pouvait aussi entraîner des pénuries dommageables. Cela permettrait aussi des gains dans l'agriculture avec l'analyse de l'humidité permettant de ne pas gaspiller d'eau ou de l'énergie avec les chauffages connectés ou encore les GPS. Les marchés financiers pourraient eux aussi en profiter dans la mesure où ils se fondent sur une actualisation[91] de tous les profits futurs jusqu'à parfois les valoriser

---

89 – Pendant longtemps les gouvernements lui ont préféré une baisse du coût du travail par exonération de charges sur les bas salaires.

90 – Le gouvernement prévoit de leur verser en compensation une fraction de la TVA (*Les Échos*, 31 juillet-1er août).

91 – L'incertitude est inscrite au cœur même de la formule d'actualisation qui indique ce qu'un capitaliste serait prêt à risquer (cf. l'importance prise par les primes de risque) et payer pour recevoir plus tard un flux d'argent. Mais ce taux d'actualisation peut être utilisé pour différents calculs prospectifs. Il peut l'être par exemple par rapport au coût de la lutte contre le réchauffement climatique quand on pense que depuis les années 2000 il existe des « obligations catastrophes » permettant aux investisseurs d'acheter aux assurances les « risques d'événements extrêmes » (ils

à l'excès comme le montre la cote actuelle de Tesla qui ne représente pourtant qu'une part de marché minuscule. Et alors même que les GAFAM font l'objet d'une procédure d'abus de position dominante aux États-Unis, leur valorisation boursière n'a jamais été aussi haute[92] (*Le Monde*, le 1^er^ août) du fait de la haute valeur d'actifs intangibles que représentent leur savoir-faire, le capital humain ou le *General intellect* incorporé[93].

– Un des effets indirects de la crise sanitaire est la fin du projet de Google-City à Toronto qui devait fournir un exemple de ce que Richard Florida appelle les « entreprises *urbantech* » à la base de futures villes « intelligentes » (cf. Carlo Ratti qui dirige le Senseable City Labau Massachusetts Institute of Technology, *Les Échos*, le 3 août 2020). De ce point de vue, la crise sanitaire, tout en accélérant certaines tendances à l'œuvre, a quand même un effet de frein par rapport aux projections capitalistes les plus exubérantes. Tout ne va pas dans le même sens ; nous l'avons déjà dit ; il n'y a pas de « plan du capital ». Le capital est bien encore un rapport social. Il n'y a pas de « capital automate » et il y a bien encore société même s'il s'agit d'une « société capitalisée » et donc possibilité de lutter et résister.

## LA DYNAMIQUE DE LA CRISE ACCÉLÈRE LA TENDANCE DU CAPITAL À SORTIR DE L'ÉCONOMIE DE MARCHÉ

– Dans divers textes de *Temps critiques,* nous avons souvent insisté sur le fait qu'avec la « révolution du capital », le capital dominait la valeur et donc en conséquence que les prix n'avaient plus qu'un rapport ténu à cette valeur. En effet, la plupart des prix sont maintenant des prix de cartels (monopolistiques ou oligopolistiques) ou des prix administrés fixés par l'État ou encore des prix mondiaux comme pour les matières premières. Le plan de relance européen nous en fournit un exemple concret aujourd'hui. En effet, les taux d'intérêt à long terme sur les dettes publiques ou sur les

---

« actualisent » sur les deux tableaux) ; et on peut même penser qu'il l'a été, mais de façon erronée, pour ce qui est des risques de pandémie. Les alertes n'ont en effet pas manqué, mais les calculs et l'évaluation se sont avérés erronés.

92 – À titre d'exemple Apple « vaut » plus que l'ensemble des entreprises du CAC40 et devance le pétrolier saoudien Aramco en capitalisation boursière.

93 – Terme utilisé par Marx et qui correspond à ce que l'on regroupe sous le nom d'actifs immatériels qui ne sont pas inclus dans les investissements productifs au niveau comptable, d'où la distorsion valeur « fictive »/valeur « réelle » en dehors de tout caractère spéculatif.

dettes des entreprises, les écarts de taux d'intérêt entre pays ou encore les primes de risque sur les dettes des entreprises en bonne ou mauvaise forme, de bonne ou de mauvaise qualité, seront maintenant déterminés par les achats de la BCE. Ils sont devenus, dans les faits, des prix administrés et non plus des prix de marché (*Les Échos*, le 27 juillet 2020). D'autres axes du plan de relance vont dans ce même sens d'un écart grandissant avec les canons de l'économie de marché comme, par exemple, le désir de relocalisation des États qui ne peut se faire que par subventions aux entreprises puisque la plupart des raisons qui avaient amené ces dernières à délocaliser demeurent, avec toutefois des évolutions non négligeables : un éventail de coût du travail qui se réduit, une compétitivité qui s'évalue plus sur le coût total (transport compris) et la qualité que sur le prix, etc. Enfin, il en est de même pour l'émission de $CO_2$. Un prix plancher d'émission élevé ne peut être à lui seul une arme décisive d'abaissement de ce niveau dans les proportions prévues. Les États vont donc être obligés de sortir de ces mécanismes de marché qui avaient pourtant la préférence des entreprises et des libéraux avec des « droits à polluer » conçus d'un point de vue strictement marchand[94], pour les remplacer par des règles incitatives et contraignantes concernant les transports et l'isolation thermique des logements. Ainsi, en France, on parle d'un passeport santé du logement que les propriétaires devront respecter, (cf. *Libération*, le 28 juillet 2020 : « L'exécutif veut rendre son écologie concrète »).

– Air-France, comme d'ailleurs d'autres entreprises de transport aérien, ne pourra rembourser avant longtemps les différentes formes de prêts qui lui ont été consentis ce qui équivaut à une nationalisation de fait. Une fois de plus l'adage de la privatisation des profits et de la socialisation des dettes semble vérifié. Toutefois, dans le cadre des réglementations européennes, une nationalisation de droit est peu probable car elle contreviendrait aux règles européennes de concurrence et serait attaquée par d'autres compagnies qui ne bénéficient pas de ces mesures comme Ryan-Air (cf. Marc Ivaldi, économiste des transports, *Libération*, le 31 juillet 2020). Ce serait passer d'une intervention conjoncturelle acceptable dans l'économie à une intervention structurelle pourtant nécessaire s'il s'agit de planifier une po-

94 – Le marché des droits à polluer englobe toutes les transactions par lesquelles certains pays industrialisés achètent des droits supplémentaires à polluer en s'adressant à d'autres, ouvert en 2005, afin de se conformer partiellement au protocole de Kyoto sur le climat.

litique de transport qui ne fasse pas qu'un secteur particulier des transports détruise les autres pour se sauver, ce qui est en train de se passer faute d'une perspective d'ensemble que seul l'État peut élaborer. Ainsi, le patron d'Alsthom s'est montré plus que partisan de l'interdiction de l'avion sur les liaisons intérieures pouvant être assurées par rail : « À titre personnel, je suis favorable à ce que, pour tous les trajets de moins de quatre heures de train, l'avion soit interdit. Le modèle TGV participe énormément à la décarbonation du transport », a déclaré Henri Poupart-Lafarge, en plaidant pour une relance du rail face à l'avion, mais aussi de préférence à l'automobile[95]. Autre bémol à cette socialisation des pertes : si on regarde les précédents d'Alsthom et de PSA, leur recapitalisation par l'État a permis ensuite des plus-values importantes à la revente quand la situation s'est améliorée (*ibid.*). Le problème ici, pour les fractions capitalistes, est donc de savoir si le secteur du transport aérien est conjoncturellement ou structurellement touché, s'il faut en prendre acte et épouser la tendance ou, au contraire, mettre en place les moyens d'une contre tendance.

– L'évolution de l'automobile en France est le fidèle reflet de l'évolution plus générale de l'industrie française. La déperdition d'emplois industriels est la conséquence de chiffres de production globalement en baisse. Ainsi, en 2000, la France était deuxième producteur européen après l'Allemagne, aujourd'hui elle est quatrième et a perdu 36 % de ses emplois dans le secteur. Ce déclassement n'est pas dû à une déconfiture commerciale, car les parts de marché de Renault et de PSA restent stables, mais les

95 – Selon les chiffres de l'Agence européenne de l'environnement, les émissions de gaz carbonique du chemin de fer plafonnent à 14 g de $CO_2$ par passager/kilomètre, quand elles culminent à 285 g pour l'avion et représentent 55 g pour une voiture de milieu de gamme. En France, où les TGV roulent à l'électricité nucléaire, le train est encore plus « propre » qu'ailleurs sur le Vieux Continent : 1,14 g par passager/km par exemple pour un Paris-Avignon TGV (661 km) ou 1,37 g pour un Paris-Toulouse (793 km), si l'on en croit le calculateur open data de la SNCF… Ce qui est quand même incroyable, c'est qu'alors que les grandes villes ont voté écologiste (avec toutefois une abstention qui survalorise leur représentation), plus personne ne fait référence aux luttes historiques contre le nucléaire ou alors de façon dérivée comme à Bure dans la Meuse où la lutte se poursuit contre l'enfouissement des déchets nucléaires. Avec l'effacement de la forme nation de l'État et la perte de poids de la question de l'indépendance nationale qui allait avec, le nucléaire est comme détaché de la puissance de l'État et devient une énergie comme une autre, plutôt plus propre finalement et un avantage comparatif pour la France dans la concurrence internationale, ce qui ne gâte rien.

choix industriels, surtout chez Renault avec Ghosn ont porté aux délocalisations et à la production de voitures *low cost* pendant que la production en France se désintéressait du *design*, essentiel pour la fameuse « montée en gamme ». Pourtant, rien n'était impossible puisque Toyota a fait le choix inverse en choisissant la France pour sa Yaris près de Valenciennes qui est la quatrième voiture produite en France en termes de quantité, avec une usine ultramoderne et beaucoup plus automatisée que la moyenne des entreprises opérant sur le sol français (le coût du travail n'est pas entré en ligne de compte pour le constructeur japonais). Le résultat en est que depuis le pic de production de 2002, la production n'a fait que baisser se situant aujourd'hui autour de 1,67 million soit deux fois moins. Les économies d'échelle sont donc rendues difficiles et il n'est pas étonnant que les centres de recherche se retrouvent surdimensionnés par rapport à une production en baisse, comme à Guyancourt pour Renault où les licenciements sont à l'ordre du jour (*Le Monde*, le 29 juillet 2020). Situation générale d'autant plus difficile qu'après avoir bénéficié de ce que certains observateurs appelaient « la rente Nissan », c'est aujourd'hui la marque japonaise qui traîne les deux tiers des pertes du groupe que les bons chiffres de Dacia ne peuvent compenser puisqu'ils sont hors bilan (*Le Monde*, le 31 juillet 2020). Par ailleurs, la situation n'est guère réjouissante chez les équipementiers puisque l'un des plus puissants, Faurissia prévoit une baisse de ses investissements d'au moins 40 %.

– La crise sanitaire a en partie sapé la puissance du dollar. Celui-ci est engagé dans une tendance baissière corrélée à la mauvaise gestion de la crise sanitaire, alors même qu'au début de la crise il avait encore fonctionné comme valeur refuge puisqu'il bénéficiait de ce qu'on appelle une prime de sécurité ; mais la gestion Trump et le conflit avec la Chine ont miné la confiance. Par ailleurs les taux américains sont moins attirants et les flux de capitaux vers des fonds d'actions européens sont plus importants que vers les fonds spécialisés dans les actions américaines (la prime de risque tend à s'inverser). Anton Brender, dans *Les Échos*, le 31 juillet-1er août estime que le rôle de l'euro va croître à long terme, mais qu'à court terme il n'y a pas d'alternative au dollar et au système financier qu'il domine.

– Nous l'avons suggéré dans les relevés précédents, les économistes distinguent et opposent volontiers les « chocs d'offre » et les « chocs de demande », mais cette distinction, qui n'a sans doute jamais eu grand sens, n'en a manifestement aucun dans le cas de cette crise. C'est l'ensemble des schémas de reproduction qui ont été désarticulés. Le rapport consommation-production-investissement d'abord, l'articulation des chaînes de valeur ensuite. Les stratégies de relocalisation, si elles ne restent pas lettre morte, ne feront qu'accentuer cette désarticulation (cf. Michel Husson : « L'économie mondiale en plein chaos », site À l'encontre).

## Crise sanitaire et agriculture industrielle

– Le mini scandale de l'Agence nationale de sécurité sanitaire de l'alimentation, de l'environnement et du travail (Anses), une référence mondiale de la régulation publique environnementale, autour de l'autorisation pour l'utilisation du glyphosate, repose la question de l'indépendance des experts et la fiabilité de leur expertise quand ils sont en fait juges et parties ; et au-delà, la question d'une agriculture productiviste. En effet, la non-utilisation de ce produit conduirait à un labourage beaucoup plus intense des sols nécessitant, en l'état actuel, l'utilisation de nouvelles machines entraînant elle-même à terme une concentration du capital. Le piquant de ce processus c'est que c'est la FNSEA qui met en avant ce danger pour justifier le maintien de l'utilisation du produit dans des formes encadrées (*Libération*, le 25-26 juillet 2020).

– D'après une enquête *Le Progrès*, le 28 juillet 2020, la crise sanitaire a eu un effet à la hausse sur les produits frais. La Confédération paysanne dénonce les culbutes de la grande distribution qui font passer des tomates biologiques achetées 1,50 euro aux producteurs à 5,80 en rayon. Derrière le mot d'ordre gouvernemental d'acheter en France réduit par la grande distribution à une bataille de communication, se livre une véritable bataille autour des sources d'approvisionnements pour pouvoir à la fois maintenir des prix bas et des marges. Alors que le coût de ramassage en France est 1,7 fois plus élevé qu'en Espagne et 1,5 fois... qu'en Allemagne, le résultat en est que nos importations en ce domaine ont doublé en 10 ans pour atteindre 20 %, alors même que nos exportations baissent (cf. aussi le relevé de notes IV). Ce qui est vrai pour les légumes l'est encore plus pour les fruits où le coût de ramassage correspond à 40 à 60 % du coût total du produit. Un panier de 8 types de légumes et fruits pour 4 personnes s'établit à 42,34 euros en magasins discount ; 51,33 en hypermarchés ; 52,45 sur le marché et enfin 90,79 en magasin bio. Il ne s'agit bien sûr pas des mêmes produits, mais cela traduit la tension entre producteurs et distributeurs dans ce secteur. Une tension de fait arbitrée par l'État selon des choix qui sont tous sauf anodins. On a vu pendant la pandémie que les marchés des grandes villes ont été fermés autoritairement ce qui n'a pas été le cas des hypermarchés et magasins de proximité ; quant à la production biologique, elle reste une production de niche en dehors d'une politique agricole commune (PAC) dirigée par des syndicats majoritaires qui représentent paradoxalement les gros exploitants. Une autre enquête, cette fois du *Journal du dimanche*, le 26 juillet 2020, rend plus concret les dessous de la production agricole de type industrielle dans la mesure où là encore la crise sanitaire a fait remonter à la surface des conditions, ignorées de beaucoup, des nouveaux « damnés de la terre ». C'est ainsi qu'au camping des Noves dans les Bouches-du-Rhône, des ouvriers sans-papiers, pour la plupart venus d'Amérique du sud ou d'Amérique centrale et recrutés par l'entreprise espagnole Terra Fecundis[96] de Murcie, se retrouvent dans une sorte de zone de regroupement au sein d'un camping où ils sont séparés des touristes par de hauts murs. Ce sont des « travailleurs détachés intérimaires » d'après la formule officielle. Une sorte d'actualisation/radicalisation de la pratique du « plombier polonais ». Derrière Terra Fecundis se retrouvent les quelques grandes exploitations, dont beaucoup sises en Provence, qui fournissent la grande distribution. C'est à l'occasion de la crise sanitaire que le voile sur ces pratiques s'est enfin levé du fait d'une forte contamination apparue au camping, liée à la promiscuité, à l'absence de masques et aux mauvaises conditions de vie en général. On retrouve des situations identiques, par exemple à Beaucaire, avec une rue Nationale transformée en *Little Ecuador*. Il y aura donc eu une exception au confinement puisque ces travailleurs ont pu faire plus de mille kilomètres depuis le sud de l'Espagne jusqu'en Provence. Dès la mi-avril, gendarmerie, police et justice ont été alertées, mais beaucoup reconnaissent que le Ministère de l'Agriculture aurait mis la pression sur le Ministère de l'Intérieur pour épauler concrètement « nos » agriculteurs (clientélisme politique) tout en arguant de la peur du manque de nourriture pour justifier le silence sur ces manquements aux mesures officielles de confinement (démagogie et « populisme » du sommet). Ancien directeur du travail au Ministère du même nom, Hervé Guichaoua y voit une autre raison plus juridique et européenne : « Le gouvernement ne pouvait pas, par simple instruction, bloquer à la frontière ces salariés détachés car cette décision aurait eu pour effet d'interdire aux entreprises étrangères d'exercer leur droit à la libre prestation de services reconnue par l'article 56

96 – Le carnet de clientèle en France de cette entreprise atteint le chiffre de 535 exploitations dans 35 départements. Le salaire est de 14-15 euros de l'heure contre 20 à 21 au tarif habituel. Les contremaîtres (*encargados*) viennent aussi d'Espagne.

du traité sur le fonctionnement de l'UE ». Pourtant d'après le même haut fonctionnaire, ces pratiques de Terra Fecundis sont connues de l'État depuis 2001 et ce n'est qu'en 2014 qu'une première action en justice est menée après la mort d'un saisonnier. La pandémie aura là encore accéléré les choses.

– Barbara Pompili a reculé sur le moratoire des entrepôts de commerce et les limitations de nouvelles implantations ne concerneront que les zones commerciales. Est-ce un recul pour ne pas froisser les géants du numérique et des plateformes ? Ou alors le fruit d'un gros lobbyisme de la part de « France logistique » (cf. « Point de vue » dans *Les Échos*, le 29 juillet 2020) où il est fait état de 30 000 créations d'emploi net/an soit 1,8 million de personnes représentant 10 % de l'emploi salarié en France réparties sur tout le territoire (le « maillage » du territoire dans la novlangue) et avec une forte chance d'ascenseur social interne dans un secteur neuf ? France logistique insiste aussi sur le fait que ce secteur assure stockage, transport et livraison avec efficacité, y compris pendant la pandémie, que l'Allemagne est le leader de la logistique mondiale et enfin que si on empêche les plateformes de s'installer en France cela ne changera rien puisque les installations nouvelles se feront à nos frontières, mais par des concurrents.

Le 3 août 2020

# RELEVÉ XIV

# (26 NOVEMBRE 2020)

## ÉTAT ET PANDÉMIE

Le caractère exceptionnel de cette crise n'est pas l'épidémie elle-même : il y en a eu d'autres, de grande ampleur, comme la grippe asiatique de 1957-1958 ou la grippe de Hong Kong en 1968-1969. Tous les hôpitaux étaient saturés, plus d'un million de personnes sont mortes dans le monde et pourtant les journaux en ont très peu parlé le plus souvent en minimisant la gravité de la maladie. Ce qui est exceptionnel, c'est que cette fois, les pouvoirs en place ont considéré que le sanitaire devait l'emporter sur tout le reste et cela dans pratiquement tous les pays du monde. Le caractère extrêmement brutal de l'épidémie a pris tout le monde de court et les gouvernements des pays occidentaux ont pratiquement tous fait le même choix, en confinant leur population, mais tardivement par rapport aux pays asiatiques, pour sauver des hôpitaux eux-mêmes victimes des politiques budgétaires antérieures et permettre ainsi la prise en charge de tous les patients. Par rapport aux pandémies déjà rencontrées par le passé, celle-ci représente un moment de vérité pour l'État. Elle sert de test à l'évaluation de la capacité pour l'État d'instaurer l'état d'urgence sanitaire et en conséquence sa souveraineté, alors même que sa légitimité a pu être fortement ébranlée dans certains pays comme en France avec le mouvement des Gilets jaunes puis les manifestations contre la réforme des retraites, en Espagne avec la crise indépendantiste en Catalogne et en Italie avec l'ébranlement de l'ensemble des institutions, à Hong Kong aussi avec la révolte contre la puissance chinoise. La gestion de la crise sanitaire marque une prédominance de l'intervention autoritaire de l'État, même si elle n'est pas automatiquement associée à sa forme nation, bien que les premières déclarations de Macron sur « la guerre au virus » furent tenues sur un ton césarien et que le pouvoir est allé jusqu'à s'appuyer sur un « Conseil de défense ». On peut dire que derrière cette priorité (à retardement) donnée à la santé, il y a eu la nécessité d'une affirmation résolue du pouvoir politique, sous couvert des apparences d'une politique éthique.

## Inégalités

La crise sanitaire est l'occasion pour la presse, de se replonger dans la question des inégalités qui s'aggraveraient du fait des mesures prises en temps de crise sanitaire auxquelles viennent s'ajouter celles en faveur du climat, ce qui est plus simple que d'aller aux racines de la domination du capital. Pour ce qui est de la fiscalité verte et alors que le mouvement des Gilets jaunes avait déjà posé la question des taxations énergétiques, son impact semble renforcer les inégalités. En valeur relative, cela nécessite un effort budgétaire bien plus important pour les ménages modestes. En effet, la fiscalité énergétique représente 4,5 % du revenu total des 20 des ménages les plus modestes, trois fois plus que pour les 20 % de ménages les plus riches (1,3 % de leurs revenus). Pour ladite classe moyenne (le troisième quintile[97]), le poids est encore deux fois supérieur (2,5 % des revenus) à l'effort demandé aux plus aisés. Les revenus ne sont pas le seul facteur d'inégalités des taxes vertes. Ainsi, les ménages vivant dans une commune rurale doivent payer en moyenne 1.160 euros par an de fiscalité énergétique, alors que ceux habitant Paris et sa zone urbaine ont droit à une facture bien moins élevée, à 665 euros. Le rapport gouvernemental montre que cette fiscalité représente en moyenne 2,8 % des revenus des ménages habitant dans une commune rurale, contre 1,3 % pour ceux habitant la région parisienne (*Les Échos*, le 28 octobre 2020, d'après un rapport pour le projet de loi de finances de 2021). Plus généralement les ministres des Finances des 37 pays de l'OCDE doivent se réunir pour discuter des conditions d'une croissance plus « inclusive[98] » rendue encore plus nécessaire

---

97 – Un quintile représente 20 % d'une population donnée; le premier quintile représente donc le premier cinquième des données (1 % à 20 %); le deuxième quintile représente le deuxième cinquième (21 % à 40 %) et ainsi de suite. Il y a donc 4 quintiles dans une distribution (20 %, 40 %, 60 % et 80 %). Le troisième quintile est celui compris entre 41 et 60 % de la distribution des revenus.

98 – Encore un terme de la novlangue dans une société pourtant la plus « inclusive » qui ait jamais existé dans le capitalisme puisqu'en tendance toutes les activités humaines y sont aujourd'hui capitalisées. C'est le soubassement de l'inclusion qui a changé. Le travail était censé y être le fondement objectif dans la phase précédente, alors qu'aujourd'hui le critère est subjectif. L'inclusion demandée ou exigée peut se décliner à l'envi en fonction des particularités. Ainsi, une politique plus inclusive ne consistera pas à inclure mieux les jeunes peu qualifiés en recherche de premier emploi, mais à faire respecter le fait que les filles des classes moyennes de cette génération ne

par la crise sanitaire. Des phrases comme « Personne ne doit être laissé de côté ». « Les inégalités détruisent notre contrat social et à terme, menacent nos démocraties », « taxer les grandes industries technologiques », « nous avons besoin d'une base fiscale adéquate » dénotent une intention de changement de cap par rapport aux trente dernières années (*ibid.*) En Angleterre, la carte de l'épidémie reproduit, en risquant de l'accentuer, une persistante division socio-économique entre le nord et le sud de l'Angleterre. Le Nord, environ 15 millions d'habitants, de Blackpool à Newcastle en passant par Liverpool, Leeds ou Hull, vit encore avec les traumatismes de la désindustrialisation brutale des années Thatcher, notamment la grève des mineurs de 1984-1985, très suivie dans le Nottinghamshire (centre-nord) et le Yorkshire (nord-est), mais cassée par le pouvoir conservateur. Les mines et les filatures ont fermé sans plan de reconversion pour des dizaines de milliers d'Anglais mis brusquement au chômage. Ces régions ne s'en sont toujours pas vraiment remises, accumulant un retard d'investissement et de croissance, encore aggravé par une dizaine d'années d'austérité conservatrice à partir de 2008. Moindre accès aux soins de santé, aux transports en commun, à des emplois de qualité, espérance de vie réduite (71,9 ans en 2018 pour un homme vivant à Richmond, au sud de Londres, contre 63,3 ans à Blackpool, au nord-est, selon l'Institut national des statistiques)... Londres, 9 millions d'habitants, génère presque un quart du produit intérieur brut national et continue de proposer les emplois les mieux rémunérés du pays. Ce déséquilibre est une des explications souvent avancées du vote massif en faveur du *Brexit* dans certaines localités du nord du pays et des Midlands lors du référendum de 2016. Et, sans surprise, ces régions sont les premières à souffrir des conséquences économiques de la crise sanitaire (*Le Monde,* le 29 octobre 2020). Dans les pays à fortes mesures de chômage partiel (Allemagne, France) la situation est plus contrastée. Ainsi, l'Institut d'étude des politiques publiques en France constate qu'avec le chômage partiel, principale mesure en montant (34 milliards d'euros en 2020), les pertes de revenus des actifs durant le premier confinement du printemps (mars à juillet précisément) dessinent une courbe en U selon le niveau de vie des ménages. Ceux qui ont le moins pâti de la crise sont les travailleurs modestes mais au statut garanti qui ont été mis au chômage partiel car leur poste n'était pas transfé-

---

soient pas « discriminées » en raison des orientations moins scientifiques de leurs études.

rable en télétravail — au niveau du SMIC, l'indemnité est de 100 % du salaire. Mais les plus aisés tirent aussi leur épingle du jeu : plus souvent en télétravail, ils ne sont pas passés par la case chômage. Au milieu de la distribution des niveaux de vie, la perte de revenu a été jusqu'à 0,4 % pour les actifs qui ne pouvaient télétravailler mais qui gagnant davantage, ne bénéficiaient que d'un remplacement incomplet de leur salaire lorsqu'ils étaient au chômage partiel (*Le Monde*, le 17 octobre 2020).

## Crise sanitaire, travail et capital

– D'une manière générale la crise sanitaire est un accélérateur des tendances en cours. On l'a vu pour le télétravail où celui-ci conduit à une destruction encore plus grande des collectifs de travail et à une individualisation des tâches et à terme des salaires[99]. La réduction du travail complexe en travail simple qui était l'hypothèse de Marx pour rendre « vraie » sa théorie de la valeur-travail s'éloigne par les deux bouts. D'un côté, le travail simple, le plus important en nombre, est remplacé par des processus automatiques et de l'autre le travail complexe, plus rare, devient une sorte de travail créatif en petites séries organisé comme un travail sur mesure. On assiste à un paradoxe pour un gouvernement libéral comme celui de Macron de chercher à imposer aux entreprises des mesures d'organisation du travail telles celles concernant le télétravail. Ainsi Castex en appelle-t-il devant les députés, au « recours au télétravail (qui) doit être le plus massif possible », précisant que « dans le secteur privé, toutes les fonctions qui peuvent être télétravaillées doivent l'être cinq jours sur cinq ». Le porte-parole du gouvernement, Gabriel Attal, a évoqué la possibilité de sanctions en cas de non-respect de cette nouvelle obligation. Au ministère du Travail, on précise que le protocole est « la traduction concrète » de l'obligation imposée par le Code du travail aux employeurs d'assurer la sécurité et de protéger la santé des salariés et que ne pas respecter cette obligation « expose l'employeur à une sanction civile ou pénale ». Ce document a été modifié le 16 octobre pour intégrer l'instauration d'un couvre-feu. Il demande aux entreprises des zones concernées de fixer « un nombre minimal de jours de télétravail par semaine pour les postes qui le

99 – Il pourrait entraîner une modération salariale », estime Jawad Lemniaï, directeur chez EY consulting (*Les Échos*, le 23 octobre 2020). Et « le travail à domicile aura des conséquences à terme sur les formes d'emploi. En individualisant encore un peu plus le travail, ce sera un nouvel appel d'air pour le statut de micro-entrepreneur », a-t-il poursuivi.

permettent » dans le cadre d'un « dialogue social de proximité ». Ailleurs, les entreprises y sont seulement « invitées[100] ». Une telle incompréhension de ce qu'est le monde de l'entreprise et du travail n'a jamais pareillement atteint un gouvernement ! On est dans la même illusion autoritaire que lorsque le ministre Tapie voulait « interdire le chômage ».

– La façon d'envisager le second confinement est un exemple du fait que du premier il n'a été tiré aucune leçon. Pour le gouvernement et l'État, le télétravail conçu comme une parenthèse lors du premier confinement devient une recette pour le second alors que salariés… et patrons en ont fait l'amère expérience (stress, isolement pour les premiers, constatation d'une forte baisse de la productivité pour les seconds). Cela est surtout valable dans les secteurs où ce type de travail est complètement nouveau ; cela l'est moins dans les secteurs qui ont déjà modifié leur organisation générale du travail dans cette perspective indépendamment de la situation de pandémie, par exemple les multinationales de la traduction, du conseil en management, des bureaux d'études, de l'audit financier et organisationnel, la recherche, les médias, etc. Dans ces cas il y a également plus de stress pour les salariés, car les flux de demandes s'accroissent sans décision d'embauche et pour les employeurs, il y a une augmentation de la productivité parfois reconnue par le versement de primes. Il en est de même avec l'économie de plateforme. Sa croissance a été le moteur de l'expansion de la Bourse américaine ces dix dernières années. Pas de bulle en vue pourtant, rien que la logique très rationnelle de la puissance d'abord (s'approprier des niches d'innovation qui permettent de contrôler un public captif) et des profits ensuite. Le rapport entre le cours de l'action et les profits n'est pas exceptionnel, bien loin du niveau de la bulle de 2000. À une exception près, Amazon. Quand Apple vaut autour de 30 fois ses bénéfices, Amazon est à 300, cette plateforme s'affirmant comme la grande gagnante de la crise sanitaire[101]. Toutefois, l'accélération des tendances en cours est parfois relativisée par des contre-tendances et le télétravail n'y échappe pas. Ainsi, le

100 – *Libération,* qui a doublé *Le Monde* en tant que journal de tous les pouvoirs, court au-devant des désirs du gouvernement dans sa gestion de la crise sanitaire et essaie de se poser en défenseur des salariés en partant en chasse (les « chiens de garde » disaient déjà Paul Nizan puis Serge Halimi) pour traquer les patrons désobéisseurs (cf. son enquête du 6 octobre 2020).

101 – Depuis le 20 février, le cours de Google a grimpé de 17 %, celui d'Apple de 47,5 %, celui de Facebook de 38 % et celui d'Amazon de 55 %. Le CAC40 a, lui, reculé de 17 % (*Le Monde*, le 7 octobre 2020).

patronat résiste aujourd'hui à la directive gouvernementale et semble freiner des quatre fers à ce sujet pour le second confinement. Le gouvernement est d'ailleurs dans la mauvaise foi la plus totale qui diligente des inspecteurs du travail pour faire respecter ses directives sur le télétravail, alors que depuis plusieurs années ces mêmes inspecteurs du travail ont été brimés, voire sanctionnés par leur administration centrale pour avoir essayé de faire respecter le droit du travail.

– La croissance de l'économie de plateforme s'est produite en parallèle avec une baisse des taux d'intérêt et d'une politique accommodante de la banque centrale qui a conduit les investisseurs à préférer acheter des actions dont le prix augmentait sans cesse plutôt que les traditionnels bons du Trésor américains de moins en moins rentables du fait de la baisse des taux. Aujourd'hui, ce ne sont pas les Chinois ou les Allemands qui achètent la dette américaine comme il y a dix ou vingt ans, mais la FED elle-même. L'écrasante majorité des investissements étrangers s'est reportée sur la Bourse, et donc sur les GAFAM, au fur et à mesure que ceux-ci prenaient du poids. Ils représentent à eux seuls 25 % du S&P 500 (l'équivalent américain du CAC40). En effet, les États-Unis, qui épargnent peu et importent beaucoup, ont besoin de ces capitaux étrangers pour équilibrer leur balance des paiements. Or, ces capitaux étrangers ont tendance à ne plus financer le budget américain, mais l'expansion des GAFAM. Fragiliser ces entreprises, en s'attaquant au monopole qui leur assure de si confortables revenus, c'est fragiliser toute la Bourse et par ricochet les portefeuilles des fonds de pension, l'afflux de capitaux étrangers et, *in fine*, le dollar. On comprend pourquoi les régulateurs américains ont quelques hésitations sur les mesures à prendre, alors qu'ils sont dans cet écheveau de contradictions. Il faut un Trump pour faire semblant de foncer comme un taureau sur cette cible ! De fait, les entreprises type GAFAM sortent renforcées de la crise sanitaire qui rend leurs produits et services essentiels pour travailler parce que ce sont des intermédiations. Ainsi, Amazon, Alphabet, Facebook et Apple ont publié de bons résultats trimestriels. Seul Apple pâtit d'un recul des ventes d'iPhone de 20 % en un an, à cause du décalage de la sortie de ses nouveaux modèles 5G au mois de novembre. Les bons résultats trimestriels publiés mercredi par les quatre géants de la côte Ouest montrent que la menace d'une régulation plus stricte n'a, pour le moment, pas d'impact sur leur croissance/puissance (*Les Échos,* le 2 octobre 2020).

– En France, le secrétaire d'État au numérique Cédric O a trouvé une « solution » qui est de « numériser les petits commerces », dont seuls

30 % auraient un site, contre 72 % en Allemagne (la France occupe le 10e rang dans l'utilisation des technologies numériques). Nul doute que le second confinement va donner du crédit et même accélérera sa perspective. Dans le même ordre d'idées, Patrick Vignal, député LREM qui se rêvait un temps grand défenseur du petit commerce puisqu'il avait signé la proposition de loi pour un moratoire sur la taxe des entrepôts d'e-commerce, plaide maintenant pour « créer localement des “Amazon made in France” et “made in quartiers” ». Pour cela, l'État doit offrir des moyens humains et techniques pour numériser les inventaires et pourquoi pas, « battre Amazon à son propre jeu » (*Le Monde*, le 7 septembre 2020). Le retour de la *start-up nation* ! Toutefois le principe d'une tendance est qu'elle ne reste qu'une tendance, alors que la plupart du temps il se produit un effet de loupe qui en exagère l'importance ou la fait percevoir comme irréversible. La solution de facilité est alors de désigner des boucs émissaires. Or, l'e-commerce en France ne représente, pour l'instant, que 10 % du commerce de détail et Amazon n'y occupe que 20 % des ventes (*Les Échos*, le 10 octobre 2020). Il faut toutefois se méfier des chiffres bruts ; en effet, au-delà de ses ventes directes Bruxelles reproche à Amazon d'exploiter à son avantage les données générées par ses vendeurs tiers, qui représentent près de 60 % du volume des ventes. En accumulant des informations sur les produits, les transactions et les prix, Amazon s'octroie un avantage concurrentiel pour « cibler la vente de ses propres produits » dit la commissaire à la Concurrence, Margrethe Vestager (*Les Échos*, le 12 octobre 2020). Ces vendeurs tiers bénéficient certes de l'infrastructure de la plateforme, mais comme les agriculteurs travaillant avec des OGM, ils en deviennent captifs pour leurs approvisionnements. La concentration qui résulte de tout cela entraîne des destructions d'emplois : 2,2 supprimés pour 1 créé, selon le député LREM Mounir Mahjoubi, auteur de deux rapports sur l'entreprise de Jeff Bezos, une faible contribution fiscale, une artificialisation des sols via ses gigantesques entrepôts. « Amazon ne veut pas être un acteur dans le marché mais veut être le marché » (*Libération*, le 18 octobre 2020).

– Plus étonnante est l'évolution des pratiques de conventions collectives au cours de la crise sanitaire. En effet, les conventions collectives au niveau de l'entreprise, instaurées par la loi travail de 2016, ne se sont pas développées sur la base d'un accord entre partenaires sociaux puisque la CGT est globalement contre par principe, le niveau de l'entreprise n'étant pas pour elle pertinent du point de vue du rapport de forces et elle lui préfère toujours le niveau de branche, même si elle signe *de facto* des plans sociaux d'entreprise (PSE), mais du fait de la crise sanitaire. Le dialogue social au plus près du terrain a pris une place croissante parce que le pragmatisme s'est imposé au politique et à l'idéologie ce qui est toujours le signe d'un faible niveau de luttes, dans le secteur privé en tout cas. En conséquence, plus de 80 000 accords ont été signés en entreprise en 2019, qu'il s'agisse de négocier sur la participation, les salaires ou le temps de travail ; soit une hausse annuelle de 30 % et même de 38 % (27 140 accords) pour les sociétés de moins de cinquante salariés, même si ces derniers, nous l'avons vu précédemment, pourront être contestés puisqu'il n'y a pas forcément de présence de délégué du personnel ou syndical dans ces entreprises, la loi ne les forçant pas à remplir cette condition. Depuis mars où la crise sanitaire occupe le devant de la scène, 8000 accords d'entreprises et cinquante-trois accords de branche, selon le ministère du Travail, ont été signés. En 2016, les syndicats s'inquiétaient que des employeurs soient tentés de faire de la négociation d'entreprise sur la sauvegarde des emplois un élément de leur compétitivité commerciale et financière, en d'autres termes du « dumping social ». La crainte reste fondée en 2020. Mais force est de constater que la proximité au sein d'une même entreprise leur permet d'être très réactifs dans un contexte défavorable où le temps est compté (*Le Monde*, le 29 octobre 2020). Nous venons d'en avoir un exemple marquant avec l'usine Firestone de Béthune où la CGT a refusé de signer l'accord. Revenons sur le contexte industriel général de ce grand groupe de pneumatique. Poznan (Pologne) et Tatabanya (Hongrie) sont deux nouvelles usines du groupe ouvertes respectivement en 1998 et 2008 et agrandies régulièrement depuis. « La spécialisation des usines de Poznan et de Tatabanya dans le pneumatique HRD (haut de gamme) en comparaison des trois usines d'Europe de l'Ouest s'explique par la stratégie industrielle déployée par le groupe Bridgestone, dont Firestone fait partie, sur les vingt-cinq dernières années », est-il écrit noir sur blanc dans ce document. Ce choix a permis au groupe japonais d'investir sur le segment de marché le plus porteur et de profiter d'une main-d'œuvre moins onéreuse. De quoi doublement accroître sa marge, tout en se rapprochant géographiquement des constructeurs automobiles ayant délocalisé leurs propres usines en Europe de l'Est. Au sein de Bridgestone, on mesure la « performance opérationnelle » des usines avec un indicateur très particulier : « le nombre de kilos de caoutchouc transformés par heure [et par] homme ». À ce jeu-là, les ouvriers français n'avaient aucune chance puisque leur productivité aurait diminué de 44 % entre 2010 et 2019. *A contrario*, celle de leurs collègues italiens s'est accrue depuis 2016 et celle des Espagnols s'est maintenue. Cette différence s'explique notamment par le fait que les sites de Burgos et Bari ont accepté de signer des accords de compétitivité passant par des baisses de rémunérations et des aménagements du temps de travail. Appelés à voter sur un plan similaire en 2019, les salariés de Béthune l'ont rejeté à 60 % (*Libération*, le 17 octobre 2020). Mais là où l'on voit le changement de rapport de forces, c'est dans la différence entre les actions coups de poing de Goodyear et de Continental hier (pneus entassés et brûlés ; nombreuses manifestations, etc.) et la méthode de négociation de l'intersyndicale et surtout de la CGT chez Firestone aujourd'hui. Ce changement des rapports de forces ne concerne pas que l'industrie pneumatique, mais toute la métallurgie qui était l'un des fers de lance des luttes ouvrières et du pouvoir syndical de la CGT à l'époque des « forteresses ouvrières. La transformation des procès de travail et de production a eu des conséquences sur la composition sociale du salariat et en conséquence sur le taux de syndicalisation et les rapports de force intersyndicaux. Rappelons que la CGC est devenue le premier syndicat du groupe Renault et trois des quatre organisations syndicales du groupe (CFE-CGC, CFDT et FO) ont signé l'accord de « transformation des compétences », qui donnera le coup d'envoi aux suppressions de 2 500 postes dans les fonctions tertiaires et l'ingénierie. Il est loin le temps où le pouvoir de la CGT de Boulogne-Billancourt faisait dire « quand Billancourt éternue, la France s'enrhume ».

– Consciente des excès de la libéralisation dans une période de crise sanitaire et d'incertitude qui fait remonter à la surface la reproduction problématique des rapports sociaux capitalistes, la commission européenne vient de se pencher sur la question des salaires minimum dans l'UE. Sans s'attacher à créer un SMIC unique qui ne tiendrait pas compte des différences entre pays, elle constate que la part de travailleurs pauvres progresse dans l'UE (de 8,3 % en 2007 à 9,4 % en 2018), que les salaires minimaux s'éloignent de plus en plus des salaires médians[102] et que même rapportés aux niveaux de vie locaux, les écarts de SMIC entre États, surtout entre l'ouest et l'est de l'Europe, sont facteurs de dumping social. Pourtant, le principe du salaire minimal existe déjà dans les 27 États membres de l'UE. Dans vingt et un, il est fixé à l'échelle nationale et dans les six autres (Da-

102 – Le salaire médian est plus utilisé que le salaire moyen quand l'éventail des salaires s'accroît, car il neutralise les valeurs extrêmes. On a vu dans un relevé précédent une même préoccupation de la part de Biden pour unifier les salaires minimum dans le sens d'un rattrapage des plus faibles.

nemark, Italie, Chypre, Autriche, Finlande et Suède), il est fixé par conventions collectives. Les salaires minimaux varient donc grandement, allant de 312 euros/mois en Bulgarie à 2142 euros au Luxembourg. Bruxelles constate des minima plus élevés et une couverture plus large dans les pays où les partenaires sociaux sont pleinement associés *via* les conventions collectives. Dans ce contexte, la proposition vise à renforcer la négociation et la transparence dans les 21 pays avec un salaire minimum national afin d'y encourager leur augmentation. L'idée est que les salaires minima doivent rattraper les autres salaires qui ont augmenté ces dernières décennies et les ont ainsi laissés à la traîne (*Les Échos*, le 29 octobre 2020). Enfin, la Commission constate que les CDI représentent moins de 50 % des contrats occupés par les 10 % de ménages les moins aisés, contre plus de 70 % à l'autre bout de l'échelle de la distribution. Face à cette situation, le dispositif prône une démarche plus « inclusive » (le mot miracle de l'écriture du même nom) surtout en direction des secteurs actuellement les plus en difficulté depuis mars — aéronautique, commerces jugés non essentiels, transports, loisirs, hôtellerie-restauration — qui comptent pour environ 9 % du PIB, mais emploient 13 % des salariés du privé (*Les Échos*, le 17 octobre 2020). La crise sanitaire risque aussi de modifier le rapport stocks/flux qui faisait que la grosse majorité des emplois restaient « garantis » et que la précarité concernait surtout les entrants (nouveaux ou chroniques). En effet, l'équilibre du marché de l'emploi est souvent résumé par un chiffre : celui des créations nettes d'emplois salariés. Cette mesure résulte de la confrontation des flux de sens opposés dont l'amplitude peut pourtant être supérieure au stock d'emplois. Ainsi, en 2019, alors que le secteur privé occupe un petit peu moins de 20 millions de personnes, ce sont près de 24,6 millions d'embauches qui ont été enregistrées, dont 3,9 millions en CDI. Dans l'autre sens, il a été mis fin à 24,4 millions de contrats, dont 3,7 millions de CDI. Ces flux illustrent la puissance des réallocations permanentes de main-d'œuvre propre au processus de destruction-création qui caractérise la dynamique actuelle du capital. Une variation même minime de cette rotation dans l'emploi peut ainsi avoir très rapidement des conséquences majeures sur l'évolution du stock d'effectifs en poste. Ainsi, au cours du confinement du printemps, si l'emploi total a fortement diminué, la raison en est plus l'arrêt des embauches qu'une hausse des fins de contrats. Ces dernières ont au contraire chuté (-47 % sur un an), mais dans une moindre mesure que les premières (-51 % sur un an), dont la baisse a été particulièrement prononcée pour les CDD. Ce phénomène illustre par la caricature que le gel de la rotation dans l'emploi peut rapidement déboucher sur le recul des effectifs. En effet, ce gel n'est pas aussi prenant selon qu'il concerne davantage les flux entrants ou les flux sortants. En période de récession, les positions se figent, les sorties pour cause de démission chutent contribuant au recul des embauches, déjà menacées par la frilosité des employeurs face à un environnement incertain (*Les Échos*, le 23 octobre 2020).

La situation est néanmoins contrastée suivant les pays de l'UE et elle s'apprécie aussi différemment en fonction des outils statistiques utilisés. Ainsi, la pauvreté aurait reculé l'an passé en France. Selon les premières estimations de l'INSEE, le taux de pauvreté aurait baissé de 0,3 point et se serait établi à 14,5 % de la population en 2019. Concrètement, cela signifie qu'environ 210 000 personnes seraient sorties de la pauvreté l'année dernière. Environ 9,1 millions de personnes vivraient toutefois encore sous le seuil de pauvreté correspondant à 60 % du niveau de vie médian. En fait, l'an passé, le niveau de vie médian a lui-même crû de 2 % environ. Mais le niveau de vie des personnes modestes aurait augmenté plus vite que le niveau de vie médian, principalement en raison de la forte hausse de la prime d'activité, avance l'INSEE. L'an passé, pour répondre en partie au mouvement des Gilets jaunes, la prime d'activité a été réformée. Les montants ont été augmentés et des personnes aux revenus un peu plus élevés ont pu en bénéficier. En 2019, 4,35 millions de foyers, soit 1,3 million de plus qu'en 2018, ont perçu la prime d'activité pour un montant moyen de 185 euros/mois. La revalorisation de la prime d'activité aurait profité d'abord aux 40 % de personnes au niveau de vie le plus faible. S'y est ajoutée dans le même sens la baisse de la CSG pour les retraités modestes et la fin progressive de la taxe d'habitation. « D'autres mesures contribueraient aussi à augmenter le niveau de vie des plus modestes et à diminuer les inégalités, comme les revalorisations exceptionnelles de l'allocation aux adultes handicapés (AAH) et du minimum vieillesse (Aspa) », note l'INSEE. Ainsi, les inégalités auraient légèrement baissé selon le coefficient de Gini[103], mais la tendance est instable car la crise sanitaire devrait avoir des effets inverses cette année. Au ministère de la Solidarité et de la Santé, on juge « la progression des demandes de revenus de solidarité active (RSA) en

103 – Il varie entre 0 (égalité parfaite) et 1 et se calcule à partir de la courbe de Lorenz qui mesure l'écart des revenus à l'égalité représentée par la diagonale du carré qui représente le cas d'école où, par exemple, à 50 % des personnes ou ménages correspondent 50 % des revenus. Plus la courbe qui est située en dessous de la diagonale en est éloignée plus l'inégalité est grande.

septembre et octobre très inquiétante » ; on évoque le chiffre de 3000 demandes supplémentaires de RSA par jour. Les destructions d'emplois occasionnées par la crise expliquent ce phénomène. Les nouveaux arrivants sur le marché du travail ne trouvent pas d'emploi et les indépendants, parfois des commerçants touchés par la crise, font des demandes de RSA. Le ministère assiste « à un afflux de nouveaux publics » (*Les Échos*, le 19 octobre 2020).

Sur la question précise du rapport inégalités/crise sanitaire, une recherche récente à propos de la Belgique, pays particulièrement touché par la pandémie, éclaire la question des inégalités face à la santé, tout en mettant en évidence le caractère ambigu de toute réponse. Elle se base sur les données fiscales individuelles et examine la corrélation entre la mortalité excédentaire durant la première vague et le niveau de vie relatif des personnes décédées. À âge donné, au-delà de 65 ans, la mortalité excédentaire en 2020 se révèle être trois fois plus élevée chez les 10 % de personnes les plus pauvres par rapport aux 10 % les plus riches. Sur une base individuelle, la pandémie a donc été inégalitaire. Il se trouve cependant que ce *ratio* est à peu près identique lorsque l'on considère la mortalité des années précédentes. En d'autres termes, la probabilité de décès chez des personnes du même âge a augmenté à cause du virus dans des proportions similaires selon leur niveau relatif de revenu, ce qui correspond à un accroissement absolu de cette probabilité chez les plus pauvres. En termes absolus, la pandémie a donc exacerbé l'inégalité de la population belge devant la mort ; en termes relatifs, elle l'a laissée pratiquement inchangée ((*Les Échos*, le 19 octobre 2020).

En Italie, le patronat estime que l'actuel semi-confinement aggravera le recul du PIB (12 %) avec une perte de 216 milliards d'euros pour l'économie italienne. C'est plus que les 209 milliards d'euros promis par le plan de relance européen pour lui permettre de surmonter l'une des pires récessions de la zone euro. Quelque 50 000 bars et restaurants sont menacés de fermeture d'ici la fin de l'année et 350 000 emplois risquent d'être supprimés sur tout le territoire. « L'automne sera chaud », s'est inquiétée la ministre de l'Intérieur. « Le pays est fatigué », reconnaît Giuseppe Conte. « La pandémie provoque la colère, la frustration, en créant aussi de nouvelles inégalités qui s'ajoutent à celles qui existent déjà. Les manifestations, ce serait un comble qu'il n'y en ait pas. Si, aujourd'hui, j'étais de l'autre côté, moi aussi je ressentirais de la colère contre les mesures du gouvernement. » (*Les Échos*, le 30 octobre). L'écrivain Roberto Saviano, spécialiste des mafias, évoque quant à lui « un désespoir grandissant qui naît des défaillances des institutions. C'est ce désespoir qu'il faut regarder en face pour comprendre l'insurrection napolitaine. Sinon, nous devons nous attendre à d'autres insurrections. Aujourd'hui à Naples, demain dans le reste de l'Europe. » À Naples et ailleurs ; ainsi, depuis des années, les Calabrais, comme des millions d'autres habitants du sud du pays, ont pris l'habitude, en cas de maladies graves, de prendre l'avion pour se faire soigner dans les structures ultramodernes de Lombardie, de Vénétie ou d'Émilie-Romagne. Ce tourisme médical interne, en constante augmentation, a un coût exorbitant pour les régions les plus pauvres du pays, et procure un surcroît de ressources aux plus riches — les indemnités versées par les régions du Sud à celles du Nord sont estimées à 5 milliards d'euros par an —, alimentant encore le déséquilibre. Mais en temps de pandémie, les frontières intérieures du pays se referment, si bien que les habitants se trouvent livrés à eux-mêmes, conscients du fait que les hôpitaux locaux auront à peine les moyens de les soigner.

« Le seul acteur social qui était absent dans la crise la plus sensationnelle de la modernité est donc arrivé sur scène, à Naples : c'est la rébellion qui descend sur la place [...] contre tout, la région, le gouvernement, les règles, la prudence, la peur, car elle est en dehors du système, dérivant en un seul endroit inconnu de la politique où même le contrat entre l'État et les citoyens ne semble plus avoir de valeur [...] Comme Naples l'a anticipé, on fait les comptes de cette urgence sans fin, de cette précarité permanente, de cette instabilité constante, et on découvre que le coût est au moins aussi élevé que le risque de contagion, et on présente le bilan au pouvoir. Chacun a ses raisons de protester, il n'y a actuellement aucune échéance nationale dans la rue, il n'y a donc pas de plan unifié capable de recueillir les différentes plaintes, de les transformer en une cause générale, puis en une occasion politique. [...] Ainsi, les jeunes qui font de la livraison à domicile en vélo se trouvent à côté des pizzaioli qui ont peur de la fermeture, des chômeurs, des soignants, des vendeurs de souvenirs qui ont replié leurs étalages : chacun avec une catégorie de colère distincte, avec une revendication professionnelle spécifique, avec un crédit de travail spécifique, dans un ensemble de ressentiments distincts unis seulement dans la rébellion. [...] Un élément fédérateur existe en fait, et c'est la déception générale devant les trous que chacun découvre chaque jour dans la couverture des soins de santé de base [...], en plus des transports publics surchargés porteurs d'infection. Le sentiment est celui de l'abandon pour le citoyen laissé seul, [...] alors que la puissance publique — État et Régions — a gâché l'été en polémiques, apportant une nouvelle confirmation de l'effondrement du pays, à partir de la puissance publique ».

Qui écrit ces mots ? Un militant des centres sociaux ? Un salviniste radicalisé ? Un camorriste intéressé à étendre l'ordre criminel dans les territoires ? Non, c'est l'ancien directeur du journal italien *La Repubblica* dans un article du lundi 26 octobre 2020 : « Le virus de la rébellion » (traduction in *Lundi matin*, le 9 novembre 2020).

INTERLUDE

– À l'hôpital d'Orléans, les services sont débordés et les réanimations sont menacées de saturation. C'est pourtant le moment choisi par les magistrats de la Chambre régionale des comptes pour rendre public un rapport qui reproche à cet établissement, inauguré en 2015, d'avoir été « surdimensionné » et d'afficher « une surcapacité de 133 lits » ! (*Le Canard enchaîné*, le 11 octobre 2020).

– Les hôpitaux ne manquent plus d'équipements de protection, à en croire le ministère de la Santé. En témoigne un avis placardé, le 27 octobre, dans l'hôpital parisien Georges-Pompidou avertissant le personnel « d'un approvisionnement en tension » sur les casaques de protection renforcée des chirurgiens et des infirmières. Ces surblouses sont désormais réservées pour les interventions « longues et/ou sanglantes ». Avec cet avertissement : « Pour pouvoir continuer à opérer, il est important de gérer la pénurie. » (*ibid.*).

– Pour respecter le protocole sanitaire envoyé par le rectorat, les professeurs d'éducation physique et sportive de l'académie de Rennes auront fort à faire : « La distance physique entre les élèves devra être contrôlée, leur ordonne le document, avec les recommandations suivantes : la distance de deux mètres est à respecter pour un effort inframodéré, les distances à respecter sont de cinq mètres pour une marche rapide ou pour une position statique avec un effort important et de dix mètres pour la course (*ibidem*).

– Monoprix s'essaie à la publicité critique[104], le 23 novembre 2020 : « Une commission venant de décider que l'eau ça mouille, nous avons finalement le droit de vous vendre des parapluies » (Votre équipe Monoprix).

---

104 – Source : https://lareclame.fr/ddbparis-monoprix-affiches-gouvernement-241578

– Si Ricœur a fait l'éducation philosophique de Macron on se demande qui a fait l'éducation politique de la ministre de l'Enseignement supérieur qui a déclaré : « Veut-on préserver la capacité à débattre, à se mobiliser, à manifester dans une université ? La réponse est oui. Pour cela, il ne faut pas de conférences empêchées, ni d'affrontements entre blacks blocs et antifas dans des amphithéâtres » (*Les Échos*, le 20 novembre 2020). Chercher l'erreur…

Comment fonctionne le couple pandémie/économie

– Les grandes entreprises ont réorganisé leurs activités et ont eu tendance à se débarrasser de certaines branches quand elles les estiment peu valorisables, telles les transports, la logistique ou les services de gestion des installations qui concernent la sécurité, le nettoyage, la restauration, l'entretien des infrastructures ou des espaces (*the facility management*). Les services externalisés sont assurés par des entreprises souvent petites et soumises à une extrême mise en concurrence. Si elles peuvent parfois atteindre une taille importante, elles doivent alors sous-traiter elles-mêmes pour rester compétitives en externalisant toujours plus l'activité avec des conditions de plus en plus dures au fur et à mesure que l'on s'éloigne du centre. Le rapport de force avec les puissants donneurs d'ordre est tel que les sous-traitants subissent une pression continue pour baisser leurs prix. En découle alors un cercle vicieux puisque leurs marges étant faibles (autour de 3 %) elles limitent l'investissement, ce qui maintient la dépendance aux donneurs d'ordre. (*Le Monde*, le 29 octobre 2020). C'est dans ce type de secteur qu'il risque d'y avoir le plus de défaillances d'entreprises qui sont pour le moment en partie retardées par les mesures de soutien (chômage partiel et baisse des charges[105]). Les journalistes économiques parlent à ce sujet d'entreprises « zombies ». Pour mesurer l'évolution, il y a trente ans ou quarante ans ils ne parlaient, eux et les politiciens à la Raymond Barre, que de « canards boiteux ». Faut-il sauver tout le monde ? C'est la question que se posent les analystes et particulièrement les partisans de la théorie de la « destruction créatrice » (Schumpeter). Ces derniers mettent en question cette option qui est pour le moment celle choisie. En effet, plus de 97 % des entreprises qui ont demandé un prêt garanti par l'État en ont

105 – D'après P. Cahuc, il y a en France 55 000 défaillances d'entreprises en moyenne et le « retard » estimé à cause de la pandémie s'élèverait déjà à 15 000 (*Les Échos*, le 6 octobre 2020).

obtenu un. Tant et si bien qu'à la fin septembre, le nombre de défaillances d'entreprises sur un an restait inférieur de 30 % à celui de 2019 sur la même période. Ainsi, dans l'hôtellerie-restauration, le secteur pourtant le plus touché, le nombre de faillites sera cette année moins important que l'an passé, et peut-être même au plus bas niveau enregistré depuis quinze ans. Avec la fermeture des tribunaux, Patrick Artus, chef économiste de Natixis, voit, lui, une autre raison de ne pas se presser : « L'incertitude est telle qu'on ne sait pas quels secteurs vont retrouver un niveau d'activité normal à terme et ceux qui ne vont jamais le retrouver. Donc, la seule chose à faire en attendant, c'est de sauver tout le monde ». Toujours selon lui : « Une fois qu'on aura un vaccin, on y verra plus clair. On pourra, dans un an, effectuer une sélection, via les banques, dont c'est le métier. L'État, lui, pourra alors choisir de soutenir les secteurs qu'il jugera stratégiques à terme pour le pays » (*Les Échos*, le 17 octobre 2020).

– On peut aujourd'hui émettre des doutes quant au processus de relocalisation annoncé à l'époque du premier confinement. Ainsi, à la fin octobre, 33 % des dirigeants internationaux interrogés n'envisagent pas de changement majeur de leurs chaînes de production et de leur approvisionnement alors qu'ils n'étaient que 2 % dans ce cas en avril dernier. De même, la relocalisation des activités industrielles ne séduit plus que 24 % des dirigeants, contre 37 % en avril. « Il n'y aura pas de grand soir de la *supply chain* (gestion de la chaîne logistique) des multinationales en 2020 ni en 2021, considère Marc Lhermitte, associé chez EY société conseil chargée des questions d'attractivité. D'abord, parce que ces activités industrielles sont encore croissantes en Asie et offrent de bonnes perspectives, alors que la situation est beaucoup plus incertaine en Europe en général et en France en particulier. Ensuite, parce que cela coûte cher de réorganiser les chaînes de valeur, or la priorité est aujourd'hui donnée à la réduction de la voilure, à la baisse des coûts fixes pour dégager de la liquidité. « Les dirigeants ont le pied sur le frein », ajoute-t-il. « En pleine crise sanitaire et économique, les entreprises internationales passent au crible de la rentabilité financière et commerciale leurs projets de développement de lignes de production, de centres de recherche », estiment les auteurs de l'étude. Ainsi les investissements étrangers en France pourraient chuter de 35 à 50 % cette année, selon EY. En résumé, « Aujourd'hui, il faut déjà que les patrons de filiales de grands groupes étrangers protègent leurs sites en France », selon Marc Lhermitte. D'ailleurs, les plans de relance dans les différents pays sont importants, mais ne sont plus le facteur primordial pour les projets d'implantation des entreprises étrangères. Ces dernières mettent aujourd'hui l'accent sur la sécurité sanitaire, l'anticipation des crises futures et la dynamique des marchés domestiques. Bref, pour rassurer les investisseurs étrangers, « il faut d'abord gérer les six prochains mois avant de penser aux six prochaines années », selon l'expert d'EY. Et à plus long terme ? « Il n'y aura pas de grand mouvement de relocalisations », prévient Selin Ozyurt, économiste chez Euler Hermes. « Tout simplement parce que cela supposerait que les consommateurs soient prêts à payer un prix plus élevé. Or, ce n'est pas le cas », estime l'économiste. « Le mouvement se fera petit à petit, en fonction de la volonté des États de reprendre le contrôle de secteurs qu'ils jugent politiquement stratégiques [...] Il y aura des rapatriements de production pour des familles de produits critiques, comme dans la pharmacie, par exemple, ou qui sont très liées au plan de relance, comme dans l'énergie », juge Marc Lhermitte. L'ampleur des relocalisations pourrait donc être limitée. D'autant que « le mouvement naturel du capitalisme, après une crise, c'est de retrouver la rentabilité pour les actionnaires des entreprises qui ont souffert. Une façon d'y parvenir, c'est de délocaliser encore plus d'usines dans les pays à bas coûts. C'est ce que des multinationales auront le réflexe de faire dans les prochaines années », parie, pour sa part, Patrick Artus, chef économiste de la banque Natixis. Il craint donc une nouvelle vague de délocalisations[106] et une concurrence fiscale exacerbée entre les pays européens pour attirer les étrangers, la baisse des impôts étant la manière la plus rapide pour amélio-

106 – Le recul de la part de l'industrie dans le PIB français serait de 10 points (ou -50 %) depuis 1980, selon le dernier rapport de France Stratégie consacré aux politiques industrielles. Elle ne représente plus en 2018, que 13,4 % contre encore 25,5 % en Allemagne et 19,7 % en Italie. Les délocalisations y ont été plus massives qu'ailleurs. Ainsi, 62 % du personnel des entreprises françaises travaillent hors de France, contre 38 % pour les entreprises allemandes. En quarante ans, 2,2 millions d'emplois ont été perdus. C'est « depuis 2000 la performance la plus médiocre des pays d'Europe de l'Ouest », renchérit France Stratégie, qui constate un léger mieux depuis le choc du rapport Gallois en 2012. Le rapport ne jette pas la faute sur les salaires ou charges trop élevés, mais sur une fiscalité inappropriée (*Libération*, le 20 décembre 2020). Selon les données compilées par Trendeo, les annonces de fermetures ou les fermetures effectives dans l'industrie manufacturière, depuis mars 2020, représentent, en solde net, quelque 19 500 emplois détruits. Les suppressions atteignent le chiffre de 42 000 postes, en partie compensées par 22 000 créations d'emplois industriels enregistrées depuis le début de la pandémie. Et en fin d'année, la France devrait perdre bien moins de postes industriels qu'en 2009, lors de la crise financière, lorsque 39 000 emplois de ce type avaient disparu (*Le Monde*, le 21 novembre 2020).

rer l'attractivité d'un territoire. D'où la baisse des impôts de production de 10 milliards d'euros en France dès l'an prochain (*Les Échos*, le 19 octobre 2020).

Un mouvement de délocalisation pourrait bien, par contre, advenir dans les activités de service y compris pour des tâches très élaborées/qualifiées. C'est en tout cas ce qu'affirme El Mouhoub Mouhoud, professeur d'économie à l'université Paris-Dauphine (*Le Monde*, le 27 octobre 2020). Les confinements liés à la pandémie ont accéléré l'adoption et l'usage des technologies numériques dans de nombreux secteurs d'activité. En France, le nombre de téléconsultations de médecine a été multiplié par plus de 100 entre février et avril 2020. À l'université, les étudiants suivent désormais les cours en visioconférence. « La distance n'est plus un obstacle à la fourniture d'un service », observe M. Mouhoud. En fait, la prochaine frontière de la mondialisation se trouve dans les services. C'est le secteur le plus protégé, avec de nombreuses barrières non tarifaires, les marges de progression vers une libéralisation et une capitalisation de ces services sont donc importantes et vont avoir des répercussions sur la structure et les formes d'emploi avec un déclin de la tendance séculaire à la croissance du salariat (85 % de la population active dans les années 2000). Ainsi l'emploi « principalement indépendant » pesait 12,1 % du total des emplois en 2019, contre 10,6 % en 2008, selon l'enquête emploi de l'INSEE. Il faut y ajouter les centaines de milliers de salariés qui cumulent une activité secondaire non-salariée. Si le développement de plateformes numériques offrant des emplois rémunérés à la tâche a participé à cet essor, il est avant tout le résultat d'une politique initiée par Nicolas Sarkozy et poursuivie par ses successeurs : construire une France de petits entrepreneurs dont le fer de lance est le régime fiscalo-social simple et attractif de l'auto-entrepreneur (devenu micro-entrepreneur en 2016). Face à des perspectives d'emploi dégradées par la crise de 2008-2009, ce nouveau régime a connu un succès immédiat. S'y sont ensuite engouffrés des travailleurs voulant échapper au poids de la subordination au travail salarié ou qui souffrent de discriminations sur le marché du travail. D'après les chiffres de l'Acoss, on comptait, au dernier trimestre 2019, 1,7 million de micro-entrepreneurs « administrativement actifs », soit une hausse de 20 % en une année. Près d'un million d'entre eux avait déclaré un chiffre d'affaires positif. Cette nouvelle France entrepreneuriale aurait même gagné en maturité d'après les experts. Le revenu des micro-entrepreneurs se serait envolé, avec la constitution d'une clientèle ; au quatrième trimestre 2019, les micro-entrepreneurs économiquement actifs ont ainsi déclaré en moyenne plus de 4 000 euros de chiffre d'affaires, soit le double du niveau observé cinq ans auparavant. Malgré des tensions persistantes, les micro-entrepreneurs ont fini par cohabiter avec les indépendants classiques qui restent toutefois majoritaires, notamment dans l'artisanat. Mais cet équilibre est désormais rompu par l'ampleur du choc produit par la crise sanitaire.

– La société Amazon arrive-t-elle à concilier les consignes sanitaires avec la hausse de l'activité à l'approche des fêtes ? Mardi, les syndicats SUD et CGT d'Amazon France dénonçaient des conditions de travail « à risques » pour les employés ; des mauvaises conditions accentuées à l'approche des fêtes. « Depuis le premier confinement, des mesures avaient été mises en place garantissant la sécurité des salariés. Mais ce, dans le cadre d'un effectif normal. Ce qui n'est plus le cas aujourd'hui alors que nous sommes en sureffectif à l'approche de la période de décembre. Le sureffectif empêche la bonne mise en place de la distanciation sociale dans certaines zones » (ce sont les syndicats qui s'expriment). Et voilà ce que ces syndicats répondent quand leur direction leur demande : qu'attendez-vous concrètement de votre entreprise ? « Nous demandons en contrepartie une augmentation de deux euros bruts de l'heure, comme c'était le cas lors du premier confinement, ainsi qu'une prime de 1000 euros. Sans compter le maintien à 100 % du salaire des personnes à risques qui sont en activité partielle durant la crise sanitaire ». Pour l'instant, la direction a refusé catégoriquement de négocier sur ce plan (*Libération* le 19 octobre 2020). L'histoire ne nous dit pas si ceux qui représentent le « sureffectif » toucheront la « prime syndicale ». Ah, les mystères du double langage...

– Les phases de récession endurées par l'économie française depuis cinquante ans avaient toujours été propices à un rééquilibrage de la balance commerciale. Ainsi, d'un solde déficitaire, celle-ci est redevenue excédentaire après les récessions de 1975 et de 1992-1993. Le déficit a été fortement réduit après la récession de 2008-2009. Il n'en est pas de même avec la crise sanitaire parce que cette crise n'étant pas d'abord économique, il est vain d'y chercher des points de comparaison avec les précédentes. Si par exemple l'économie a pu bénéficier d'une moindre charge pétrolière due à la baisse du prix du pétrole, la chute des exportations de l'industrie aéronautique (qui représentent 10 % des exportations de biens) et les échanges de produits industriels présenteront un déficit aggravé de plus de 30 milliards d'euros par rapport à 2019. À elle seule, la dégradation du solde des échanges de matériels de transport explique déjà les deux tiers de celle de la balance des échanges de produits industriels. Si l'on ajoute à cela la vive accélération des importations de dispositifs médicaux pendant le confinement d'un côté ; et de l'autre, la chute des recettes tirées des visites des voyageurs étrangers (-17 milliards en 2020), on comprend alors que le déficit de la balance courante, loin de se réduire, se creusera en 2020. Il serait de près de 60 milliards d'euros (2,6 % du PIB), contre 1,7 en 2019. Loin d'avoir atténué l'un des traits structurels de l'économie française, à savoir son déficit de compétitivité à l'exportation, l'épidémie l'a au contraire renforcé parce qu'elle mord le plus durement sur ce qui constitue certains de ses (rares) points forts sectoriels traditionnels comme l'aéronautique, le luxe, le tourisme... (*Les Échos*, le 26 octobre 2020).

– Pour les économistes P. Artus et O. Pastré (*ibid.*), trois menaces au moins pèsent sur l'économie mondiale post-crise sanitaire : une succession de bulles prêtes à éclater du fait même de la surliquidité provoquée par la réaction des autorités (États et banques centrales) ; une stagflation (situation paradoxale où stagnation de la croissance et inflation cohabitent) comme nous avons pu la connaître au tournant des années 70/80 ; et une baisse des gains de productivité conduisant à une chute de la croissance potentielle sur le long terme (*Les Échos*, le 28 octobre 2020). Mais la façon dont ils envisagent d'y remédier reste très libérale, excepté leur préconisation d'une extension du RSA aux plus jeunes.

– Comme en mars, mais de façon moins brutale, Bercy a momentanément perdu le combat contre le ministère de la Santé dont le but premier est de limiter les déplacements. Sans que l'on puisse dire qu'il s'agisse d'une volonté politique, la conséquence en est que les commerces et marchés seront sacrifiés au profit (certes indirect) des supermarchés et de l'e-commerce. Les exemples du secteur du jouet touché de plein fouet par un reconfinement d'avant les fêtes et, par contraste, le *Black Friday* libéré et libéral accordé, sont emblématiques de ce qui se joue dans ces secteurs, même si des négociations de dernière minute ont retardé le *Black Friday* d'une semaine. On retrouve ici une constante de la politique technocratique dirigée, depuis Giscard, contre le petit commerce et ce qui pouvait être considéré comme une culture de l'ancien monde bourgeois, celui de la tradition, de la proximité, du local, du client-ami et plus généralement des liens personnalisés, de la société de village et de quartier, toutes choses jugée ringardes (déjà l'ancien monde et le nouveau monde en voie de capitalisation) quand les hypermarchés poussaient comme des champignons à côté des ronds-points et les agences bancaires à chaque coin de rue ou de place. Or, ces petits commerces ont retrouvé indirectement un peu de leurs lettres de noblesse du fait des excès du gigantisme, de ses conséquences en termes de quadrillage et de « zonages » de pans entiers du territoire. Une tendance que le mouvement des Gilets jaunes avait déjà révélé et critiqué, mais que la crise sanitaire n'a fait qu'accélérer. Mais n'ayons crainte, le gouvernement et l'État garantissent l'approvisionnement alimentaire en temps de guerre sanitaire. Les supérettes de centres-villes et les magasins franchisés vont rester ouverts pour les personnes aisées, les hypermarchés pour celles qui le sont moins. Comme toujours avec la dynamique du capital, on ne revient pas au point de départ après une crise quelle qu'elle soit. S'il n'y a pas de riposte, de révolte ou de prise d'initiative autonome, il y a au bout l'équivalent d'une défaite supplémentaire, même si en l'occurrence, nous n'avons pas eu à livrer un combat puisqu'il était contre un virus sur lequel nous n'avions aucune prise.

– Le gouvernement français semble avoir choisi d'importer la stratégie économique du *stop an go* (cf. note 26) dans la gestion de la crise sanitaire où se succéderaient phases de confinement (*stop*) et de déconfinement-reprise (*go*). Ce compromis de fait entre les exigences de Véran et celles de Le Maire risque pourtant d'être très coûteux en perte de croissance potentielle si on raisonne dans les termes dominants chez les économistes. En effet, il crée de l'incertitude du côté des entreprises qui ne savent jamais exactement quelle est la nature du cycle, sa durée et l'intensité ou l'ampleur des phases d'expansion et des phases de recul de l'activité. Prenons l'exemple de la France : la croissance a été de -13,7 % au deuxième trimestre 2020, de +18,2 % au troisième trimestre et elle sera probablement comprise entre -8 % et -10 % au quatrième trimestre. Face à cette incertitude qui peut être appelée à se prolonger, les entreprises risquent de faire le choix du court terme et la presse adopte déjà un langage « psy » pour en rendre compte avec l'emploi devenu récurrent du vocable « résilience », désignant ici la capacité ou non de résister aux chutes périodiques de l'activité, en un mot de survivre, plutôt que celle de dégager des perspectives à long terme. Les entreprises vont en effet privilégier leur capacité à réagir rapidement aux pertes de production. Plutôt que de créer des emplois durables et qualifiants qui favoriseraient à la fois la croissance et la mobilité sociale ascendante, elles vont commencer fort logiquement dans le contexte et leur optique, à recourir plus systématiquement aux emplois temporaires (contrats de travail courts, intérim) plutôt qu'à des emplois permanents ; et chercher à promouvoir une mobilité géographique (guère goûtée par les salariés français) pour sauvegarder des emplois à tout prix, au risque d'une déqualification ou d'une dégradation des conditions de vie.

Et donc, contrairement aux vœux effectués pendant le premier confinement en faveur de la relocalisation d'activités et « la reconquête de chaînes de valeur et des compétences industrielles », elles vont continuer à externaliser des fonctions dans de nouveaux secteurs (informatique, transports, comptabilité, gestion des données, sécurité, etc.) et s'appuyer plus que jamais sur la délocalisation et la diversification internationale de leur production, afin que tous les sites de production ne soient pas simultanément touchés par le confinement. Enfin, plutôt que d'investir dans la recherche et développement et les équipements innovants, les entreprises vont chercher à constituer des réserves en prévision des périodes de rechute de la production ; d'où une détention très importante de réserves monétaires de façon à éviter la faillite. Autant de choix qui vont plomber la croissance potentielle des pays qui pratiquent le *stop-and-go* sanitaire : moins d'efforts de formation, moins d'investissements innovants, moins de prises de risque et moins de relocalisations (P. Aghion et P. Artus, tribune *Le Monde*, le 8 novembre 2020).

Néanmoins, les entreprises françaises ont dans l'ensemble joué le jeu avec le gouvernement. Appelées à développer le télétravail, elles l'ont fait, même parfois à contrecœur ; appelées à la modération sur les dividendes et les rachats d'actions, près des deux tiers des grandes entreprises françaises ont réduit ou reporté le versement de leurs dividendes. À lire le dernier rapport annuel du Haut Comité de gouvernement d'entreprise (HCGE), 32 entreprises adhérentes de l'Association française des entreprises privées (hors holdings familiaux et groupes étrangers) ont annulé leurs distributions de dividendes par rapport au montant initialement annoncé au titre de l'exercice 2019, et 31 d'entre elles les ont diminuées (soit les 2/3). Dans l'ensemble elles ont aussi suivi les recommandations sur la baisse de rémunération des dirigeants de 25 % pour alimenter les caisses en vue du chômage technique. Par contre 6 entreprises du CAC40 ont versé l'intégralité des dividendes de l'année (*Les Échos* le 9 novembre 2020).

– Les investissements directs à l'étranger (IDE) au niveau mondial ont plongé de 49 % sur un an au cours du premier semestre 2020, selon le rapport de la Conférence des Nations unies sur le commerce et le développement (Cnuced). Les pays industrialisés, qui représentent normalement 80 % des transactions mondiales ont été les plus touchés, avec des flux tombant à 98 milliards de dollars, un niveau atteint pour la dernière fois en 1994. Pour la première fois, les IDE vers l'Europe ont été négatifs, à -7 milliards de dollars contre 202 milliards un an plus tôt. Ceux vers les

États-Unis ont chuté de 61 %. Les IDE ont le plus fortement diminué en Italie, au Brésil et en Australie, qui avaient été les principaux bénéficiaires en 2019. En revanche, ceux en direction de la Chine ont résisté. Les flux d'investissement sont attendus en baisse de 30 à 40 % cette année et devraient reculer « modérément », de 5 à 10 % en 2021, a indiqué James Zhan, directeur de la division investissement et entreprise à la Cnuced (*Les Échos*, le 28 octobre 2020). En France, les prévisions sont une baisse de 14 % en 2020 pour une simple hausse prévue de 4 % en 2021, variable suivant les secteurs : à cela trois raisons, la politique de *stop-and-go* appliquée à la question sanitaire ne permet pas de définir une perspective ; les mesures du plan de relance ne sont pas des mesures de court terme (la fameuse relance « verte ») ; et enfin elle n'est pas axée sur une hausse de la demande (refus de baisser la TVA comme l'Allemagne l'a pourtant fait), mais sur le rétablissement des marges de l'offre (baisse des impôts de production).

Le 26 novembre 2020

# Relevé XV
## (28 décembre 2020)

### Crise sanitaire et accélération capitaliste

– C'est un de ces revirements inattendus opérés par l'Allemagne, un de ceux en préparation depuis plusieurs années, mais que la crise sanitaire a accéléré : l'expression « politique industrielle » impliquant une économie plus ou moins dirigée n'y est plus taboue, évincée qu'elle avait été par « l'économie sociale de marché » promue par le Chancelier Ludwig Erhardt dès 1949. La perspective d'une réindustrialisation menée par des politiques européennes interventionnistes semble mieux acceptée. En témoignent les annonces cet automne de deux plans financés par l'Union européenne pour des « technologies-clés » : les batteries et les semi-conducteurs (et tout ce qui ressort de l'industrie 4.0). C'est un changement à 180° par rapport à 2018, où la « stratégie pour une politique industrielle européenne » du ministre de l'Économie, Peter Altmaier plaidant pour le renforcement et la protection de certains « champions européens », avait reçu un accueil glacial. Les fédérations d'entreprises familiales notamment, lui avaient reproché de vouloir enterrer ce qui a fait le succès du *made in Germany* depuis l'après-guerre, à savoir le libre-échange et la neutralité d'un État qui n'intervient dans aucun secteur industriel et ne favorise aucune entreprise (*Le Monde*, le 14 décembre 2020). Il est vrai que l'Allemagne et les Pays-Bas ont été les plus grands bénéficiaires de l'idéologie libre-échangiste imposée par l'UE, leurs excédents commerciaux en faisant foi[107]. Ce changement est donc le signe d'une prise de conscience

107 – C'est le signe aussi que l'Allemagne a moins délocalisé que la France où l'exemple de l'automobile est caricatural. « Le déclin du secteur automobile a contribué à lui seul à plus de la moitié de la dégradation de 50 milliards d'euros du solde commercial français hors énergie entre 2003 et 2019 », rappelle un rapport publié par France Stratégie (*Les Échos*, le 15 décembre 2020). Alors que Macron veut un million de voitures électriques produites en France en 2025, hormis la Zoé de Flins, les deux entreprises françaises produisent celles-ci à l'étranger. D'autant « qu'avec les généreuses primes à l'achat sur les véhicules électrifiés, le gouvernement subventionne les importations. » (B. Jullien, enseignant à l'université de Bordeaux et spécialiste des questions liées à l'automobile).

que la phase actuelle de la mondialisation doit tenir compte aussi des nouvelles politiques agressives ou/et protectionnistes de certains pays concurrents comme la Chine et les États-Unis. À noter quand même que l'UE a subventionné Bridgestone pour ses implantations en Pologne et en Hongrie… ce qui a amené indirectement la fermeture de l'usine de Béthune. L'UE continue donc, elle aussi, sa politique du « en même temps » et ce n'est pas étonnant que Macron soit en phase.

– Le président Xi Jinping a beau vouloir faire reposer davantage l'économie chinoise sur la demande intérieure, c'est le moteur traditionnel des exportations qui tire la croissance. Les ventes de produits chinois à l'étranger ont crû de 21,1 % en novembre sur un an ont indiqué récemment les douanes chinoises. Les importations, quant à elles, ont affiché un rythme bien moins dynamique (+4,5 %). Conséquence directe, la balance commerciale chinoise affiche un excédent record de 75,42 milliards de dollars. Les ventes ont été dopées par la crise sanitaire mondiale car la hausse des exportations, la plus forte depuis février 2018, lui est largement liée. Elle a en effet entraîné une demande toujours très soutenue en équipements médicaux (+42 % sur les dix premiers mois de l'année) et masques, mais aussi en produits électroniques nécessaires au télétravail. « La montée en flèche des produits de haute technologie (+21 % en novembre) pourrait être en partie due à un chargement précoce parce que préventif des cargaisons puisque les États-Unis envisagent d'élargir leur liste noire pour inclure davantage d'entreprises chinoises », avance aussi Betty Wang (*Les Échos*, le 8 novembre 2020).

– Renault-Flins : de la production au recyclage de valeur. Les syndicats (et les salariés) qui avaient espéré voir maintenue une activité d'assemblage sur le site, seront déçus. La CFDT (premier syndicat de l'usine) a monté un dossier pour proposer que l'usine abrite, en plus de ces activités d'économie circulaire (remise en état des véhicules d'occasion, des batteries, conversion des véhicules thermiques), l'assemblage d'un nouveau véhicule électrique de segment B (petites citadines), une fois la Zoé arrivée en fin de vie et étant entendu que la Micra ne se vend plus (*Les Échos*, le 26 novembre 2020). Un projet finalement refusé par la direction contre une promesse de non-licenciements. On ne peut pas parler de délocalisation argumente la direction puisque ces modèles sont en bout de course et que l'usine est réorganisée en fonction d'un recentrage du groupe sur ses unités les plus productives et ayant les meilleures perspectives de valorisation future qui se trouvent à Douai et Sandouville… et en Turquie (Bursa) pour le modèle qui se vend le mieux (la Clio). Quant à l'usine de Choisy qui était déjà dans l'économie circulaire, elle sera relocalisée à Flins qui devient le centre de recyclage.

Puisque nous venons de parler de « valorisation », notons le caractère toujours plus évanescent de la « valeur » quand on sait, pour rester dans le secteur automobile, que Tesla, de son côté, espère vendre 500 000 voitures cette année et doit une large partie de ses bénéfices à la vente de crédits $CO_2$ à ses concurrents puisqu'elle ne produit pour l'instant que de façon marginale (moins de 500 000 véhicules/an). Mais la firme californienne séduit[108] car elle incarnerait le futur : elle « vaut » actuellement 560 milliards de dollars en Bourse, soit six fois plus que VW et sa capitalisation de 93 milliards pour 10 millions d'automobiles/an ![109] Installée près de Berlin, loin du creuset historique de l'industrie automobile allemande, elle risque de rompre avec le modèle en vigueur puisque la firme a décidé de passer outre au syndicat IG-Metall en offrant directement un salaire brut de 2700 euros à l'embauche contre 2400 en moyenne dans la branche, en échange d'une flexibilité maximale. Mais si Douai peut devenir le Wolfsburg de la France pour ce qui est de l'automobile, le passage à l'énergie électrique devrait coûter au moins 30 000 emplois et même jusqu'à 45 000 si les délocalisations continuent. Ces pertes concerneraient surtout les équipementiers (cf. B. Jullien, *Les Échos*, le 22 novembre 2020) et certains de ceux-ci (Faurécia, Plastic Omnium) lorgnent maintenant vers les moteurs à hydrogène pour se diversifier et anticiper les transformations du secteur.

– Les nuggets cellulaires de poulet sont dans les assiettes à Singapour où on songe déjà aux prochaines crises sanitaires globales. Pour le professeur Chen, « il faut s'assurer que l'on peut survivre quelques mois en cas d'arrêt total de l'approvisionnement alimentaire ». Et pour un pays urbanisé plus petit que Londres, la viande artificielle est une solution toute trouvée : « Comme les fermes verticales, que nous cherchons également à dévelop-

---

108 – Une séduction durable, ce qui n'est pas le cas de toutes les jeunes pousses industrielles comme le montre *a contrario* l'exemple des rapports entre Ford et Nikola Motor le constructeur de camions électriques pourtant sur le modèle capitalistique de Tesla.

109 – Comme le marché de la voiture électrique a commencé à faire ses preuves cette année, pour les nouveaux venus, cela se traduira par de la croissance nette, alors que les constructeurs de la vieille école devront aussi gérer le poids du passé (les stocks de voitures thermiques ne répondant pas aux nouveaux critères anti-pollution).

per, la viande produite en laboratoire ne prend pas beaucoup de place. En outre, à Singapour, personne ne sera perdant avec son développement car nous n'avons que deux entreprises d'élevage, donc cela ne risque pas de causer de dommages à ce secteur, et cela n'affectera pas non plus l'urbanisme puisqu'il n'y a pas besoin de pâturage. ». Aucun perdant donc pour le scientifique, mais clairement plusieurs gagnants. À noter que la première entreprise autorisée à vendre de la viande de laboratoire est la start-up californienne Eat Just qui assure par ailleurs qu'elle veillera tout de même à ce que son poulet artificiel puisse être certifié halal ! (*Libération*, le 5 novembre 2020). On savait déjà que l'argent n'a pas d'odeur, on sait maintenant que le capital n'a pas de religion ou plus exactement qu'il les englobe toutes sur son grand présentoir. Toujours plus « inclusif » donc, nous n'arrêtons pas de le dire.

### CRISE SANITAIRE, POUVOIR D'ACHAT, INÉGALITÉS, PAUVRETÉ

– Pouvoir d'achat : pas de coup de pouce pour le SMIC puisque le gouvernement privilégie l'augmentation du nombre d'heures travaillées ; toujours le « travailler plus pour gagner plus » de « l'ancien monde ». En conséquence il n'y aura qu'une revalorisation mécanique de 1 % en 2020 contre 1,2 en 2019 pour une proportion de salariés concernant 13 % de l'ensemble (1994 : 8 % ; 2006 : 16,5 %). Le rapport des experts livré au gouvernement reste d'optique libérale puisqu'il reconnaît que la question des salaires ne peut être réglée dans son ensemble (sauf salaire minimum) au niveau de l'État. C'est affirmer que s'il y a bien affirmation d'un retour à la « politique industrielle », il n'y aura pas de retour à une « politique des revenus » telle celle développée pendant les Trente glorieuses, mais des négociations de secteur et d'entreprise. La surexposition au chômage partiel de ces catégories défavorisées ne leur aurait pas fait perdre de ce pouvoir d'achat puisque leur salaire était pris en charge à hauteur de 100 % (à la différence des autres salariés, indemnisés à 84 %). Par rapport à la chute du PIB de 11 %, ces salaires ont résisté à la crise sanitaire avec une baisse de pouvoir d'achat limitée à 0,5 %. Par ailleurs, dans le cadre du dispositif d'activité partielle mis en place par le gouvernement pendant le confinement, les salariés les plus modestes ont perçu une indemnité permettant de maintenir à l'identique leur pouvoir d'achat jusqu'à 1,13 du SMIC. Le gouvernement compte sans doute aussi sur la tendance à la baisse des prix qui s'est accentuée (baisse du prix du pétrole), la part de l'épargne à la hausse forcée par rapport à la consommation, l'appréciation de la monnaie euro avec un euro à 1,21 $[110]) pour que le pouvoir d'achat résiste globalement en bout de course (*Les Échos*, le 2 décembre 2020), mais avec les risques déflationnistes qui en résultent. Le fait que la BCE vienne d'allouer 500 milliards de plus au plan de reprise peut toutefois renforcer ce risque, sauf à véritablement mettre en place une relance budgétaire au niveau européen, pour l'instant retardée par les positions de la Hongrie et de la Pologne. Il est un fait que si la pandémie révèle des situations de grande misère dans certaines régions et quartiers avec une augmentation des sans-abri et de personnes vivant de l'aumône publique ou de celle des associations avec les distributions de nourriture, le pouvoir d'achat de ceux qui restent dans le « système » résiste. Qu'il s'agisse des États-Unis, du Royaume-Uni, de l'Espagne, de l'Italie et même de l'Allemagne tous ces pays affichent des consommations en hausse, mais moindres qu'en France cet été. Bref, quand les restrictions sanitaires sont levées, les Français consomment et l'économie tourne à nouveau à un certain régime de croisière. Ainsi, début décembre, dès que les restrictions ont commencé à être levées, les ménages ont recommencé à dépenser parce que le pouvoir d'achat s'est à peu près maintenu, eu égard à l'ampleur de la crise, du moins en termes relatifs. Ainsi, l'INSEE s'attend à ce qu'il baisse de seulement 0,3 % alors que l'activité devrait chuter de 9 % en 2020 (*Les Échos*, le 16 décembre 2020). Même tendance en Espagne où Podemos par l'intermédiaire de sa ministre du Travail, essaie de faire augmenter un salaire minimum qui a presque rattrapé celui de ses voisins (805 euros en 2017, 1107 en 2020). « Le problème le plus urgent n'est pas le relèvement du salaire minimum, mais la reprise du marché du travail, particulièrement affecté par la crise sanitaire

---

110 – Ce n'est pas grand-chose en comparaison des secousses brutales qui ont eu lieu après la crise financière de 2008, lorsque le taux de change du dollar a fluctué entre 0,63 et 0,93 par rapport à l'euro, et entre 90 et 123 par rapport au yen. La réaction modérée des taux de change devant la pandémie est l'une des grandes énigmes macroéconomiques du moment. Il y a une incohérence fondamentale sur le long terme entre la croissance continue de la dette des États-Unis sur les marchés mondiaux et la baisse continue de leur production dans l'économie mondiale. Un problème analogue a conduit à l'effondrement du système d'après-guerre (Bretton Woods) de taux de change fixes. Une explication possible de la relative stabilité malgré la crise sanitaire est le fait que les taux d'intérêt sont gelés et sans doute pour longtemps encore, ce qui diminue l'incertitude (Kenneth Rogoff, ex-économiste en chef du FMI, *Les Échos*, le 3 décembre 2020).

avec plus de 30 % d'emplois précaires et 40 % des jeunes au chômage », écrit l'économiste Marcel Jansen, professeur à l'Université Autonome de Madrid. Il serait plus efficace à ses yeux de se centrer sur « la façon dont les employeurs esquivent la contrainte que constitue le salaire minimum avec des abus d'emplois à temps partiel et des contrats très courts plus ou moins frauduleux qui précarisent les salariés ». Il rappelle que 40 % des CDD ont une durée de moins d'un mois et 27 % de moins d'une semaine (*Les Échos*, le 18 décembre 2020).

– La barre des 2 millions d'allocataires du revenu de solidarité active (RSA) vient d'être franchie. Jamais en onze ans d'existence cette prestation n'avait connu une telle demande. C'est la crise sanitaire qui est la cause de la hausse observée (+8,5 % fin septembre). Plus grave encore l'augmentation du nombre de bénéficiaires du RSA est due pour l'instant bien plus à la baisse des sorties du dispositif qu'à un afflux de nouveaux allocataires, qui ne fait que commencer (*Les Échos*, le 4 décembre 2020). « Ça souligne le décalage entre les mesures publiques qui viennent au secours de gens qui vont bien — salariés à durée indéterminée et entreprises —, mais qui protègent mal les plus précaires, les non-salariés, les intérimaires obligés de recourir au RSA », déplore Louis Maurin, de l'Observatoire des inégalités (*Le Monde*, le 24 décembre 2020). Rien de nouveau donc dans le système de protection sociale français. Il raisonne toujours dans les termes du mode de régulation fordiste des Trente glorieuses et de la centralité du travail dans les rapports sociaux de production. L'autre indicateur significatif qui se détériore est celui du nombre de bénéficiaires de l'allocation de solidarité spécifique (ASS) que perçoivent les chômeurs en fin de droits qui a augmenté de 10,7 % entre mai et septembre (*ibid.*).

– Pour Julien Rousselon et Mathilde Viennot, du département politiques sociales de France Stratégie, le constat initial, se fondant sur les données Eurostat d'avant la pandémie est que « La France apparaît relativement égalitaire en comparaison des autres pays européens », écrivent. C'est notamment vrai pour les inégalités de revenus primaires, c'est-à-dire avant redistribution après impôts et transferts sociaux — mais ici, les chercheurs ont choisi de prendre en compte les prestations de retraite dans les revenus, ce que ne font pas d'autres études. L'indice de Gini, mesurant le niveau de ces inégalités (cf. note 103), est ainsi de 0,374, inférieur de 1,7 % à la médiane européenne. Cela signifie que les inégalités sont inférieures à celles de 19 des 29 pays européens étudiés. Motif : les écarts de revenus d'activité et de patrimoine restent modérés en France. En dépit d'un taux de chômage relativement élevé, on compte moins d'inactifs que certains pays du sud de l'Europe où beaucoup de femmes au foyer et de chômeurs découragés sont sortis du marché du travail. Second constat, la redistribution française corrige relativement bien ces inégalités primaires : « La redistribution fait baisser de 24,8 % l'indice de Gini, contre 22,6 % en médiane européenne, ou 17 % en Italie. » Toute la question est de savoir à quoi tient l'efficacité de ce système : à la générosité des prestations, ou bien à leur ciblage ? À la progressivité des prélèvements obligatoires, ou à leur volume ? Côté progressivité : « Contrairement aux idées reçues, la France n'est pas la championne européenne de la redistribution », soulignent d'abord les auteurs. Les prestations en espèces (hors retraite) et les prélèvements obligatoires y représentent en effet 43,7 points du revenu primaire : c'est plus que la médiane européenne (41 points), mais moins qu'aux Pays-Bas (48 points) ou au Danemark (57 points). Dans le détail, c'est davantage grâce aux prestations sociales que la France corrige les inégalités que grâce aux impôts et aux cotisations. En cela, elle se rapproche du modèle des pays nordiques, notamment du Danemark, dont les prestations sont également très correctrices. À l'opposé, le sud de l'Europe (l'Italie et l'Espagne) corrige plutôt les écarts de revenus par les prélèvements. En France, les prestations allouées au chômage et à la lutte contre l'exclusion sont particulièrement importantes puisqu'elles réduisent de 7,9 % les inégalités, soit bien plus que les 3,1 % observés en médiane européenne, parce qu'elles représentent un volume deux fois supérieur. « De même, c'est du fait de leur volume très important que les allocations logement réduisent bien plus les inégalités en France », détaille la note. Les prestations familiales, elles, sont moins massives (1,6 point de revenu primaire, contre 1,9), mais elles corrigent mieux les inégalités (4 % contre 3,4 %), parce qu'elles sont nettement plus ciblées sur les ménages les moins aisés. Enfin, si nos prélèvements obligatoires aident à corriger les disparités de revenus par leur volume, ils gagneraient à être plus progressifs, c'est-à-dire à augmenter le taux de taxation à mesure que le revenu augmente. Par exemple si l'impôt sur le revenu est aujourd'hui progressif, ce n'est en revanche pas le cas de la CSG (*Le Monde*, le 4 décembre 2020). Or, en France 50 % des ménages ne paient pas d'impôts sur le revenu alors que tous les salariés sont astreints à la CSG.

– Toutefois, au niveau mondial, les années de progrès social et de réduction des inégalités risquent d'être annihilées. Plusieurs facteurs sont à l'œuvre pour l'expliquer. L'un concerne la récession économique mondiale qui résulte des multiples confinements observés de par le monde. Les pays pauvres sont directement touchés, en particulier ceux qui exportent des matières premières ou dépendent des recettes touristiques. Le prix du baril de pétrole, par exemple, s'est effondré de plus de 30 % par rapport à 2019. Pour l'Île Maurice et les Seychelles, les revenus du tourisme se sont taris de près de 20 % sur un an. Pandémie et changement climatique conjuguent leurs effets néfastes dans cette logique économique capitaliste (*Les Échos*, le 8 décembre 2020). « Un projet politique de "retour à la croissance" est symptomatique d'une société — en tout cas d'un État — en panne d'imaginaires collectifs », conclut Florence Jany Catrice, spécialiste des indicateurs économiques (*Libération*, le 8 décembre 2020) et c'est pourtant ce vers quoi se tournent la plupart des plans post-pandémiques dans le monde. Alors que la critique de l'instrument statistique est ancienne[III], elle semble toujours devoir être renouvelée alors que des procédés de calculs et des chiffres de plus en plus arbitraires sont utilisés pour justifier le maintien du paradigme quantitativiste et productiviste. Ainsi, « En avril 2020, l'INSEE a réduit arbitrairement de 25 % dans son calcul du PIB la part de la production des services rendus par les administrations publiques, explique la chercheuse. Or, l'Allemagne ne l'a pas fait ». Autre exemple : en 2015, le calcul du PIB irlandais est révisé de telle sorte que le taux de croissance du pays n'est plus de +7 % mais de +26 %. Mais « Peut-on vraiment croire que l'Irlande ait gagné un quart de richesse en plus en un an ? » (*ibid.*).

– La crise sanitaire fait peser une menace particulière sur l'économie française du fait de sa place dans la division internationale du travail. En effet, elle repose sur une spécialisation trop importante dans des secteurs certes en développement, mais à risque parce qu'ils sont trop dépendants de l'extérieur et d'impondérables. Ainsi, l'industrie aéronautique française avait exporté pour près de 65 milliards d'euros de biens l'an passé, ce qui lui avait permis de dégager un excédent commercial de plus de 30 milliards d'euros. En octobre, sur les douze derniers mois, les exportations aéronautiques sont tombées à seulement 40 milliards et l'excédent s'est rétréci à 19 milliards d'euros. De même, les recettes touristiques avaient atteint

---

III – Cf. J. Baudrillard : *La société de consommation*, Idées/Gallimard, 1968, p. 45-47 et la même année Robert Kennedy, alors candidat démocrate à la présidentielle américaine déclarant : « Le PIB mesure tout, sauf ce qui fait que la vie vaut la peine d'être vécue » ; puis Dominique Méda dans *Au-delà du PIB, pour une autre mesure de la richesse*, Flammarion, 1999)

57 milliards d'euros l'an passé. Elles ont chuté à 22 milliards d'euros sur les dix premiers mois de 2020. Et l'excédent touristique est passé de 11 milliards en 2019 à 3,4 milliards entre janvier et octobre 2020 (*Les Échos*, le 16 décembre 2020).

INTERLUDE

– l'État jacobin français qui a réprimé tout au long de son histoire les langues régionales vient de décider que l'accent régional pouvait être l'objet de discrimination. L'Assemblée nationale a largement adopté jeudi une proposition de loi qui vise à inscrire l'accent comme une des causes de discriminations réprimées par la loi, au même titre que la race, le sexe ou le handicap. Le ministre de la Justice, Éric Dupond-Moretti, s'est dit « archi-convaincu » par le texte, qui prévoit, contre ces discriminations, des peines de trois ans d'emprisonnement et 45 000 euros d'amende. La proposition de loi a été déposée par l'élu (Agir) de l'Hérault, Christophe Euze. Encore une preuve, s'il en faut, du vacillement de l'État entre sa forme moderne (nation) en régime accéléré d'obsolescence et sa forme (réseau) post-moderne en pleine expansion. Alors que nous avions pointé le déclin du « local » qu'annonçait les autoroutes, les hypermarchés, les lotissements et les ronds-points, la voie vers le « désert français » dans les années 70 quand Giscard et Delors cherchaient à mettre en place une politique technocratique de modernisation, voilà que chassé par la porte de la modernité, ce « local » revient par la fenêtre de la postmodernité, alors que son substrat a quasi disparu balayé par la société capitalisée, son quadrillage des territoires, sa *world culture* dominante, son langage uniformisé.

–Deux psychanalystes ont écrit à la revue *The Lancet* (le 19 octobre) pour proposer une solution originale au non-respect des recommandations sanitaires en période de pandémie : psychanalyser les récalcitrants. « Il est temps que les responsables de la santé publique ajoutent l'étude et le traitement du déni psychologique aux instruments de lutte contre la non-observance médicale. Pour ce faire, nous suggérons un nouveau partenariat entre les domaines de la psychologie expérimentale, de la santé publique et de la psychanalyse — la discipline qui, la première, a identifié les mécanismes de défense tels que le déni, et qui reste la seule à tenter de les traiter » (*Le Monde diplomatique*, décembre 2020).

– Les élèves ont pu ne pas aller à l'école le jeudi et le vendredi avant les vacances de Noël pour faciliter un confinement… qui n'en est pas un puisqu'il est levé par ailleurs. Pourtant soit l'école n'est pas un lieu de contamination et dans ce cas-là on devrait plutôt supprimer les vacances scolaires surtout vu le prétendu retard scolaire accumulé « en distanciel », soit l'école est un transmetteur et il faudrait la fermer totalement, ce que demandent d'ailleurs implicitement des syndicats d'enseignants toujours prêts à « durcir » le mouvement, c'est bien connu, en parlant déjà de possible troisième vague. Quant à Arenas de la FCPE, il déclare que ce n'est pas au ministre de dire si les parents doivent envoyer leurs enfants ou pas à l'école, mais aux médecins (*Le Monde*, le 17 décembre 2020).

– L'administration chinoise de l'aviation civile (CAAC) recommande aux compagnies aériennes du pays des précautions sanitaires inédites. Explication dans *Ouest France* (11 décembre 2020) : « Elle suggère de faire porter des couches jetables au personnel navigant afin d'éviter aux hôtesses de l'air et aux stewards d'utiliser les toilettes des avions […], considérées comme une des parties les plus porteuses de microbes. »

– Encore une intermédiation : pour tenter de surmonter le manque de confiance, pour ne pas dire de défiance de la population par rapport aux mesures antipandémiques, l'exécutif s'est résolu, après de nombreuses demandes en ce sens, à se doter d'un nouvel outil. Un comité citoyen sera désormais associé « à la conception de notre stratégie vaccinale », a annoncé Jean Castex, le 3 décembre (*Le Monde*, le 17 décembre). Donc, si on comprend bien, un Comité citoyen fait pour faire passer la pilule des décisions imposées par un Comité d'experts lui-même diligenté par un Comité politique en rapport avec un comité de défense… Mais : « Il serait regrettable qu'une telle structure [le comité citoyen] conduise à contourner les acteurs existants », indique aussi le rapport de l'Office parlementaire d'évaluation des choix scientifiques et technologiques (OPECST) chargé d'évaluer les évaluateurs.

– L'entreprise Auchan ne connaît pas des difficultés qu'en Chine puisqu'elle doit aussi faire face au système oligarchique semi-mafieux russe. Ainsi a-t-elle sûrement voulu jouer les Mac Donald avec l'idée « De la fourche à la fourchette » en construisant une usine de transformation de viande à Tombov, 500 km au sud de Moscou… dans une région sans vaches et sans production de viande. Mais « s'adapter » aux réalités locales ce n'est pas seulement copier les méthodes économiques, il faut y rajouter un peu d'expertise type GPU/KGB ; ainsi pour lutter contre la corruption des ses acheteurs et les commissions offertes aux fournisseurs, la direction d'Auchan a décidé de passer les salariés suspects au détecteur de mensonges (*Les Échos*, le 23 décembre).

ENTREPRISES

– Il y a eu en France un cumul de 23 milliards d'euros de reports de charges sociales, avec un pic mensuel fin juin, à plus de 16 milliards. Mais les dettes constituées par les employeurs à cet effet ont été en majeure partie remboursées, puisque fin novembre il ne restait plus que 10,25 milliards à recouvrer — tout de même dus par 70 % des entreprises. Le second confinement a provoqué un rebond des reports de cotisations, à hauteur de 1,73 milliard d'euros, concernant 17,4 % des employeurs. Rien à voir cependant avec le confinement « dur » du printemps : en avril, les reports avaient grimpé à 7,7 milliards en un mois et concernaient 46,4 % des employeurs (*Les Échos*, le 2 décembre 2020). Comme les mesures sanitaires vont continuer à peser sur la productivité des entreprises dans certains secteurs et qu'une partie de celles-ci ne seront pas viables immédiatement en fonction de l'importance de leurs coûts fixes, l'État pourrait prendre une partie des salaires à sa charge pendant quelques mois, donc la plus grosse partie du coût variable qui est en grande partie incompressible pour la fraction garantie des salariés à statut qui représente encore environ 80 % du total des salariés, contrairement au coût des consommations intermédiaires de la production, à savoir l'énergie et les matières premières qui baisse automatiquement en période de chute de la production. En tout cas l'économiste et conseiller de Macron, Jean Pisani-Ferry a émis plusieurs fois cette idée à Bercy. Les Allemands ont préféré délivrer une allocation directe aux coûts fixes des entreprises car leurs mesures d'urgence ont plus cherché à aider les entreprises que les ménages, une preuve de plus de leur tendance industrialiste.

Selon les économistes de la société de gestion Candriam, la perte des entreprises françaises atteindrait globalement 3 % du PIB cette année, contre 2 % en Allemagne. Pour Patrick Artus, « l'État a moins soutenu les entreprises en France que dans le reste de la zone euro ». Comme le recul des profits des entreprises en France sera plus important et l'endettement plus élevé, « la dégradation des bilans des entreprises due à la crise de la Covid va être plus grave en France que dans l'ensemble de la zone euro », alerte-t-il (*Les Échos*, le 15 décembre 2020). D'où, aussi, le renversement de priorité dans le plan de relance français qui va faire la part belle aux entreprises puisque la politique de l'offre est toujours à l'honneur, alors que l'Allemagne, plus confiante dans la force de son offre, s'est permis une petite relance de la demande par une baisse de la TVA.

– Les étonnements de la mondialisation : alors que le marché du jouet est censé être de plus en plus dominé par une production en provenance de Chine, il s'avère que le *made in France* est passé dans ce secteur de 8 % il y a 3 ans à 15 % du marché intérieur aujourd'hui, avec des exemples de relocalisation industrielle par robotisation de la ligne de production. Par ailleurs, pendant la crise sanitaire, Amazon, souvent pointée du doigt, a donné un sérieux coup de pouce aux petites marques françaises. Le géant mondial leur a ouvert il y a plus d'un an une boutique suivie par C-Discount. « De petites marques, avec un revenu entre 500 000 à 10 millions d'euros, ont du mal à entrer dans des magasins, note Alain Ingberg, président de l'association des fabricants de jouets. Cette vitrine les a sauvées pendant la pandémie. » En effet, pour certaines, Amazon représente 30 % de leurs ventes[112]. (*Les Échos*, le 3 décembre 2020). Plus généralement le *made in France* continue à gagner du terrain dans l'esprit des Français. 64 % d'entre eux estiment ainsi avoir augmenté leur consommation de produits hexagonaux depuis le début de l'épidémie, selon la nouvelle étude d'Opinion Way pour l'agence Insign, confirmant la tendance d'une première étude menée sur ce thème après le déconfinement. L'attrait du fabriqué en France n'est pas le même selon les profils. Chez les cadres et professions intellectuelles, la part monte à 70 % quand les personnes ayant des revenus

---

112 – Toutefois, au niveau plus général, en dix ans, la vente en ligne a permis la création de 32 000 emplois dans le commerce de gros, mais a détruit 114 000 emplois dans le petit commerce (*Le Monde*, le 4 décembre 2020). « En théorie, la vente en ligne détruirait des emplois dans les magasins physiques, mais en créerait en amont et en aval de l'acte d'achat, par exemple dans le commerce de gros ou la livraison » expliquent les auteurs, citant le concept de « destruction créatrice » « Mais au total, il semblerait que le secteur arrive à opérer avec globalement moins de ressources. ». Aux États-Unis, l'assureur Euler Hermes pointait en juillet 670 000 destructions d'emplois dans le commerce physique depuis 2008 et en prévoyait 500 000 de plus d'ici à 2025. En avril 2019, une étude de la banque UBS anticipait 75 000 fermetures de commerces américains d'ici à 2026, si la part de l'e-commerce passait de 16 à 25 %, alors qu'elle n'est que de 10 % en France (*ibid.*).

faibles ne sont que 50 % à le faire. Un effet crise avec la crainte de débourser plus en période difficile. Parmi les marques représentatives du *made in France* citées en premier par les consommateurs, là aussi on trouve des surprises avec Le Slip Français, Saint James, Armor Lux, Petit Bateau, Chanel, mais aussi Renault et Michelin (*ibid.*). En dehors d'un certain souci de protection de l'emploi national, « c'est également le moyen dans l'esprit du public de ne pas opposer le petit commerce et les *market places* », complète Éric Bonnet de l'agence Insign qui a initié l'enquête. C-Discount, qui se définit comme « l'e-commerce made in France », consacre un onglet de recherche aux produits hexagonaux (*ibidem*).

DETTE ET BANQUES

– Techniquement au niveau comptable, l'abolition de la dette-Covid ne poserait pas trop de problèmes d'après la plupart des économistes, dans la mesure où la dette détenue par la BCE est une dette publique dont l'annulation ne toucherait pas les créanciers privés. À l'inverse, une telle opération permettrait d'éviter l'effet boule de neige sur la dette publique à terme. Les États ne pourront refinancer leur dette actuelle que si, dans huit ou dix ans, les taux restent proches de zéro. Or, cela implique que la BCE poursuive ses achats d'actifs ce qui a des conséquences sur les rapports sociaux, telle qu'une hausse des inégalités de patrimoine par exemple. Le risque est encore multiplié du fait qu'existe la possibilité que la monnaie ainsi créée ne soit pas consommée, mais investie dans des actifs financiers. Dans ce cas-là le coût de cette politique monétaire accommodante serait la création de bulles, sur le marché des actions, mais aussi immobilier. (cf. l'article : « Annuler la dette, le ton monte entre les économistes », *Le Monde*, le 24 décembre 2020) est une bonne synthèse des différentes positions des économistes sur cette question. Il en ressort que leurs différences sont plus liées à des présupposés orthodoxes ou politiques qu'à une divergence profonde puisqu'ils sont tous d'accord sur ce qu'il faut éviter : « il est nécessaire d'éviter l'austérité et de revoir les règles budgétaires européennes, guère plus adaptées à la situation », regrette Grégory Claeys, économiste au sein du groupe de réflexion européen Bruegel. Dit autrement, tous s'accordent pour dire qu'il faut sortir des politiques d'inspiration libérale.

– En contre-feu allumé face à des propositions radicalement dissonantes, telles que l'annulation de la dette-Covid détenue par la Banque centrale européenne (BCE), les dirigeants politiques et autres experts réfléchissent à son cantonnement dans un véhicule spécial à destination conjoncturelle qui l'isolerait ainsi de la dette générale à tendance structurelle qui lui préexistait (cf. Benjamin Lemoine : « Cantonner la dette ou l'aveuglement budgétaire », *Libération*, le 15 juin 2020). Un signe que pour eux, la crise n'est que conjoncturelle et non pas structurelle comme la définit pourtant, dans ce journal du même jour, Benjamin Coriat passé de la critique maoïste du capitalisme dans les années 1960-70 à la critique de l'anthropocène et aux vertus supposées de la décroissance. Les supputations vont en tout cas bon train… et les procès d'intention aussi, puisque le « cantonnement », au-delà de son aspect psychologique (faire baisser l'endettement structurel « vrai » autour de 100 % du PIB) peut aussi bien vouloir dire qu'il n'y aura pas de nécessité absolue à rembourser la dette-Covid qui a aidé à garantir les besoins « essentiels », que dire qu'il sera d'autant plus urgent de rembourser l'endettement structurel dont une partie pourrait concerner des besoins « non essentiels », sous-entendu des dépenses publiques à réduire. Des supputations très aléatoires dans la mesure où nombre de mesures et par exemple celle des indemnisations d'activité « non essentielles » et le versement continu du chômage partiel, entretiennent parmi la population l'idée de l'argent gratuit et qu'il y aurait des réserves de richesse cachées ou détournées. Il sera donc peu aisé, pour le pouvoir politique post-crise sanitaire, de tout à coup demander à cette même population de passer à la caisse pour rembourser d'une manière ou d'une autre. Supputations qui sont aussi entretenues par différents projets sans visibilité claire puisqu'ils concernent tout à la fois la destination, le montant et la durée des allocations-chômage aux États-Unis et en France (cf. en France l'hésitation entre le report ponctuel ou *sine die* de la réforme de l'assurance chômage).

Pourquoi ce changement, surtout aux États-Unis où l'idéologie dominante décline sans être contredite l'idée qu'une allocation chômage détourne de l'emploi ; ou même en France où les économistes libéraux dénoncent une « préférence pour le chômage » ? Tout bonnement parce que dans la crise sanitaire actuelle, globalement, il n'y a plus de réserve d'emplois dans laquelle piocher[113]. Sans effort pour favoriser la demande,

113 – Sur les États-Unis, cf. Ioanna Marinescu, université de Pennsylvanie : https://papers.ssrn.com/sol3/papers.cfm?abstract_id=3664265 où il est montré que malgré la forte augmentation des allocations, les demandes étaient restées bien supérieures aux offres alors qu'elles auraient dû baisser si on avait constaté l'existence d'une « préférence pour le chômage ». Finalement, l'assurance chômage n'a plus

pas de reprise sauf à tout attendre de l'investissement public. Toutefois, on a du mal à y voir clair dans la mesure où tout ne va pas dans le même sens ; ainsi, en France la prime Macron ne sera pas reconduite une troisième fois (la première suite aux manifestations de Gilets jaunes, la seconde pour les salariés de première ligne). « Nous privilégions des dispositifs pérennes de partage de la valeur. D'ailleurs les syndicats préfèrent eux aussi des mécanismes pérennes ou des hausses des salaires, tandis que les entreprises sont partagées », explique-t-on à Bercy (*Les Échos*, le 15 décembre 2020).

– Le processus des fusions bancaires à l'intérieur de chaque pays européen se renforce. Ces mouvements visent d'abord à redresser la rentabilité d'établissements fragilisés par la crise dans des marchés encore peu concentrés. Mis sous pression par une avalanche de provisions pour pertes de crédit et la certitude que les taux vont rester bas à moyen terme et rogner durablement leurs marges, les banques cherchent des moyens de réduire leurs coûts. Mais ces mouvements interviennent aussi dans un contexte particulier, à savoir le retour des banques comme bras armé du politique. En distribuant des prêts garantis par l'État (PGE) aux entreprises frappées par la crise, elles ont retrouvé la confiance des États qu'elles avaient perdue durant la crise financière de 2008 et sont redevenues des courroies de transmission des politiques publiques. Mais en dehors de toute idée de mission de service public comme cela avait pu être le cas en 1945 à l'époque de la nationalisation des grandes banques de dépôt suivant le programme du Conseil national de la résistance (CNR). Chacun agit ici dans le cadre de son intérêt bien compris. Ainsi, tout en apportant sa garantie, l'État peut se reposer sur un système bancaire qui, en Europe, assure encore le gros du financement de l'économie par rapport à un marché financier qui domine aux États-Unis. Il en va de même pour la banque centrale européenne (BCE), dont la politique repose aussi en partie sur les banques. De leur côté, ces dernières profitent indirectement de ces dispositifs qui préservent (pour le moment) leurs propres clients de la faillite... aux frais du contri-

qu'une vertu, celle de lutter contre les inégalités. Aux États-Unis, pendant la crise sanitaire, ce sont les salariés à revenus modestes et dans des secteurs comme la restauration, qui ont perdu le plus d'emplois. L'augmentation des allocations chômage de 600 dollars par semaine pour tout le monde a bénéficié de manière plus que proportionnelle aux chômeurs à bas revenus, et a donc joué un rôle très important pour limiter la croissance des inégalités aux États-Unis pendant la crise sanitaire (cf. http://ftp.iza.org/dp13643.pdf, Marinescu, *Libération*, le 15 décembre 2020).

buable. Cette interdépendance rend les banques encore plus stratégiques pour les États. Comment imaginer dans ce contexte un fleuron bancaire italien ou français se faire avaler par un étranger, alors même que ce genre d'opérations était déjà ultrasensible auparavant ? (*Les Échos*, le 17 décembre 2020). L'ironie de l'histoire, c'est qu'après la crise financière de 2008, les autorités n'ont eu de cesse de desserrer le lien entre banques et État, pour s'assurer que les premières n'entraînent pas le second dans sa chute. Or, la crise sanitaire inverse cette tendance. Ce lien s'est aussi resserré au niveau du rapport banques centrales–États en contradiction avec l'objectif libéral-monétariste d'indépendance des banques centrales qui s'est imposé progressivement à partir des années 1990. Plusieurs économistes[114] ont souligné ce risque d'intervention des banques centrales qui signe la fin (provisoire ?) de la discipline budgétaire sur laquelle reposait l'équilibre du financement global à l'ère de la globalisation. Cet équilibre a par exemple été rompu partiellement pendant les quinze premiers jours de mars quand, suite à la crise sanitaire, les entreprises « zombies » américaines et même de grandes entreprises surendettées dans le secteur du gaz de schiste ou dans l'aéronautique (Boeing), ont eu une énorme demande de liquidités qui a entraîné par ricochet une vente imprévue et hors de proportion de bons du Trésor américain pour faire face aux retraits de fonds à destination de ces entreprises[115]. Une course à la liquidité qui a produit un ébranlement de confiance par rapport au statut de réserve de valeur que représentent justement ces bons du Trésor. À partir du 16 mars, la FED a dû racheter massivement des bons pour calmer le jeu. Mais le problème reste celui de la dette privée, devenue assez incontrôlable depuis que les règles de Bâle III fixées après la crise financière de 2008 ont imposé des restrictions de prêt aux banques commerciales. Toute une partie du crédit privé s'est alors développée auprès d'autres types de sociétés financières moins contrôlées que les banques traditionnelles. Un effet pervers.

– Le programme de prêts aux entreprises a permis de sauver l'équivalent d'environ deux millions d'emplois à temps plein aux États-Unis. Mais il

---

114 – Cf. Michel Aglietta et Sabrina Khanniche : « La vulnérabilité du capitalisme financiarisé face au coronavirus », *La lettre du CEPII*, n° 407, avril 2020.

115 – Il faut savoir qu'en temps de baisse des cours, les bons du Trésor correspondent à un choix de la « qualité » et normalement cela conduit à des achats de bons, alors que là s'est produit le processus inverse du fait de la préférence pour la liquidité (le choix de la « quantité »).

s'est montré impuissant face à la vague de faillites qui a touché les PME à travers le pays. Ce sont des centaines de milliers de commerces qui ont dû mettre la clé sous la porte. Et une nouvelle vague touchant des entreprises plus importantes pourrait intervenir en 2021. Le programme est venu en aide à 5,2 millions d'entreprises. Mais, selon la *Small Business Administration* (SBA), l'agence fédérale qui a géré le programme, la moitié des 522 milliards de dollars distribués l'a été à 5 % de bénéficiaires seulement. Ce sont les grandes entreprises, disposant de services juridiques rodés, qui ont été les premières à en tirer profit (*Les Échos*, le 22 décembre 2020) et à opérer ce qu'il faut définir comme une captation d'argent public au profit du secteur privé.

MONDIALISATION/GLOBALISATION

– La crise sanitaire a permis aux Occidentaux de prendre conscience de l'interdépendance des économies et donc d'une certaine fragilité des chaînes de valeur avec la pénurie de masques, de respirateurs et la rupture d'approvisionnement pour certains médicaments. Pourtant, à y regarder de plus près, l'économie française est assez peu dépendante d'importations étrangères pouvant poser problème. C'est ce que montre une étude du Trésor publiée publiée le 17 décembre. Elle estime que « les vulnérabilités des importations de la France semblent limitées ». Cette vulnérabilité se manifeste avant tout quand les importations d'un produit proviennent de pays qui n'appartiennent pas à l'Union européenne ; et ensuite, la question est de savoir si l'approvisionnement de ces produits importés de pays extra-européens est concentré sur un seul pays ; enfin, il faut définir s'il existe une alternative à ces importations au sein de l'UE. Or, sur environ 5000 types de produits importés étudiés, seuls 121 proviennent de pays hors UE et sont des biens dont l'approvisionnement est très concentré dans un seul pays étranger non-européen. Il s'agit de produits chimiques et pharmaceutiques tels que certains antibiotiques, des produits métallurgiques, dont certaines « terres rares », des biens d'équipement comme les accumulateurs et des machines-outils spécifiques. Pour un tiers d'entre eux, la Chine est le plus souvent le premier fournisseur de ces produits. La dépendance est donc réelle, mais elle n'est pas si importante puisque le plus souvent il existe des alternatives à la production chinoise. Seulement 12 produits dont la fabrication au niveau mondial est concentrée sur un petit nombre de pays producteurs, souvent la Chine, présentent « un risque élevé de pénurie en cas de choc », selon le Trésor. Il s'agit de lampes LED, de couvertures en fibre synthétique ou de simulateurs de vol. Et « les importations de la

France depuis les pays tiers sont moins vulnérables que celles de ses voisins européens », soulignent les économistes du Trésor. « Quand on regarde les consommations intermédiaires, c'est-à-dire les différentes composantes d'un produit fini, on se rend compte que les importations chinoises ont été multipliées par dix depuis 1995. Mais dans l'absolu, notre dépendance reste très faible » (*Les Échos*, le 18 décembre 2020). « Les entreprises ont compris qu'elles ne doivent pas dépendre d'un seul fournisseur. Elles ont donc déjà commencé à diversifier leurs approvisionnements, explique Lionel Fontagné, professeur à l'université Paris-1. Les relocalisations ont lieu au niveau régional, dans les pays d'Europe de l'Est, par exemple. Il n'y a plus d'approfondissement des chaînes de valeur mondiales depuis 2008, mais une re-régionalisation du commerce international. » (*ibid.*). En fait, beaucoup d'économistes pensent qu'il n'y aura de relocalisation et de réindustrialisation que si la France redevient compétitive. Cela ne dépendra pas tant du coût du travail que de la productivité. Et pour cela, il faut que la production soit basée sur de nouvelles technologies et *in fine* sur une nouvelle manière de produire. C'est possible dans certains secteurs. Mais, comme le dit David Thesmar, professeur au Massachusetts Institute of Technology, à Boston, « dans ce cas, il y a fort à parier que la production passe par la robotisation. Donc les emplois industriels nouvellement créés seront peu nombreux » (*ibidem*). Pour P. Artus (*Le Monde*, le 20 décembre 2020), la crise sanitaire a dévoilé un peu plus les impasses d'une croissance faible fondée sur la satisfaction des consommateurs par la baisse des prix, cette dernière elle-même permise par les délocalisations[116], le déve-

116 – On estime que l'augmentation des importations en provenance de Chine entre 1995 et 2007 a détruit environ 100 000 emplois en France, des pertes concentrées géographiquement, tandis qu'elle a amélioré le pouvoir d'achat annuel de chaque ménage de mille euros, des gains répartis sur toute la distribution des revenus, donc une diffusion certes, mais sûrement très inégalitaire et dont le sens est difficile à appréhender (Isabelle Méjean, enseignante d'économie à l'École Polytechnique, *Le Monde*, le 20 décembre 2020). Si ces problèmes sont réels, on oublie parfois que, pour l'économie française, la mondialisation se joue avant tout à l'échelle européenne. Environ 60 % des échanges de la France avec le reste du monde se font à l'intérieur de l'UE), quand les biens en provenance d'Asie représentent seulement 15 % des importations françaises. Les pénuries de masques ou de paracétamol ont focalisé l'attention, tandis que la prépondérance européenne sur le matériel médical ou d'autres types de médicaments était ignorée. L'UE est le premier exportateur mondial d'une cinquantaine des quatre-vingt-dix produits identifiés comme stratégiques dans la gestion de la crise sanitaire par l'OMC. Cela ne signifie pas que l'UE est autosuffisante,

loppement des plateformes, l'augmentation des travailleurs pauvres et des inégalités, l'énergie à bas prix. Quitter ce modèle entraînerait une hausse des prix qui ne pourrait être supportée par ces mêmes travailleurs pauvres et précaires d'où la nécessité de passer d'un soutien aux consommateurs à un soutien aux bas salaires. Bref, le retour à une relance par la demande plus que par l'offre, ce qui n'a rien d'étonnant vu le contexte, sauf le fait que ce soit aujourd'hui un libéral comme Artus qui le préconise !

– Une seconde délocalisation interne aux États-Unis ? Après avoir connu le transfert de son centre industriel traditionnel du Nord-Est vers la « ceinture d'or » du Sud-Est, la crise sanitaire va-t-elle avoir raison de la Silicon Valley ? La généralisation du travail à distance et l'importance apportée au cadre de vie ont rendu la concurrence géographique plus aiguë entre les États américains. Cela fait des années que les experts brandissent la menace d'un déclin de la Californie ; or, effectivement, en l'espace de quelques semaines, plusieurs entreprises ont déménagé leur siège et de nombreux grands patrons se sont installés ailleurs. À commencer par Elon Musk, le fondateur de Tesla qui a révélé qu'il résidait désormais au Texas, un État qui, comme la Floride, ne collecte pas d'impôt sur le revenu. En effet, outre l'opportunité que représente une faible implantation syndicale dans ces territoires du Sud (cf. *supra* et en parallèle l'opposition du même Musk au syndicat IG-Metall au moment de son implantation à Berlin), la fiscalité est souvent mise en avant pour expliquer ces déménagements (*Les Échos*, le 23 décembre 2020).

– Les politiques palabrent, le rouleau compresseur passe : alors que ces derniers mois, il est apparu clairement que le texte gouvernemental sur la concurrence se traduisait par une exclusion *de facto* de Huawei du marché français de la 5G, la question était alors de savoir si le projet d'usine européenne entre Strasbourg et Haguenau ne déménagerait pas en Allemagne puisque la ville de Berlin s'est montré un peu plus ouverte que les autres capitales de l'UE sur la question. Le groupe chinois n'a finalement pas tenu compte de ces atermoiements politiques. Faisant le pari du long terme, il double la mise en France. Après avoir ouvert un sixième centre de recherche à Paris à l'automne, il a encore prévu d'inaugurer trois boutiques en région parisienne (*Les Échos*, le 18 décembre 2020).

---

mais que les investissements nécessaires pour atteindre la souveraineté dans des secteurs aujourd'hui jugés stratégiques ne concernent qu'un nombre limité de produits (*ibid.*).

– Même cause effets contraires : alors que la crise sanitaire a accentué le poids des plateformes et donc aussi celui des plateformes chinoises, grande distribution et production de luxe en ont tiré des conclusions différentes. Nous avions déjà parlé du départ d'Auchan de Chine (après celui antérieur de Carrefour) pour ne pas passer sous les fourches caudines d'Alibaba, voilà Kering et l'une de ses marques, Gucci qui n'ont finalement pas pu résister à la caverne mirifique d'Alibaba. Kering a annoncé avoir noué une alliance avec la plus grande plateforme d'e-commerce en Chine. Les portails d'e-commerce chinois ont pleinement participé à la hausse de 48 % des ventes du luxe en Chine — le seul marché à boucler l'année en croissance (*Les Échos*, le 21 décembre 2020). Industrie du luxe et grande distribution ne peuvent avoir la même stratégie.

### Anticipations post-Covid

– La victoire aux urnes pour le rival démocrate de Trump pourrait bien annoncer le retour à une mondialisation fondée sur des règles communes comme « mode par défaut » des rapports économiques internationaux. Mais là s'arrêtera sa ressemblance avec la mondialisation des années 1990. Car même si Washington renoue avec ses engagements précédents en faveur d'un ordre fondé sur des règles communes, les conflits autour de la définition de ces règles sont voués à se durcir. Tant la guerre commerciale initiée par Trump que les réactions immédiates face à la pandémie ont trait à la relocalisation de la production. Or, dans la période post-Trump, l'enjeu ne sera plus le site de la production, mais la manière de la réaliser (de la faire circuler). Bienvenue dans le nouveau monde de la politique commerciale ! Il s'agira encore de doper les échanges, mais désormais au service d'un renforcement de la puissance réglementaire des trois blocs qui fixent les règles : États-Unis, Union européenne et Chine. Les signes de cette mutation sont déjà abondants. Ainsi, la nouvelle version de l'ALENA pose comme condition préalable à l'accès préférentiel du Mexique à la chaîne d'approvisionnement des constructeurs automobiles, l'augmentation des salaires dans les usines mexicaines du secteur. Même chose en ce qui concerne l'accord commercial de l'UE avec les pays du Mercosur, qui impose des obligations dans des domaines allant du bien-être des animaux au respect de l'Accord de Paris sur le climat. Le Cambodge s'est aussi vu retirer une partie de son accès préférentiel au marché européen au motif de ses violations des droits de l'homme. Enfin, la nouvelle « route de la soie » développée par Pékin vise à enchâsser nombre de pays dans les réseaux commerciaux et financiers chinois. Comme le montrent ces exemples, ce sont les économies de taille modeste qui en supportent les conséquences lorsque les grands blocs commerciaux insistent sur la conformité avec des normes qu'ils ont de fait ou de droit fixées préalablement. Les pays émergents n'ont guère d'autre choix que de céder aux exigences des plus gros marchés du monde. Même des économies nationales relativement importantes peuvent faire les frais de cette tendance. Il n'est que de penser aux illusions du Royaume-Uni sur sa capacité à entretenir des rapports commerciaux forts avec l'UE et les États-Unis en même temps... tout en ayant les mains libres pour fixer les règles qui lui conviennent en dehors des contraintes de son ancienne appartenance à l'UE. La nouveauté dans tout cela est que des pays se trouvent de plus en plus contraints de mettre des secteurs entiers en conformité avec les exigences d'un des grands blocs. Autrefois, lorsque les matières premières et les biens industriels finis constituaient l'essentiel des échanges, les exportateurs n'avaient pas de mal à moduler leur production selon le marché international visé. Mais aujourd'hui, et pour de multiples raisons, les règles s'appliquent de plus en plus à l'ensemble du procès de production. C'est le cas non seulement traditionnel des échanges industriels, mais aussi celui du commerce croissant de services qui ne sont plus seulement des « services aux entreprises » (sous-entendu, industrielles), parce qu'ils viennent se nicher dans des produits aussi matériels que la voiture suréquipée en technologies numériques et par-là même sont des éléments de dispersion de la chaîne de valeur, de l'amont à l'aval (ce que nous appelons « l'évanescence de la valeur »). Si bien que les trois grands blocs de puissance ont intérêt à s'assurer que chacun d'entre eux réussira à imposer ses propres règles aux autres, mais dans ce cas, il y aura bien des perdants. Pendant le mandat de Trump, la plupart des pays du monde ont été sommés de choisir leur camp sous Trump, ils le seront tout autant après son départ. Même si le retour des États-Unis dans « le concert des nations » sera le plus chaleureusement accueilli, on assistera à une remontée des tensions. Certes, un gouvernement Biden souscrira à nouveau à l'Accord de Paris et pourrait entamer à l'intérieur du pays une politique ambitieuse de lutte pour le climat. Biden promet déjà une taxe carbone sur les importations en provenance de pays accusés de « tricher sur leurs engagements en matière de climat » et l'UE a l'intention de faire de même. Mais une politique consistant à faire la paix avec l'Europe risque de conduire à l'affrontement avec la Chine. Elle ouvrirait la voie à un Occident réunifié qui formerait dès lors un club anti-carbone sommant Pékin de réduire ses émissions sous peine de perdre son accès aux marchés occidentaux. On aurait d'ailleurs tort de voir dans cette stratégie, un retour du protectionnisme. Il s'agit plutôt d'une mondialisation plus profonde dans laquelle l'activité économique transnationale s'accompagnerait de règles non moins transnationales pour la régir. Cette nouvelle réglementation des flux transnationaux est une réponse potentiellement saine, du point de vue capitaliste, mais aussi environnemental, à l'erreur précédente qui consistait à confondre mondialisation et déréglementation.

On peut imaginer plusieurs issues possibles aux batailles réglementaires qui se dessinent actuellement. La première serait l'harmonisation des politiques commerciales : les pays se mettraient d'accord sur des règles à peu près semblables. C'est le modèle qui sous-tend l'intégration économique européenne, mais qui a peu de chances de s'instaurer à l'échelle mondiale sauf si la question du climat vient à prévaloir. Dans ce cas, un club anti-carbone occidental — englobant la moitié de l'économie mondiale — pourrait atteindre la puissance de feu économique requise pour contraindre les autres à s'y plier. Une possibilité, en tout cas à court terme, semble aller dans un sens coopératif : le projet de débloquer 500 milliards de dollars sous forme de DTS (droits de tirage spéciaux) par le FMI pour une aide mondiale qui ne devrait plus être bloquée puisque seuls Trump et Modi s'y opposaient. » (Cf. J. E. Stiglitz, *Les Échos*, le 24 décembre 2020).

Deuxième issue possible : chaque pays extérieur aux trois blocs finirait par s'intégrer plus fortement au bloc avec lequel il a déjà les liens économiques les plus serrés. Cela créerait un dilemme pour les pays liés à plus d'un bloc : imaginons l'Amérique latine obligée de choisir entre la Chine et les États-Unis, ou l'Afrique entre la Chine et l'Europe. Le dernier exemple en date de ce dilemme est le coup de semonce donné par Washington au Brésil concernant Huawei.

La troisième voie serait la fragmentation. Dans certains domaines, les normes des trois grands blocs commerciaux sont aujourd'hui irréconciliables et vont vraisemblablement le rester. Cela semble être le cas du traitement des données personnelles pour qui l'Europe donne la priorité au consommateur plutôt qu'aux producteurs de contenu numérique, les États-Unis montrent une préférence pour le Big Tech et la Chine développe la surveillance étatique. Mais on pourrait aussi imaginer un dernier scénario plus optimiste qui verrait une large convergence sur les normes les plus exigeantes. Il existe un « effet Bruxelles » qui incite des pays à adopter des règles européennes du fait que, une fois leurs entreprises mises en conformité, d'autres marchés internationaux s'ouvriraient à elles. Comme l'a fait remarquer dans le *New Yorker*, Nate Persily, professeur de droit à l'université Stanford : « L'Europe est le seul régulateur effectif de la Silicon Valley. La mondialisation dans sa phase précédente a souvent été critiquée pour avoir déclenché une course vers le bas. Dans la phase à venir, une lutte titanesque pour gagner la position dominante en matière de réglementation pourrait paradoxalement déboucher sur une course vers le haut (Martin Sandbu, *Financial Times,* le 21 août 2020, traduction de Larry Cohen).

– Aujourd'hui, on vit la troisième contraction du PIB la plus importante depuis 1900, selon la Deutsche Bank. Pour sa part, le gouvernement britannique envisage de prendre des participations dans des entreprises clés et de créer toute une série d'instruments financiers à faible rendement comme des obligations indexées sur la croissance du PIB. De même, les taux d'intérêt resteront bas et les loyers pourraient baisser si des logements type Airbnb étaient redéployés sur le marché à long terme et à des prix plus faibles. Pour finir, les impôts sur les revenus du capital vont sûrement augmenter. Selon un nouveau document de réflexion de la Réserve fédérale de San Francisco, l'analyse de quinze pandémies historiques en Europe (en remontant jusqu'au XIVe siècle) donne ceci : chute des taux d'intérêt au cours des vingt ans suivant la pandémie et hausse des salaires réels pendant trente ans. D'après le document de la FED « De fortes répercussions macroéconomiques [à partir des pandémies étudiées] se prolongent pendant quarante ans environ, dont notamment une stagnation significative du retour réel sur investissement. En revanche, nous n'avons rien constaté de tel à la suite des conflits armés, bien au contraire. Cette différence s'explique vraisemblablement par la destruction de capitaux typique des guerres, mais pas des pandémies. Sur la base de données bien plus rares, nous avons par ailleurs noté une modeste augmentation des salaires à la suite des pandémies qui paraît logique, compte tenu des pénuries de main-d'œuvre et/ou de la tendance à épargner davantage qui sont parmi les conséquences de celles-ci. » (*Financial Times*, le 16 avril 2020, trad., LC).

Et l'auteur de conclure que si, comme le laisse supposer le bilan historique, les taux d'intérêt réels restent durablement bas au lendemain de cette pandémie, les gouvernements auront des marges de manœuvre budgétaire pour en atténuer l'impact. Une seule réserve cependant : la pyramide des âges aujourd'hui, qui n'est nullement comparable à celle observée au début de la Peste noire...

Le 28 décembre 2020

# Relevé XVI

# (26 janvier 2021)

L'État et ses réseaux

– Par le biais de la Direction générale de la santé (DGS) l'État a fait appel à plusieurs sociétés privées (les cabinets de conseil Accenture et McKinsey, et les sociétés Citwell et JLL), pour l'épauler dans la mise en œuvre logistique de sa stratégie vaccinale. Pour Luc Rouban, directeur de recherche au CNRS, « cela prouve qu'au sommet de l'État, plus personne n'est capable de mettre en place un plan opérationnel ». Il fait appel désormais à des fournisseurs privés de stratégies clés en main alors même qu'il ne manque pas en interne d'experts, d'inspections, de cabinets et d'autorités en tout genre (*Le Monde*, le 8 janvier 2021). Rouban y voit une privatisation des politiques publiques alors que nous replaçons cela dans le cadre du développement de la forme réseau de l'État[117]. À cela s'ajoute, dans le domaine de la santé, un éclatement des entités. Dès 1996 (réforme Juppé) l'État s'est mis à créer des établissements publics dans le secteur de la santé, telles les ARH (Agences régionales de l'hospitalisation), mais ils ont été multipliés

---

117 – Cf. J. Guigou, « l'État sous ses deux formes : nation et réseau », *Temps critiques* n° 20, automne 2020.

D'après *Le Canard enchaîné*, le 13 janvier 2021 : « Différents cabinets de conseil servent d'appui et de passerelles entre ces réseaux : "Ils sont partout, plus aucun secteur ne leur échappe. Ce sont eux qui ont rédigé le plan de relance de Bruno Le Maire", se plaint un inspecteur des Finances de Bercy, fâché de se voir ainsi dépossédé de savoir/pouvoir. Dans le cadre du plan de relance, le ministère de l'Agriculture a ainsi sollicité le cabinet McKinsey afin, comme le dit la lettre de mission, de "bénéficier d'un accompagnement de courte durée pour structurer le pilotage stratégique du volet agricole et en assurer la qualité et la rapidité de l'exécution". Les fonctionnaires du ministère ne connaissent-ils rien aux aides agricoles ? Dès lors qu'il s'agit de sortir de la gestion de routine, les cabinets sont appelés à la rescousse — c'est devenu un réflexe et c'est le cabinet Roland Berger a encadré le grand débat de Macron post-Gilets jaunes. Pour préparer la loi sur les mobilités d'Élisabeth Borne, des cadres d'Ernst and Young et de Boston Consulting Group ont souvent tenu la plume. Le rapport de la Cour des comptes pointe l'absurdité du processus, quand un ministère sollicite une boîte de conseil pour répondre à un autre qui l'interroge sur ses dépenses... »

dans les années 2010 (ARS, Santé publique France). Ils ont chacun leur direction et leur état-major protège leur pré-carré. Cela a engendré un éclatement des donneurs d'ordre, un enchevêtrement des compétences et une concurrence entre ces entités du type « guerre des polices ». Sans oublier une mauvaise coordination pour couronner le tout. Le chercheur du CNRS en déduit qu'il n'y a plus aucune ligne directrice ou doctrine de l'État en la matière. Pour lui, c'est le signe de la constitution d'une économie de l'expertise gestionnaire associant le secteur public et le secteur privé et donc d'un marché professionnel nourrissant le pantouflage ou des espoirs de pantouflage. En reprenant cette antienne du pantouflage de la haute fonction publique, ce chercheur s'empêche de voir le caractère novateur que revêt le développement de la forme réseau et ainsi, que c'est la distinction même entre privé et public dont la pertinence est remise en cause.

– Dans le même ordre d'idées, selon D. Béhar de l'institut Terra nova (*Libération*, le 22 janvier 2021), l'État est devenu incapable, premièrement de cadrer et deuxièmement de coordonner l'action territoriale. La « reterritorialisation » idéologiquement plaquée comme conséquence d'une décentralisation conçue comme moins bureaucratique a conduit en fait à une spécialisation techniciste des compétences, une surenchère des collectivités locales par la multiplication des programmes catégoriels (l'exemple de « l'action cœur de ville »), alors que la crise sanitaire a au contraire démontré sur le terrain le lien entre les secteurs (santé, continuité du service public, transports et approvisionnement alimentaire). Cette « reterritorialisation » à qui l'État veut faire jouer le rôle de valeur refuge relève d'une conception centralisatrice qui considère les espaces non métropolitains encore comme des campagnes d'il y a un siècle, alors que cela fait plus de cinquante ans qu'un sociologue des rapports ville/campagne comme Henri Lefebvre a théorisé le concept de « rurbain ». Quoi d'étonnant alors à ce que le gouvernement s'interroge sur le fait qu'un département « rural » comme la Haute-Loire soit l'un des plus touchés par la seconde vague de la pandémie, dans la mesure où il néglige son ancrage au sein de l'intense tissu d'échanges stéphano-lyonnais.

## Taux d'intérêt, dette, banques

– Il est faux de prétendre que les actuels taux d'intérêt quasi nuls et même négatifs sont sans aucun précédent dans l'histoire financière. Dans les années 1930 aux États-Unis, les obligations du Trésor étaient tombées après la crise de 1929 à un « taux plancher zéro ». Dans la Confédération helvétique, en 1979, la Banque Nationale avait enrayé ainsi l'appréciation du franc suisse. On peut, plus près de nous, citer l'État français qui en 2012 a placé près de 6 milliards d'obligations à trois mois à -0,0005 % et à six mois à -0,006 % (cf. J.-M. Servet : « Taux d'intérêt bas et négatifs, nouveau paradigme de la finance ? », in *The conversation*, le 17 novembre 2020). Par ailleurs, pendant les Trente glorieuses les taux d'intérêts réels étaient eux aussi proches de zéro une fois soustrait du taux d'intérêt nominal le taux d'inflation. En revanche, la dette publique américaine en 1946 (108 % du PIB) est descendue à 57 % en 1957 grâce à une inflation dont la possibilité est aujourd'hui exclue par la « Théorie monétaire moderne[118] » (*Les Échos*, le 7 janvier 2021). Ce qui change aujourd'hui c'est l'aspect à la fois massif, général et continu depuis 2008 de ce phénomène initié par les grandes banques centrales « indépendantes ». De ce fait, elles ont enclenché non pas un retour à une inflation modérée comme elles l'espéraient, mais une spirale baissière des taux d'intérêt à effets déflationnistes[119]. Néanmoins, du point de vue strictement financier, même les États paraissant les plus sûrs en profitent, parce qu'ils ont eux-mêmes emprunté à taux négatifs pour refinancer leur dette. Malgré les apparences et la logique, les banques cen-

118 – Selon la « Théorie monétaire moderne », l'État ramène l'économie au plein emploi en mettant en place le déficit public qui est nécessaire, quelle que soit sa taille et la Banque centrale monétise les dettes publiques correspondantes pour éviter la hausse des taux d'intérêt à long terme qui réduirait l'investissement des entreprises et la dépense des ménages. Dans la crise sanitaire, les pays de l'OCDE ont adopté cette nouvelle théorie qui se caractérise par un déficit public massif et l'achat par la banque centrale des obligations émises par les États (ce qu'on définit comme monétisation de la dette).

119 – À cela s'ajoute le fait qu'auparavant, la création monétaire engendrait le plein emploi, donc la hausse des salaires qui se diffusait à toute l'économie et pouvait déboucher sur l'inflation quand les autres prix suivaient la même tendance. Aujourd'hui, les hausses de salaire se poursuivent parfois dans l'industrie traditionnelle, par exemple en Allemagne, mais elles ne se diffusent pas à l'ensemble de l'économie et en particulier à l'économie de services et à l'économie de plateforme. Entre autres, parce que la courroie de transmission syndicale ne fonctionne plus. Auparavant, les syndicats répercutaient dans tous les domaines de la vie sociale cette demande d'augmentation de salaire par les grilles hiérarchiques communes à l'industrie et les conventions collectives par branches. Ce n'est plus le cas, même s'il existe un puissant syndicat du tertiaire en Allemagne (Verdi) qui lutte pour un rattrapage par rapport aux salaires de l'industrie. En attendant, le salaire minimum est maintenant le seul critère d'homogénéisation (plancher) des différents secteurs d'activité.

trales en profitent aussi. Ainsi, la banque centrale européenne prélève l'équivalent de 10 % des profits des banques commerciales de par les taux négatifs qu'elle leur impose sur leurs réserves obligatoires additionnelles (cf. les accords de Bâle III qui visent à rendre les banques commerciales plus sûres suite à la crise financière de 2008 afin d'éviter les situations de *Too big to fail*). Cela paraît *a priori* impossible d'appliquer ces pratiques de façon permanente, sauf à imaginer que cette activité soit devenue une sorte de produit d'appel, les profits étant réalisés grâce à d'autres services. Toutefois, les banques ont des revenus procurés par des services diversifiés et par leurs facturations. Ainsi, selon le cabinet Sémaphore Conseil, les frais de tenue de compte ont été multipliés par dix en sur dix ans en France. Il existe aussi des frais de dossiers pour les prêts[120]. Contrairement à une croyance commune, de tels taux ne rendent pas les banques automatiquement déficitaires (même s'ils diminuent leur rentabilité) car un prêt bancaire, pour l'essentiel, ne se fait plus par transformation en prêt d'une épargne préalable, mais par création nette de monnaie dont elles ont le monopole via le crédit.

– Néanmoins, ces taux bas ne sont globalement pas favorables à l'investissement productif *stricto sensu* qui recule depuis plusieurs années dans le secteur industriel[121]. Au premier regard c'est étonnant, car pourquoi ne pas emprunter de l'argent puisque l'on peut le faire sans rien débourser ? D'abord, parce que les responsables de projets d'investissement sont découragés d'investir dans un environnement de taux zéro synonyme de faible anticipation de croissance ; ils ont alors tendance à se porter sur des actifs plus rémunérateurs ou même spéculatifs. Ensuite, en raison des taux zéro, l'épargne des ménages en Europe s'est déplacée vers des actifs liquides et non risqués, essentiellement les comptes en banque. C'est logique, dès lors que les placements ne rapportent plus la moindre rémuné-

120 – Au niveau des techniques financières, on sait également que les banques prélèvent des pénalités importantes en cas de défaillance dans le remboursement des prêts. Remarquons que pour un établissement financier offrir un prêt à -1 % est profitable si la ressource à nouveau prêtée a été obtenue à -5 % (par exemple par un emprunt correspondant auprès de la banque centrale).

121 – Nous ne tenons pas compte ici de l'importance de l'investissement immatériel qui n'est pas enregistré par la comptabilité nationale à l'intérieur de l'agrégat officiel qu'est la Formation brute de capital fixe (FBCF). Son rôle et ses effets restent un mystère, un peu comme les gains de productivité liés à l'informatique qui eux aussi n'apparaissent pas (cf. *infra*, le paradoxe de Solow).

ration, pour cause de taux nuls. C'est ce que Keynes appelait la « trappe à liquidités ». Le risque de l'investisseur n'est plus rémunéré. Dès lors, les investisseurs se détournent des projets risqués à long terme (*Les Échos*, le 22 janvier 2021) et les ménages, de leur côté, mettent les liquidités en réserve, dans « la trappe » avec pour conséquence l'accroissement de l'épargne. Ainsi, comme le montre un article du journal *Les Échos*, le 4 janvier 2021), confronté à l'arrêt soudain et violent de l'activité, ce poste de dépenses en investissement a reculé en 2020. Il n'a toutefois fait qu'accompagner la contraction du PIB sans l'amplifier, à l'inverse de ce qui s'est produit lors des précédentes récessions, en particulier en 2008. L'INSEE attend désormais un recul de 9 % de l'investissement productif en 2020, un rythme identique à celui du PIB. Lors des récessions de 2009, 1993 et 1975, sa contraction avait alors été en moyenne de 8,8 % déjà, mais pour des épisodes de recul du PIB « limité » à 1,5 %. Pour ce qui relève de l'industrie manufacturière, la comparaison avec 2009 est plus frappante encore. Les industriels évoquaient en octobre dernier une baisse de 14 % de leurs dépenses d'investissement en valeur pour 2020 parce que leurs anticipations étaient rendues pessimistes par le contexte d'incertitude dû à la crise sanitaire et donc ils prévoyaient une forte baisse de la consommation. Or, c'est bien la faiblesse de cet ajustement au regard de la chute du PIB qui interpelle. Plusieurs explications peuvent être avancées. La première est que les entreprises sont globalement entrées en relative bonne santé financière dans la crise sanitaire puisqu'elles avaient plutôt désaccumulé qu'investi dans la période précédente en profitant d'un rétablissement de leurs marges pour se désendetter. La seconde est que le canal du crédit leur a été maintenu ouvert et même élargi en 2020, contrairement à 2008-2009. En conséquence, les répercussions de la crise sanitaire concernent finalement moins les secteurs les plus intensifs en capital qu'elle ne frappe violemment les activités de services.

– Dans un entretien au *Financial Times* (4 janvier 2021), Laurence Boone[122], chef économiste de l'OCDE, défend une nouvelle approche des dettes publiques et des politiques des banques centrales. Cela marque une petite rupture avec la position pro-austérité de l'OCDE en 2008. Boone met l'accent sur le risque d'explosion sociale en cas de réédition de ces mêmes politiques et souligne le caractère non démocratique des banques centrales dont les membres ne sont pas soumis au vote populaire. Pour remédier à

122 – https://www.ft.com/content/7c721361-37a4-4a44-9117-6043afee0f6b

cela, elle propose une politique budgétaire (puisqu'elle est appliquée par un gouvernement élu) qui aurait alors l'assentiment de la population et qui devrait prendre le relais de la politique monétaire qui relève du pouvoir discrétionnaire des banques centrales. Elle rappelle que la politique monétaire a maintenant un effet redistributif, ce qui ne fait théoriquement pas partie de son rôle, alors que cela fait bien partie du rôle de la politique budgétaire. Sinon, Boone cherche à orienter les politiques économiques vers la notion de soutenabilité à long terme de la dette, qui d'après elle doit tenir compte non seulement de la pérennisation vraisemblable des taux bas, mais aussi de la volonté assurée des investisseurs d'acheter les emprunts d'État (traduction et synthèse par LC).

### Investissement et concentrations

– Malgré le choc de la crise sanitaire, les fusions-acquisitions, au niveau mondial, ont bouclé une année solide. Plus de 3.600 milliards de dollars de transactions ont été annoncés en 2020, selon la société conseil Refinitiv. C'est plus que les sept années qui ont suivi la dernière crise financière, le recul se limitant à 5 % sur un an. Pour pallier une croissance organique affaiblie, les entreprises devront en effet trouver des relais de développement par acquisition. Si on prend l'exemple de la fusion en cours entre PSA et FCA, il est à remarquer que c'est une fusion/acquisition entre deux groupes automobiles qui ont fait le moins d'effort en recherche et développement ces dernières années. Plus précisément, Fiat offre l'exemple d'un sous-investissement chronique, alors que PSA est surtout redevenu « performant » en baissant ses coûts plus qu'en innovant. « La fusion permet de créer un effet de taille qui diluera de manière très conséquente nos efforts en matière d'investissement, de recherche et de développement » (*Le Monde*, le 6 janvier 2021), a résumé Marco Tavares, le PDG du futur groupe Stellantis qui a le mérite d'être clair, mais à qui on laissera la responsabilité des résultats de cette « dilution ».

Par-delà l'angoisse des salariés français et italiens sur le rééquilibrage possible des productions entre des usines Fiat tournant à 60 % de leur capacité et des usines PSA à bloc, le centre de gravité du groupe va se déplacer vers l'Italie et vers les États-Unis, le siège se trouvant à Amsterdam (Pays-Bas). Un exemple d'internationalisation où il y aura sans doute quelques difficultés à composer une image cohérente du nouveau groupe regroupant pas moins de quatorze marques dont certaines prestigieuses historiquement, mais plutôt en déclin. On peut rester sceptique devant ce type traditionnel d'alliance alors que de nouvelles formes semblent plus prometteuses car plus dynamiques comme le projet qui associerait Apple et Hyundai motor sur la voiture autonome, la première entreprise ayant semble-t-il renoncé à son projet initial d'un développement propre qui l'aurait entraîné dans d'énormes investissements en capital fixe dont elle peut profiter directement auprès du constructeur coréen (*Les Échos*, le 11 janvier 2021). Un exemple indiscutable de synergie.

– Avec un actionnariat de plus en plus intermédié à travers les gestionnaires de fortune, les fonds d'investissement, les investisseurs institutionnels, les fonds de pension, les normes de rentabilité minimales imposées aux entreprises semblent beaucoup trop élevées : 10 à 15 % de rendement du capital sont le plus souvent exigés qui sont en moyenne effectivement atteints. Une norme aussi ambitieuse est contraire au bon sens macro-économique qui évalue traditionnellement un niveau correct autour de 5 % en moyenne. Comment expliquer ce maintien d'un taux de rendement élevé avec des taux d'intérêt voisins de zéro et un excédent d'épargne privée ? La théorie économique standard voudrait que le marché s'équilibre par une augmentation de l'investissement et une diminution du taux de rendement du capital, qui devrait revenir dans les conditions actuelles aux alentours de 7 %. Comme les chiffres imposés par les fonds d'investissement aux firmes sont impossibles à atteindre par les seuls progrès de productivité et d'innovation qui demeurent globalement faibles, ces firmes tentent d'y parvenir par des moyens détournés. Ainsi, les entreprises américaines rachètent massivement leurs actions et les opérations de fusions-acquisitions qui ne sont bien souvent qu'une forme plus sophistiquée du même rachat d'actions, se multiplient et la main-d'œuvre devient une variable d'ajustement. On licencie non pas parce que l'entreprise est en difficulté, mais pour lui permettre d'atteindre une norme de rentabilité imposée par la Bourse. Les PDG de Danone et Véolia-Engie justifient leurs politiques, de licenciements pour le premier et de fusion/acquisitions (sur Suez) pour les seconds par le fait qu'il faut se prémunir de la concurrence (Nestlé pour le premier) de façon à éviter les OPA hostiles et pour cela avoir une bonne rentabilité. Pour Jean Peyrelevade dans *Les Échos*, le 13 janvier 2021, il serait plus efficace d'adopter la même réglementation que les pays du Nord de l'Europe, à savoir l'interdiction des OPA hostiles et ce, d'autant plus que la faible capitalisation des grandes entreprises françaises les rend particulièrement vulnérables comme le montre encore le projet du québécois Couche-tard de se rapprocher de Carrefour, deux fois moins valorisé, mais à la surface de vente nettement supérieure. L'offre (vingt euros l'action soit 30 % au-dessus de sa cotation) a en effet de quoi séduire les actionnaires de Carrefour. Mais, dans la soirée de l'annonce, Bruno Le Maire, le ministre de l'Économie, invité sur France 5 et qui s'était entretenu avec tous les responsables du dossier, a déclaré qu'il n'était « *a priori* pas favorable à l'opération (car) la sécurité alimentaire des Français est en jeu ». L'État qui dispose d'un droit de veto sur les investissements étrangers dans des secteurs dits stratégiques envisage plus que sérieusement d'user de ce droit pour empêcher en pleine crise économico-sanitaire le rachat du premier employeur privé (105 000 « collaborateurs » comme sont dénommés les salariés de Carrefour) par un groupe étranger[123].

La crise sanitaire n'a pourtant pas affaibli le secteur, mais la concurrence d'un côté des spécialistes de l'e-commerce tels Amazon et autres Alibaba et de l'autre des discounters comme E. Leclerc est de plus en plus menaçante et poussait avant même la crise sanitaire, à des restructurations[124]. « La crise est venue conforter nos choix stratégiques sur la transition alimentaire, l'achat local, le lien entre alimentation, santé et

123 – Pourtant le risque sur l'emploi n'est pas flagrant. D'une part, la distribution alimentaire n'est pas délocalisable et d'autre part, les deux entreprises ne sont présentes ni dans les mêmes pays, ni sur les mêmes activités : Couche-Tard réalise 70 % de son chiffre d'affaires dans la vente de carburant en Amérique du Nord, le reste dans l'épicerie. En revanche, la protection des filières agricoles françaises est une préoccupation plus légitime. Mais, plutôt que de rejeter en bloc l'opération, le gouvernement pourrait exiger des garde-fous pour les producteurs en faveur de la production locale (*Le Monde*, le 16 janvier 2021).

L'État français n'en est pas à son coup d'essai puisqu'on peut rappeler qu'il a compromis — à tort ou à raison — plusieurs mariages entre fleurons français et investisseurs étrangers : Danone-Pepsico en 2005 ; Daily motion-Yahoo en 2013 ; Renault-Fiat-Chrysler après beaucoup d'hésitations en 2019 ; Photonis-Teledyne dans l'optronique de défense.

124 – Auchan vient de se retirer de Chine et est par ailleurs trop dépendant de ses seuls hypermarchés et Casino s'est fortement endetté pour répondre à la concurrence de l'e-commerce. En effet, la préparation des commandes, pour que celles-ci soient rentables, doit se faire dans des entrepôts spécifiques et automatisés. À titre d'exemple, Casino a construit en région parisienne un entrepôt automatique qui utilise la technologie de l'anglais Ocado. Il peut préparer cent mille commandes par semaine en six minutes.

environnement, les prix bas, l'e-commerce. Toutes ces grandes tendances sur lesquelles on a bâti notre plan stratégique en janvier 2018 ont été accélérées », déclarait Alexandre Bompard, le PDG de Carrefour, aux *Échos* Week-End, le 15 janvier 2021). Il n'en demeure pas moins que l'enseigne est passée du deuxième rang mondial en 1999 derrière Waltmart au septième aujourd'hui avec une cotation diminuée de moitié. L'expansion internationale des années 2000 a en fait siphonné les résultats du groupe et les capitaux ont manqué pour rénover les hypermarchés dont la structure est devenue inadéquate aux nouvelles formes et normes de consommation (*Les Échos*, le 14 janvier 2021). En revanche, cette opération avortée a réveillé le cours en Bourse du français, mis en lumière son redressement et peut déboucher sur des partenariats avec le canadien plus faciles à mettre en œuvre qu'une fusion et c'est d'ailleurs ce qui est en train de se réaliser. Par ailleurs, cela envoie aussi un message direct à Amazon, après des années de rumeurs : la grande distribution française n'est pas à vendre. Ce qui ne veut pas dire que la concurrence interne ne va pas s'exacerber. En effet, le flot des consommateurs français se divise en deux fleuves : le premier, celui des citadins aisés, coule vers le bio et la qualité ; le second, celui des plus modestes, penche vers le discount. En tant que distributeur généraliste, Carrefour (comme Auchan) peine à servir les deux populations. Ses coûts d'exploitation sont 3 % supérieurs à ceux de Leclerc (*Les Échos* le 22 janvier 2021). Pour certains analystes, la surface financière apportée par le canadien aurait hâté cette concentration qu'ils jugent nécessaire pour répondre aux échéances de demain qui sont d'abord de faire face à une concurrence entre groupes similaires qui tous doivent revoir le modèle en crise de l'hyper marché et se restructurer sur des surfaces plus modestes et flexibles dans les centres-villes ; et ensuite celle d'une adaptation/résistance au modèle unique de l'e-commerce alimentaire. Monoprix a commencé cette adaptation en montant en partenariat avec Amazon, qui a abandonné en France l'idée de livrer directement des produits alimentaires, des *dark stores* non ouverts au public, mais fonctionnant comme des magasins avec rayons et non des entrepôts (le premier à Paris dans le XIII^e^ arrondissement depuis mars 2013). D'après la direction, cela permet à l'employé de circuler plus vite dans les rayons, car « le parcours est optimisé, comme il l'est dans tous les magasins pour les clients : par exemple, les produits frais ne sont jamais très loin des yaourts ». Pour être efficace, la gestion d'un dark store nécessite « une structure agile et efficace, qui lui fournit de petites quantités à une fréquence élevée » et « une visibilité d'inventaire précise et en temps réel », précisait, en janvier 2020, un rapport du cabinet McKinsey.

Cette situation de restructuration permanente n'est pas valable que pour Carrefour et le secteur de la distribution ; en témoigne Renault dont l'internationalisation tous azimuts, chère à Carlos Ghosn, n'a pas vraiment porté ses fruits. « Le groupe n'a pas réussi à diversifier ses profits hors d'Europe », a ainsi constaté le nouveau directeur général. Le Vieux Continent, qui concentre 50 % des volumes, génère 75 % des bénéfices. De nombreuses implantations à l'internationale ont entraîné une véritable hémorragie financière (*Les Échos*, le 15 janvier 2021).

– Les recherches de synergie n'étant souvent pas évidentes dans le processus de fusion/acquisition les risques de doublons sont très présents. Pour les « cols bleus » cela risque de conduire à un tri entre établissements du nouveau groupe pour la fabrication ; mais les « cols blancs » sont aussi touchés par la concentration des centres de recherche et l'amaigrissement des sièges sociaux, un processus qui risque de s'accélérer avec l'expérience du télétravail expérimenté et développé pendant la crise sanitaire. La banalisation des réunions Zoom ou Teams a également ouvert les yeux du management sur deux réalités. La première est que, pour être efficace, une réunion ne doit pas réunir trop de monde parce que si les réunions peuvent être productives alors qu'on n'y convie plus jamais certains… c'est peut-être que l'on peut se passer d'eux… « C'est la fin des *bullshit jobs*, déclare sans ambages un patron reprenant à son compte la formule de l'anthropologue libertaire David Graeber qui pointait les « boulots à la con » (*bullshit jobs*). La seconde est que les compétences dont on a besoin ne sont pas forcément au siège social. Un expert sur une question précise peut être un cadre de terrain dont la compétence sera juste ponctuellement utile en central. Conclusion ? Les sièges vont se réduire inéluctablement, par la taille et le nombre de cadres qu'ils accueillent (*Les Échos*, le 14 janvier 2021).

– La perspective d'une ample relance budgétaire aux États-Unis a été accueillie avec enthousiasme en Bourse, soutenant les valeurs de la « vieille économie ». La menace d'un surcroît de régulation et d'une mise en place de taxation par les démocrates a en revanche pesé sur le secteur technologique (*Les Échos*, le 7 janvier 2021).

## QUESTION DE MÉTHODE

– Pour qualifier les effets de la crise sanitaire, l'image d'un « grand bond en arrière » économique est parfois utilisée. Une chute de 9 %, cela met effectivement le PIB de 2020 au niveau de celui de 2011. Pour autant, il s'agit là d'un raccourci. Passons sur le fait que la France compte aujourd'hui davantage d'habitants qu'en 2011 (+3 %), ce qui fait qu'en rapportant le PIB au nombre d'habitants, le tableau se noircit un peu plus. Il est par contre difficile de prétendre qu'une décennie de croissance aurait été effacée car ce que mesure le PIB, c'est l'activité économique sur une période donnée, le trimestre ou l'année. C'est donc un flux plutôt qu'un stock. En 2020, globalement sur l'année, cette activité aura effectivement été au niveau de celle de 2011, mais ce qui a été réalisé entretemps n'a pas été effacé par la pandémie. Les maisons construites en 2019, par exemple, ne se sont pas soudainement écroulées. C'est d'ailleurs ce qui différencie les pandémies des guerres ou des catastrophes naturelles (du type cyclones, séismes…), qui provoquent, quant à elles, des dommages matériels directs et importants à côté des pertes humaines. D'ailleurs, loin d'être effacées, les bases scientifiques et technologiques du capitalisme sortent renforcées de la crise sanitaire dans la mesure où la recherche du providentiel vaccin sorti en un an au lieu de cinq en moyenne indique bien que notre histoire ne s'écrit pas sur une page blanche, même si l'imprévu de l'événement désarçonne. C'est bien toujours sur les progrès scientifiques et techniques des années précédentes que comptent les dirigeants, mais les populations aussi, hormis les petites fractions antiindustrielles, pour sortir de la crise sanitaire et en atténuer l'impact économique. Ce sont les développements récents de la recherche médicale qui ont permis la mise au point relativement rapide de vaccins et notamment des vaccins à ARN messager, lesquels permettront, c'est en tout cas ce qui est souhaité par presque tous, de sauver des vies. Et c'est le développement des technologies numériques qui aide nombre de secteurs à surmonter l'épreuve (cf. J. Poujet, direction de la conjoncture à l'INSEE, *Les Échos*, le 5 janvier 2021).

## EN MARGE DE LA CRISE SANITAIRE : LE BREXIT.

Dans l'article « L'ère de la finance autoritaire » (*Le Monde diplomatique*, janvier 2021) Benquet et Bourgeron indiquent que le rôle de la finance dans la campagne pour ou contre le *Brexit* n'a pas été uniforme d'où les difficultés d'interprétation. La plus courante étant que la *City* aurait été contre. En fait l'article distingue d'un côté, les représentants de la « première financiarisation » — banques, assurances, sociétés de conseil, de communication et d'information financière, de courtage, de change, d'investissement institutionnel (fonds de pension compris) —, dont le mode d'accumulation se caractérise par un appel public à l'épargne, laquelle est investie pour une courte durée dans des actions acquises sur des marchés boursiers. Ce mode d'enrichissement n'implique pas une prise de contrôle des entreprises par les financiers propriétaires de titres puisque ces derniers ont principalement un mode de gestion passif et délèguent aux managers le contrôle des sociétés. De l'autre, les membres de la « seconde financiarisation » — secteurs de la gestion alternative d'actifs, du capital-investissement et des *hedge funds*. Ceux-ci font appel à des placements privés qu'ils investissent pour une durée moyenne dans des actifs hors marchés dont ils prennent le contrôle. Leur mode de gestion est alternatif et actif au sens où il est relativement décorrélé des marchés financiers, soit que leurs investissements soient non cotés, soit qu'ils ne correspondent qu'à des secteurs très risqués des marchés boursiers. Les données de financement des deux campagnes montrent que celle en faveur du *Remain* a été largement alimentée par les acteurs de la première financiarisation et celle en faveur du *Leave* par ceux de la seconde. En soutenant le Brexit, ces derniers ont signalé que l'UE, pourtant fort accommodante, était encore trop régulatrice et contraignante. Pour eux, il s'agit de transformer la *City* en une sorte de plateforme offshore (la presse anglaise parle de « Singapour sur Tamise » à propos de ce projet)[125]. On a donc assisté à l'improbable confluence sur le vote *Leave* entre cette seconde finance « démocratisée » d'une part et les descendants de la classe ouvrière du nord de l'Angleterre d'autre part.

Les contraintes dues au Brexit ne touchent pas que le secteur de la finance comme on peut le voir avec l'automobile. En effet, payer 10 % de droits de douane sur les véhicules ou les composants échangés entre l'Union européenne et le Royaume-Uni aurait lourdement pénalisé le sec-

---

125 – À noter que le *Financial Times*, le journal qui est la voix publique de la City, tente (le 4 janvier 2021) un *aggiornamento* théorique ou plutôt pragmatique : « Au cours des quarante dernières années, le travail en est venu à ne plus assurer un revenu suffisant et stable pour un nombre croissant de personnes [...] Franklin Roosevelt, John Maynard Keynes et plusieurs autres pères fondateurs de l'ordre mondial d'après-guerre avaient compris dès les années 1930 que le capitalisme, s'il voulait être recevable sur le plan politique, devait exiger de ses partisans qu'ils en gomment eux-mêmes les aspérités » et de citer des exemples « d'incroyables situations » liées à la peur des salariés de perdre leur travail pendant la crise sanitaire.

teur. « Il n'y a pas d'industrie aussi étroitement intégrée que l'automobile européenne, avec des chaînes logistiques complexes à travers toute la zone », a rappelé le directeur général de l'Acea (Association des constructeurs européens d'automobiles), Eric Mark Huitema, au lendemain de l'accord. Plusieurs constructeurs asiatiques, comme Nissan ou Toyota, avaient ainsi choisi le Royaume-Uni comme base de production d'une industrie automobile en restructuration dès les années 1980. De même, BMW (pour Mini) ou encore PSA (via Vauxhall) ont de grosses usines dans le pays. Des composants traversent plusieurs fois la Manche avant d'être assemblés au sein de véhicules dont 80 % sont ensuite exportés (statistiques de 2019). À l'inverse, 88 % des voitures neuves achetées au Royaume-Uni en 2019 ont été importées, dont 78 % en provenance de l'Union européenne. Au total, 3 millions de véhicules franchissent chaque année la frontière. La question la plus critique sera celle des « règles d'origine » ; pour être effectivement exemptés de droits de douane, les véhicules traversant la Manche devront comprendre une part minimum de valeur ajoutée provenant de la zone Royaume-Uni–UE. Or, des seuils (aux alentours de 55 %) qui ne posaient pas problème pour les véhicules thermiques en posent pour les électriques, car les batteries sont presque toutes en provenance d'Asie. Les seuils ont donc été abaissés à 40 % et devront être alignés progressivement, mais la peur a été grande que le Royaume-Uni joue le cheval de Troie au sein de l'UE dans ce secteur (*Les Échos*, le 13 janvier 2021). D'où l'âpreté des discussions en ce domaine.

Alors que le Brexit était censé redonner de la souveraineté nationale au Royaume-Uni (cf. le slogan *Tack back control*), la position géographique du Royaume-Uni est telle que ses relations internationales en termes de commerce de biens et de services seront toujours très étroitement dépendantes des normes et régulations en vigueur dans l'UE. Ce qui fait la force de l'UE face à la Chine et aux États-Unis, c'est la taille de son marché. C'est en conditionnant l'accès de son marché à certaines normes et valeurs que l'UE peut faire pression sur des pays tiers ou sur des entreprises multinationales ; par conséquent, plus la taille de son marché est importante, plus son pouvoir de négociation est grand. C'est ce que le Royaume-Uni, dans sa tentative de renouer avec un splendide isolement, vient de découvrir.

### Interlude

– Forte de son expérience concluante sur la gestion des masques en mars 2020, l'ex-ministre Agnès Buzyn rejoint l'Organisation mondiale de la santé (OMS) où elle sera chargée du suivi des questions multilatérales (*Les Échos*, le 6 janvier 2021). Cela c'est du recyclage.

– La notion de résistance, qui suppose combat et communauté de lutte, tend à disparaître sous une avalanche de « résiliences » qui suppose individualisme et passivité. Macron ne s'y est pas trompé en appelant « Résilience » son premier plan d'action (« sa guerre ») contre le Covid-19. Un monde résilient ne veut pas remettre en cause un fonctionnement, mais impose une sorte de devoir psychologique à bien aller quoiqu'il arrive (Olivier Steiner, *Libération*, le 6 janvier 2021).

– Martinez, secrétaire général de la CGT, critique les mesures d'aide nées de la pandémie (le *JDD*, 3 janvier 2021) : « On distribue beaucoup d'argent aux entreprises, mais rien aux salariés. ». L'État a pourtant consacré 31 milliards au financement du chômage partiel en 2020. Question : la CGT continue-t-elle à ne pas considérer les chômeurs comme des salariés ?

– « L'ultra gauche a infiltré les teufeurs ». Voilà l'argument avancé par le ministère de l'Intérieur pour expliquer l'incapacité des forces de l'ordre à empêcher la *rave-party* du Nouvel An organisée près de Lieuron (Ille-et-Vilaine). Ils étaient plusieurs centaines de Black Blocs et de zadistes venus de Notre-Dame-des-Landes assure encore une « huile » de Beauvau. On aura mis 24 heures pour restaurer l'ordre public râle, pas convaincu, Florian Bachelier, député local et premier questeur de l'Assemblée. On avait six escadrons de gendarmerie et des compagnies de CRS prêts à intervenir à Rennes, tente de faire valoir un galonné. On a préféré les laisser en zone urbaine. D'autant que nous avons été prévenus trop tardivement du lieu précis de la *rave*. La faute, selon l'aveu de l'un de ses membres, au service de renseignement territorial : « On était à l'Ouest » dit-il sans qu'on puisse savoir s'il s'exprime dans l'inconscience ou la pleine conscience de la plaisanterie. Le procureur de la République Philippe Astruc a annoncé le 4 janvier, la mise en examen et le placement en détention provisoire d'un supposé organisateur de la *rave*. Né en 1999, sans antécédent judiciaire, le jeune homme vit dans un camion du côté de Rennes et se dit SDF (*Le Canard enchaîné*, le 6 janvier 2021).

– Fallait s'y attendre. Après un an de Covid, il y a du relâchement. Le 2 janvier, le maire d'Anvers, Bart De Wever, chef du parti nationaliste N-VA, a répondu à une interview télé en chemise… et en slip ! En « visio » à la maison, avec son téléphone, il a juste oublié qu'un miroir placé derrière sa chaise, laissait voir ses jambes peu vêtues (*ibid.*). Finalement le côté pile des « responsables » politiques est plutôt moins attristant que le côté face.

– La faute au Congrès ! Presque partout aux États-Unis, les hôpitaux doivent faire le tri entre les patients infectés par le Covid-19, faute de médecins en nombre suffisant, surtout d'anesthésistes et d'urgentistes. Le *Wall Street Journal* accuse les parlementaires d'être responsables de cette pénurie. Selon le quotidien, ils avaient décidé il y a une vingtaine d'années de réduire le nombre de médecins hospitaliers. Aujourd'hui, le Congrès peine à corriger ses erreurs en prévoyant, sur les 900 milliards de dollars du nouveau plan d'urgence, le financement par le système fédéral d'assurances publiques (Medicare) de mille nouvelles places de formation de médecins sur cinq ans. Depuis sa création en 1965, rappelle le quotidien, Medicare (assurance-santé pour les personnes de plus de soixante-cinq ans) a financé la grande majorité des formations pour les internes des hôpitaux. Mais, dans les années 1990, la crainte de certains économistes et médecins était de voir une inflation de soins inutiles prodigués par des praticiens en trop grand nombre. Une erreur du Congrès, selon le journal, car les rémunérations des médecins financés par Medicare et Medicaid (pour les personnes à faible revenu) ont été plafonnées. Ce qui a entraîné en retour une inflation des honoraires dans le secteur privé. Même phénomène observé dans les hôpitaux (*Wall Street Journal*, le 5 janvier2021).

– Le pape post-moderne François a annoncé qu'il se ferait vacciner contre le Covid (AFP, le 9 janvier 2021). À 84 ans, on peut être représentant du Bon Dieu et personne à risque (*Le Canard enchaîné*, le 13 janvier 2021).

– Enfin une stratégie politique ! Le secrétaire général du parti macroniste, Stanislas Guerini, justifie (cf. BFM-TV, le 13 janvier 2021) : « L'intérêt du couvre-feu à 18 heures, c'est de contrer « l'effet apéro ». Dans le même ordre d'idée, mais à gauche : Jean-Luc Mélenchon explique d'où vient son expertise en matière de vaccins (cf. LCI, le 14 janvier 2021) : « J'ai vécu suffisamment longtemps dans le Jura, dont est originaire Louis Pasteur » (*Le Canard enchaîné*, le 20 janvier 2021). L'histoire ne nous dit pas s'il a la même compétence sur le Macvin pour l'apéro !

## Automatisation, productivité et effets Covid-19

Nous avons déjà mentionné cette difficulté théorique des économistes à comprendre l'évolution inverse de ces deux données puisque l'augmentation de l'automation, sous ses formes modernes que sont la robotisation et la numérisation par intelligence artificielle, devrait conduire logiquement à une augmentation de la productivité qui n'est guère repérable statistiquement. Pour Patrick Artus (25 juillet 2020 et 1er octobre2020 2020, notes de Natixis) le taux d'investissement net (qui prend en compte l'amortissement du capital) a beaucoup reculé. Autrement dit, « les entreprises n'ont pas investi suffisamment pour compenser l'accélération de l'obsolescence de capital, d'où le recul des gains de productivité ». Malgré la baisse du prix relatif des biens d'investissement dans les nouvelles technologies[126], le volume de capital nécessaire est élevé, d'autant plus qu'il est soumis à un cycle de vie relativement court. Autrement dit, il faut investir beaucoup et souvent et le même volume d'investissement semble porteur de gains de productivité décroissants. Mais il faut coupler cette constatation avec une autre, à savoir la discordance entre la demande sociale qui se déplace vers des secteurs à moindre productivité et les critères de rentabilité capitalistes. C'est peut-être la réponse de fond au paradoxe de Solow sur la productivité ; le flux des innovations technologiques ne semble pas se tarir, mais c'est la capacité du capitalisme à les incorporer à sa logique qui est en train de s'épuiser (cf. les logiciels libres et plus globalement l'extension de la gratuité produite par les nouvelles technologies).

Pour Michel Husson (cf. le site À l'encontre, le 3 janvier 2021) le problème du maintien d'emplois que l'utilisation de l'intelligence artificielle menace se trouve aggravé par les effets d'une crise sanitaire qui a créé un double choc d'offre et de demande producteur d'hétérogénéité selon les secteurs (et les pays). Dès lors, même un redémarrage progressif de l'économie ne résorberait pas les désajustements entre offre et demande, comme le souligne l'étude du cabinet d'experts McKinsey sur l'emploi en

126 – Soit en vocable marxiste un ralentissement de la croissance de la composition organique du capital, laquelle représentait une donnée fondamentale de la tendance à la baisse du taux de profit.

Europe. À côté des 22 % d'emplois menacés par l'automatisation, elle identifie 26 % d'emplois menacés par la crise sanitaire. Ces deux catégories se recouvrent en partie : 10 % des emplois européens seraient ainsi menacés à la fois par ce processus et par la crise sanitaire. Or ces emplois « doublement exposés » sont très inégalement répartis selon les secteurs. Ainsi 5,4 millions d'emplois du commerce (soit 2 sur 3) seraient exposés à ce double risque. Une argumentation toutefois peu convaincante si on regarde ce qui est en train de se passez chez Michelin qui va supprimer 2300 emplois en France pour des raisons de compétitivité et de recentrage sur des activités fortement productrices de valeur ajoutée (même argument que Bridgestone dans le même secteur). Les raisons invoquées ne sont donc pas liées à la crise sanitaire (la direction soutient que le plan de dégraissage a même été retardé par celle-ci) ni non plus à l'utilisation renforcée des nouvelles technologies bien que la baisse des effectifs des activités tertiaires (1100 des 2300 chez Michelin) puisse en être une conséquence, mais plutôt à des raisons stratégiques de redéploiement et d'intégration à la nouvelle division internationale du travail (1200 des 2300 suppressions concernent l'activité industrielle).

– Afin de mieux saisir les répercussions économiques de la pandémie, Nicholas Bloom, Philip Bunn, Paul Mizen, Pawel Smietanka et Gregory Thwaites ont analysé son impact sur la productivité au Royaume-Uni en utilisant les données tirées du *Decision Maker Panel*, une vaste enquête menée auprès de milliers d'entreprises. Leurs estimations suggèrent que l'épidémie de Covid-19 devrait réduire la productivité globale des facteurs de celles-ci dans le secteur privé d'environ 3 % en moyenne entre le deuxième trimestre 2020 et le deuxième trimestre 2021, relativement à ce qu'elle aurait été sinon et d'environ 1 % en 2022. Peut-on dire alors que l'épidémie alimente un processus schumpetérien de destruction créatrice ? Et, pour être plus précis, les firmes présentant la plus faible productivité disparaissent-elles en étant remplacées par des entreprises plus productives ? C'est en partie le cas, mais seulement en partie. En effet, l'économie connaît pour l'essentiel une simple destruction des secteurs présentant une faible productivité. Des secteurs comme ceux de l'hébergement, de la restauration, du voyage et des loisirs se sont fortement contractés, mais les autres secteurs n'ont connu qu'une expansion limitée, ce qui empêche une réallocation des facteurs, notamment des travailleurs, vers les secteurs en expansion. Finalement, la productivité moyenne a augmenté, mais la production totale a décliné. Bloom et ses coauteurs estiment que l'épidémie freinera la croissance de la productivité à plus long terme dans la mesure où les entreprises ont fortement réduit leurs dépenses en recherche-développement autrement dit, les effets de l'épidémie risquent de se conjuguer à ceux de tendances de plus long terme pour freiner le progrès technique (cf. le blog D'un champ l'autre, le 28 décembre 2020).

SCIENCE, INDUSTRIE PHARMACEUTIQUE ET VIRUS

– En France, sur 93 milliards d'euros de fonds publics mobilisés pour éradiquer le virus, 63 milliards sont allés aux petites et moyennes entreprises et aux sociétés à capitalisation moyenne, le reste aux multinationales, a calculé la fondation maltaise KENUP. Ce n'est pas une surprise. L'industrie n'a jamais misé sur les vaccins. Sur un chiffre d'affaires de 670 milliards d'euros, ils ne pèsent que 3 %. Traiter des pathologies graves ou chroniques est plus rentable que faire de la prophylaxie (on l'avait déjà signalé pour ce qui est du changement de stratégie de recherche chez Sanofi avant la crise sanitaire).

La pandémie a changé la donne : faute de thérapie contre le Covid-19, le vaccin est redevenu intéressant parce que rentable à court terme. Aiguillonnées par des gouvernements de plus en plus inquiets, les firmes occidentales ne pouvaient abandonner ce marché potentiellement colossal. Ni laisser le champ libre à des entreprises russes et chinoises poussées par Moscou et Pékin, prêts à tout pour prouver la supériorité de leur modèle politico-économique sur les démocraties occidentales. Risque financier supprimé, les poids lourds du secteur ont fait cause commune avec les poids légers et signé des partenariats de recherche et de financement avec des biotechs très innovantes... qu'ils ont l'habitude de racheter à prix d'or grâce à leur énorme marge brute d'autofinancement. Astra-Zeneca s'est associé à l'université d'Oxford, Pfizer à Bio-NTech, Bayer à CureVac. Ils leur ont apporté leurs capacités de développement, leurs outils de production, leur puissance logistique. Cinq Big Pharma (Johnson & Johnson, Pfizer, Merck, GSK et Sanofi) se partageaient déjà 80 % du marché avant la crise (*Le Monde*, le 19 janvier 2021). À noter que Ruffin de LFI réussit la performance, dans un entretien à *Libération* le 18 janvier 2021, de critiquer à la fois les Big pharma et le fait que Sanofi n'ait pas été capable de produire le vaccin français qui garantirait « notre souveraineté sanitaire ».

– À lire leurs déclarations, les dirigeants politiques réduisent la science à deux de ses dimensions, à savoir : un corpus de connaissances et une marque d'autorité. Or, la science est avant tout une démarche, la fameuse méthode scientifique qui justement permet d'acquérir de la connaissance avec des règles dont la rigueur contribue à établir la confiance et assure *in fine* l'autorité. En des temps d'incertitude comme aujourd'hui, cette dimension dynamique doit être privilégiée par rapport à celle, figée, d'une autorité qui détiendrait une vérité. Aucun comité scientifique, fût-il de qualité, n'est à même de produire de nouvelles connaissances. Pour cela, il faut expérimenter, faire des hypothèses, les tester, débattre... et organiser un minimum cette stratégie ; une vision absente, à de rares exceptions près, dans le pays depuis le début de la pandémie (*Le Monde*, le 22 janvier 2021).

## Un nouveau type d'entrepreneur capitaliste : Elon Musk et Jack Ma

Jack Ma n'est plus apparu en public en ce début d'année. La trajectoire de Ma ne se réduit pourtant pas à la lutte d'un entrepreneur génial contre un Goliath bureaucratique. Un parallèle avec Elon Musk, autre entrepreneur star, américain cette fois, peut s'avérer plus éclairant sur son destin. L'un et l'autre ont fondé leur réussite privée à l'abri de solides protections publiques. Alibaba a profité de l'interdiction faite aux concurrents étrangers d'opérer en Chine. De son côté, Elon Musk a sauvé sa société spatiale Space x fondée en 2002, en signant dès 2008 des contrats avec la NASA pour ravitailler la station spatiale internationale. Il a bénéficié depuis du programme civil et militaire visant à reconquérir la suprématie américaine dans la conquête de l'espace. Loin d'être des entrepreneurs solitaires luttant contre des administrations obtuses, leur force a consisté, au contraire, à exploiter des secteurs abrités incapables de se réformer. L'un comme l'autre sont d'ailleurs proches des pouvoirs politiques : Jack Ma est membre du Parti communiste chinois, Elon Musk fut, en 2016, un conseiller, puis en 2020, un soutien public de Donald Trump. La position de ces deux entrepreneurs leur a permis d'être créatifs aux limites des règles (cf. P.-Y. Gomez, *Le Monde*, le 21 janvier 2021)

## L'université au révélateur de la crise sanitaire

Alors que les universités sont fermées, mais pas les classes post-bac des lycées qui profitent de la protection accordée à l'enseignement secondaire dans la mesure où elles y sont rattachées, l'université se voit de fait rangée dans la catégorie du « non essentiel », du culturel sans doute dont on sait qu'il a été lui aussi considéré comme non essentiel par le gouvernement. Pour résoudre ce problème d'un encadrement de la jeunesse, celui-ci imagine des solutions spécifiques pour les jeunes qui ne seraient ni en formation ni en emploi. C'est ne rien comprendre à l'évolution de cette catégorie depuis plus de quarante ans avec la massification de l'enseignement et l'allongement de la durée de formation. En effet, ce sont souvent les mêmes qui partagent leur vie entre temps de formation, petits boulots, engagements associatifs, consommation de loisirs festifs. « Il faut arrêter de penser qu'un jeune de 18 à 25 ans, parce qu'il a une carte d'étudiant, rentrerait dans une catégorie spécifique dont la gestion sociale incomberait aux universités. Elles sont là pour former intellectuellement ceux qui en ont le désir, pas pour assurer la protection sociale de tous les bacheliers. On se préoccupe actuellement de l'accès des plus "fragiles" aux campus, autrement dit de ceux dont on sait que les chances d'obtenir leur diplôme sont extrêmement faibles, épidémie ou pas. La nation ne doit pas négliger la prise en charge sociale de sa jeunesse, de toute sa jeunesse. Pour ce faire, elle doit arrêter de masquer le problème en confiant celle-ci aux universités dès lors qu'elle est détentrice du baccalauréat » (François Vatin, professeur de sociologie, université de Nanterre, *Le Monde*, le 22 janvier 2021). Une position intéressante certes, mais très minoritaire parmi les universitaires, ne serait-ce que par prudence vu les temps qui courent et le risque de se faire taxer de réactionnaire ou de conservateur dans une université de sciences sociales.

La pauvreté des jeunes n'est pas un phénomène nouveau. En France, avant la pandémie, 22 % des moins de 30 ans qui ne vivaient pas chez leurs parents étaient considérés comme pauvres (moins de 885 euros par mois) et ils constituaient plus de la moitié des 5,3 millions de pauvres du pays ; parmi ceux de ces jeunes qui étudiaient, près de 20 % vivaient sous le seuil de pauvreté. C'est pire depuis la crise sanitaire. Pourtant et depuis longtemps, les pays capitalistes que sont la Finlande, Suède, Norvège, Danemark, Écosse, Autriche, Grèce, ne font payer aucun frais universitaire aux étudiants dans le premier cycle (parfois aussi dans le deuxième cycle) ; quatre d'entre eux (Danemark, Suède, Norvège et Finlande) vont plus loin et attribuent des revenus décents à tous leurs étudiants sans condition de fortune. Ainsi, le Danemark délivre-t-il une allocation de 750 euros net par mois à chaque étudiant de plus de 20 ans ne justifiant pas d'un autre revenu supérieur à 1500 euros (soit 90 % des étudiants). Il y ajoute des prêts très généreux et des aides complémentaires pour financer des frais de scolarité parfois très élevés pour faire des études à l'étranger et il octroie aussi cette aide aux étudiants européens étudiant au Danemark, à condition qu'ils travaillent de dix à douze heures par semaine à côté de leurs études. (*Les Échos*, le 22 février 2021). On retrouve des mécanismes équivalents en Norvège et en Suède. Il faudrait donc aller bien au-delà d'un RSA étudiant que le gouvernement actuel n'est d'ailleurs pas près d'accorder si on voulait pouvoir se comparer favorablement avec ce type de pays. Or, en France que fait-on pour eux ? À part les bourses, très limitées, rien. On applique la théorie du capital humain, qui irrigue depuis des décennies la théorie économique américaine et française, selon laquelle les études universitaires ne bénéficient qu'à celui qui étudie, et que, en conséquence, la collectivité n'a pas à les financer. Alors, on leur dit : les études, c'est votre affaire. C'est à vous de trouver comment financer vos frais universitaires, votre logement, votre nourriture. En travaillant ou en trouvant un prêt étudiant auprès dune banque s'il le faut. On ne vous apportera une aide supplémentaire que si vous renoncez à étudier pour entrer sur le marché du travail. Là, vous pourrez bénéficier d'un emploi subventionné dans le secteur privé (CIE jeunes), ou dans le secteur public et associatif (PEC jeunes), ou d'un accompagnement vers l'emploi puisqu'on versera même une prime aux entreprises qui voudront bien vous embaucher ; et avec, dans quelques cas très limités, une aide plafonnée à 497 euros par mois.

Le 26 janvier 2021

# Relevé XVII

# (12 février 2021)

## Le modèle capitalist(ique) allemand en question

La crise sanitaire a rompu la ligne politique d'austérité allemande appuyée jusque-là sur la « pensée ordolibérale » au fondement de la vision d'un capitalisme spécifiquement allemand défini comme une « économie sociale de marché ». Le modèle d'origine s'est ainsi ouvert à un plus grand interventionnisme de l'État dans l'économie au niveau de la politique intérieure. Mais la crise sanitaire n'a pas fait que montrer les limites du dogme ; elle a aussi dévoilé d'autres faiblesses ou anomalies de son fonctionnement macro-économique. Jusque-là, le modèle capitalistique préféré des Allemands restait d'un côté l'entreprise de taille petite et moyenne non cotée en Bourse qui forme le *Mittelstand* et de l'autre le grand groupe dont le capital est détenu majoritairement par une famille censée exercer un management stable, le plus souvent appuyé sur une grande banque allemande de référence. « Il y a dans l'économie allemande une méfiance traditionnelle vis-à-vis des marchés financiers », explique Jan Pieter Krahnen, expert des crises financières à l'université de Francfort. « Contrairement à ce qui se passe aux États-Unis, la Bourse allemande est peu développée, nos entreprises se financent le plus souvent par leurs banques. C'est ce qui explique pourquoi les autorités de contrôle des marchés sont relativement faibles. » L'affaire Wirecard sur le défaut de contrôle a en effet produit une césure. La frustration liée au scandale est d'autant plus grande que l'Allemagne produit bien des innovations de rupture, mais qui trouvent souvent un financement efficace... en dehors de la Bourse allemande. C'est le cas de BioNTech, un succès de la biotechnologie allemande, qui a réussi à sortir en quelques mois le premier vaccin contre le SARS-COV2, sur la base d'une technologie révolutionnaire, l'ARN messager, procédé dont elle n'est pourtant pas à l'origine (cf. *infra*). Quant aux essais cliniques du vaccin, ils ont été menés par le groupe pharmaceutique américain Pfizer, avec qui les bénéfices sont partagés. « C'est une invention qui a profité des fonds publics dédiés à la recherche fondamentale allemande, mais dont les retombées financières profitent en grande partie aux Américains. Du point de vue macro-économique, c'est absurde », déplore Siegfried Bialojan, spécialiste des biotechnologies au cabinet EY, en Allemagne (*Le Monde*, le 26 janvier 2021). Si Berlin peut agir ainsi, à rebours de ses convictions traditionnelles, c'est aussi que la pression pour plus d'interventionnisme vient des milieux économiques eux-mêmes. Le BDI, la grande fédération industrielle allemande, a publié dès janvier 2019 une prise de position décisive sur la Chine. Il y qualifie pour la première fois le géant asiatique de « concurrent systémique » et appelle à renforcer la « souveraineté technologique » européenne face aux plateformes américaines et chinoises (*ibid.*). « En Allemagne, si vous êtes une entreprise de taille moyenne, que vous réalisez un chiffre d'affaires entre 50 et 100 millions d'euros par an et que vous n'êtes pas coté en Bourse, il est très difficile de trouver des sources de financement privées », explique au journal *Le Monde* un porte-parole de la Deutsche Bank. « Si nous trouvons le moyen en Allemagne de transformer les conditions d'investissement de sorte que ces entreprises aient un meilleur accès au capital-risque privé, nous aurons fait un grand pas en avant. » (*ibidem*). Cette banque a constaté pendant la pandémie que le système adopté par l'État pour soutenir ses entreprises pouvait facilement être étendu au financement des technologies d'avenir. Bref, l'Allemagne découvre les vertus productives et capitalistes du marché financier. Une pierre dans le jardin de ceux qui ne parlent qu'en termes « d'économie réelle ». Avec cette nouvelle direction vers une politique industrielle, l'Allemagne démontre que la vieille distinction des années 1980-1990 (cf. les thèses défendues par Michel Albert puis Robert Boyer) opposant le modèle capitaliste anglo-américain financiarisé et de court terme d'un côté et le modèle allemand d'économie sociale de marché, industriel et de long terme de l'autre est aujourd'hui remis en question par le procès de totalisation du capital.

## L'ANTI-MODÈLE FRANÇAIS À TRAVERS UN PETIT HISTORIQUE DE SON INDUSTRIE PHARMACEUTIQUE.

– En France, la souveraineté nationale en matière de médicaments s'est effritée dès les années 1950. Ce recul s'explique par les caractéristiques de l'industrie pharmaceutique dans l'hexagone et par une politique publique réduite au contrôle des prix et à la surveillance sanitaire, sans réelle ambition industrielle. À la différence des firmes pharmaceutiques britanniques, allemandes et nord-américaines, les entreprises françaises étaient éloignées de la recherche académique[127] et surtout, la relation avec les laboratoires universitaires dépendait plus de relations interpersonnelles que d'un modèle d'organisation. Dès 1945, l'État a bien tenté un rapprochement forcé entre l'Institut Pasteur, le CNRS et les entreprises pharmaceutiques pour organiser la production d'antibiotiques et se défaire de l'emprise américaine, mais sans succès. Dans les années 1950, les capacités de recherche et développement (R-D) des laboratoires français sont en situation d'infériorité. Des années 1950 jusqu'aux années 1980, les différents gouvernements privilégient le contrôle du prix des médicaments pour ne pas accroître davantage les charges de l'Assurance maladie. Faute de ressources propres, les entreprises françaises ne peuvent pas investir dans la R-D ; elles préfèrent développer des copies et négocier des licences d'exploitation avec des laboratoires étrangers. Enfin, les procédures d'autorisation de mise sur le marché ne prennent guère en compte la dimension innovante des nouveaux produits puisqu'elles allongent le temps de mise sur le marché si on compare aux procédures des pays similaires. À partir des années 1980, l'industrie pharmaceutique s'internationalise pour répondre à la surenchère des moyens nécessaires à la R-D. La financiarisation du secteur et la création des premières sociétés de biotechnologie font émerger des firmes transnationales et font disparaître, en deux décennies, les acteurs historiques français à l'occasion d'opérations de fusion/acquisition et d'alliances. Aujourd'hui, l'industrie pharmaceutique française est dominée par ces grands groupes transnationaux, auxquels il serait difficile d'imposer une quelconque ambition industrielle nationale. Cette situation est bien éclairée par la caricaturale prise de bec entre le gouvernement et le directeur américain de Sanofi avant même le pic de la pandémie, à propos d'une éventuelle livraison de vaccins et la question de sa distribution/répartition entre la France et les États-Unis. Certes, des incitations à localiser en France les activités de recherche, comme le crédit d'impôt recherche ou la volonté de promouvoir la filière des médicaments issus des biotechnologies, témoignent d'une volonté de renforcer l'attractivité du secteur pour les investisseurs. Mais à l'échelle des géants de la pharmacie, ce sont surtout des opportunités à saisir, sans impact majeur sur leurs stratégies de développement (Cf. Sophie Chauveau, ancienne enseignante en histoire des sciences et des techniques, *Le Monde*, le 8 février 2021).

---

127 – Aujourd'hui, les *start-ups* sont créées dans la proximité des centres universitaires de recherche fondamentale.

À l'origine, le secteur pharmaceutique est inclus dans l'industrie chimique avant que la tendance en vienne à un recentrage sur le cœur de métier pour l'éclosion de champions nationaux. C'est ainsi que le chimiste français Rhône-Poulenc fusionne en 1999 sa branche pharmacie avec celle du chimiste allemand Hoechst (qui a auparavant racheté le français Roussel-UCLAF) pour créer Aventis et que Sanofi, branche pharmacie du pétrolier Elf créée en 1973 et entré en Bourse en 1980, achète Synthélabo, filiale pharmaceutique de L'Oréal, en 1999, puis Aventis en 2004.

Le modèle économique de l'industrie pharmaceutique s'est transformé, passant d'un objectif de santé publique — mettre au point des médicaments soignant le plus grand nombre possible de maladies et de gens dans un système contrôlé par la Sécurité sociale — à des objectifs de rentabilisation financière des investissements incluant de gros dividendes aux actionnaires. De fait il s'est premièrement fait un tri entre les activités, des moins rémunératrices à celles qui le sont plus — Sanofi est ainsi passé du diabète à l'oncologie et l'hématologie et deuxièmement il s'agit d'axer le développement de la recherche là où la firme peut espérer les prix les plus élevés, à savoir aux États-Unis et en dehors d'un système tel celui de la Sécurité sociale à la française qui surveille à la fois le caractère innovant des produits et le maintien de leur prix bas[128]. La finalité pour la grande entreprise n'est pas de produire des génériques, mais devient la production des « blockbusters » (molécules dont le chiffre d'affaires dépasse le milliard d'euros). Ainsi, le principal actif du laboratoire pharmaceutique français, le Dupixent, a joué le rôle de locomotive dans les résultats financiers du groupe en 2020 présentés début janvier 2021. Les ventes de ce « blockbuster », un médicament utilisé dans le traitement de la dermatite et de l'asthme, sont en hausse de 7,4 %. Cette progression a largement contribué à l'essor du chiffre d'affaires, qui affiche un gain de 3,3 % à taux de change constant.

Sanofi garantit un niveau moyen de versement de dividendes stable sur plusieurs années indépendamment de l'exercice en cours. Cette décision prise *ex ante* est aujourd'hui assez courante pour les grandes firmes et on peut dire qu'elle intègre la stratégie plus générale des grandes firmes à do-

128 – Pourtant une politique peu cohérente. En effet, la France a peu recours aux médicaments génériques puisqu'ils ne représentent en volume que 30 % du marché en France, tandis qu'ils représentent 81 % du marché allemand et 85 % du marché britannique.

mination monopolistique ou oligopolistique qui tendent à calculer leur niveau de profit une fois leur stratégie définie, la logistique venant s'adapter ensuite à ce niveau prédéterminé. D'autre part, nous l'avons déjà mentionné dans un autre relevé, il ne faut pas confondre cause et effet : la forte rémunération en dividendes en France n'est pas le fruit du triomphe de la « finance », mais au contraire un signe de sous-capitalisation des entreprises françaises que, du point de vue de la logique capitaliste, il faut compenser. Une sous-capitalisation due à de nombreuses caractéristiques du capitalisme à la française : absence ou presque de retraite par capitalisation, mauvaise allocation de la petite épargne à travers le système de l'assurance-vie, peu de liens avec les banques privées (les entreprises se sont longtemps appuyés sur les investisseurs institutionnels, les « zinzins » et le système dit des « participations croisées » entre amis du même club de l'ancienne bourgeoisie), frilosité entretenue des entreprises familiales vis-à-vis d'introduction en Bourse qu'elles perçoivent comme conduisant à terme à une perte de contrôle.

Si on se livre à des comparaisons internationales, les dépenses annuelles de R-D des firmes pharmaceutiques américaines ont augmenté de 7,4 % entre 2003 et 2007, puis de 8,9 % entre 2013 et 2017, alors qu'elles n'ont augmenté pour les firmes européennes que de 5,8 % et de 3 % respectivement sur les mêmes périodes. Les coûts en R-D sont grandissants parce qu'on est dans une période de transition technologique entre la chimie, la biologie et la génomique. Un médicament innovant sur deux est aujourd'hui issu des biotechnologies. Par conséquent, c'est la qualité de la recherche fondamentale qui conditionne les chances de succès du processus d'innovation. Les grandes entreprises, dont le métier d'origine en était très éloigné, externalisent la recherche vers des start-ups spécialisées avant de les racheter. En effet, ces dernières sont plus compétentes en biotechnologies, mais s'avèrent incapables de prendre des risques sur plusieurs projets à la fois car elles manquent de surface financière et de ressources humaines en quantité. Le gros des dépenses des Bigpharma est donc plus axé sur le marketing et le lobbying en aval que sur la recherche fondamentale qu'elles abandonnent aux *start-ups* en amont. C'est d'ailleurs le cas de Sanofi avec sa stratégie d'hyperfocalisation actuelle qui lui fait privilégier quelques axes thérapeutiques et l'expose davantage qu'avec un portefeuille diversifié. Une complémentarité plus qu'une concurrence donc. Ces start-ups, pour émerger, doivent utiliser le capital-risque pour leur financement, car leurs projets embryonnaires ne sont pas encore rentables (*bancable* suivant le jargon) pour les grandes firmes qui attendent un stade plus élaboré de l'innovation pour s'intéresser aux projets, d'où une financiarisation de la production aux deux bouts de la chaîne : en amont de la production avec le capital-risque (en grande partie fictif) et en aval avec la course à l'actionnaire et à sa satisfaction pécuniaire. Ce capital-risque étant beaucoup plus développé en Amérique qu'en Europe[129] (cf. Nathalie Coutinet, enseignante en économie au Centre d'économie de l'Université Paris-Nord, in *Le Monde*, le 8 février 2021).

– Recherche et santé : la France a été pionnière en génomique. De Jacques Monod, découvreur de l'ARN messager, à Emmanuelle Charpentier en passant par Jean Dausset, la France dispose des trois Prix Nobel qui ont charpenté la recherche génomique mondiale. On pourrait donc dire qu'il n'y a pas de « retard » dans la recherche fondamentale française si certains de ces chercheurs n'étaient pas amenés à s'exiler pour trouver de bonnes conditions de travail et de recherche (cf. Charpentier). Les difficultés apparaissent en fait au niveau de la recherche appliquée où la France se situe à la 32e position du classement Collaboration Université-Industrie en R-D de la Banque mondiale en 2016 lorsque la Suisse, les États-Unis, le Royaume-Uni et l'Allemagne occupent respectivement les 1re, 4e, 6e et 8e positions[130]. Mais la situation serait en train d'évoluer avec la mise en place d'une politique publique (création d'une société d'accélération de transfert de technologie, SATT) qui permet de lier recherche universitaire et start-up. Ainsi, en 2019, l'INSERM était le premier déposant de brevets pharmaceutiques et le troisième en biotechnologie à l'Office européen des brevets. Le nombre de demandeurs de brevets français en biotechnologie a augmenté de 12 % entre 2018 et 2019, mais cela n'empêche pas des manques flagrants liés à une désindustrialisation du territoire ; ainsi, l'entreprise française de

---

129 – Or la production française de médicaments correspond pour 80 % à des produits à base chimiqueet à moins haute valeur ajoutée qu'il est aisé d'externaliser (Cf. Frédéric Bizard, enseignant d'économie à l'ESCP, *Le Monde*, le 8 février 2021).

130 – Cf. Les notes du Conseil d'analyse économique, n° 62, janvier 2021 : Margaret Kylea et Anne Perrot « Innovation pharmaceutique : comment combler le retard français ? ». Ce retard est ancien car la tradition française est d'exceller dans la recherche pure, mais d'être restée longtemps sans contact avec l'industrie, au moins jusqu'en 1945 et le développement du secteur de l'énergie atomique. Pour de plus amples développements sur ces points on peut se reporter à l'enquête sur la technopole de Grenoble in *L'université désintégrée : la recherche grenobloise au service du complexe militaro-industriel*, du groupe Grothendick, Le Monde à l'envers, 2021.

biotech Yposkesi devrait être rachetée par un groupe coréen faute d'avoir trouvé un industriel français sur lequel s'appuyer.

– Toutefois, le Conseil d'analyse économique (CAE), une structure rattachée aux services du Premier ministre, a relevé qu'entre 2011 et 2018, les crédits publics alloués à la R-D en matière de médicament ont baissé de 28 %. Durant la même période, ils ont progressé de 11 % en Allemagne et de 16 % aux États-Unis et ceci dans un secteur où les coûts en R-D ont été multipliés par 3 depuis 2003. Aux États-Unis, 82 % du capital des biotechs viennent des fonds nationaux, contre 11 % en France.

La stratégie de Sanofi en échec dans la lutte contre le Covid-19 doit-elle être remise en question ? Les vaccins ne représentent que 16 % du chiffre d'affaires et 18 % des bénéfices réalisés par le laboratoire français. Son activité s'exerce également dans les produits de santé grand public ou dans les traitements de maladies chroniques comme le cholestérol ou le diabète. Or Sanofi doit composer avec la concurrence des autres laboratoires et la politique de santé des États. L'augmentation des dépenses de santé, due notamment au vieillissement de la population, conduit les systèmes d'assurance maladie à être de plus en plus restrictifs dans les remboursements des soins (*Libération*, le 30 janvier 2021). Un nouveau plan d'économies de deux milliards d'euros voit le premier laboratoire français arrêter la recherche sur le diabète et les maladies cardiovasculaires, alors que le chiffre d'affaires en 2019 était encore en hausse, à 36,1 milliards pour des profits de 7,5 milliards. D'après les responsables CGC et CFDT les suppressions de postes prévus dans la R-D ne concernent pas la branche vaccin et seraient donc indépendantes de l'échec (définitif ?) du laboratoire en ce domaine. La CGT a une vision plus globale et parle d'un manque de connexion dans les divers secteurs qui ne se résume pas à une guerre des chiffres sur les transferts de compétence entre sites avec vases communicants entre embauches ici et licenciements ailleurs. Pour finir et comme pour conforter la critique émise par la CGT, le groupe vient de céder la firme américaine Regeneron spécialisée dans les maladies de peau au Suisse Roche afin de se refinancer.

– Cruelle vérité ? Alors que beaucoup rejettent sur Astra-Zeneca ou les négociateurs européens le retard des livraisons de vaccin, les retards de production sont surtout la marque du sous-investissement dans les industries de santé en Europe ces vingt dernières années. La faible productivité d'Astra-Zeneca sur le continent contraste avec ses capacités en Inde, notamment. Pfizer et Moderna sont eux aussi confrontés à la difficulté de produire à très grande échelle des vaccins à ARN messager, une technologie pour laquelle les sites restent rares en Europe. Et qui en France souhaitait jusqu'alors accueillir de telles usines, pour certaines classées Seveso ? (*Les Échos*, le 3 février 2021). « Le sujet est trop grave pour laisser les brevets aux mains d'intérêts privés », clament haut et fort plusieurs élus du Parti communiste, dont son secrétaire national, Fabien Roussel, qui réclame la « réquisition » des usines (*Le Monde*, le 9 février 2021), mais de quelles usines parle-t-il, celles de 1936 ou de 1945 ? Veut-il réquisitionner la friche de Billancourt comme action exemplaire ?

Une insuffisance dans la production plus que dans la recherche où dans ce secteur ce sont plutôt les petites biotechs qui souffrent d'un soutien moins important qu'en Allemagne par exemple, mais cela n'empêche pas une centaine de solutions contre le Covid d'être en cours d'expérimentation actuellement en France, mais à partir d'une autre technique que celle de l'ARN pour des vaccins de seconde génération qui devraient être plus résistants aux variants (*Les Échos*, le 4 février 2021). Le fonds d'investissement Bio Discovery a multiplié par 25 ses investissements en Europe dans un secteur pourtant très risqué où, d'après les spécialistes, seul un projet sur dix est couronné de succès (ce qui justifierait, pour les investisseurs, le niveau élevé exigé de retour sur investissement (15 % au lieu des 5 à 7 % en moyenne dans d'autres secteurs). En tout cas cela devrait remédier au peu de fonds nationaux disponibles, mais pour quelle stratégie ? Sans doute pas dans un souci premier de Santé publique.

## Crise sanitaire, science et décision politique

Pour Antoine Vauchez, directeur de recherche au Centre européen de sociologie et de science politique (université Paris-I-EHESS), la crise due à l'épidémie de Covid-19 affectant l'ensemble des domaines de l'action publique et la totalité des administrations, met à l'épreuve la capacité de l'État à être le lieu où se construit une réponse unitaire, légitime et efficace au croisement d'enjeux sanitaires, économiques, scientifiques, logistiques, sociaux, culturels et éducatifs (*Le Monde*, le 1er février). La tâche, difficile en soi, l'est plus encore dans un contexte où les services publics (santé, éducation, recherche) sont fortement affaiblis par des années de politique de réduction des coûts. Mais elle est rendue plus ardue encore par le fait que l'État s'est considérablement complexifié sous l'effet d'un mouvement de création d'agences de l'action publique qui a conduit à multiplier les ilots bureaucratiques autonomes (Santé publique France, Haute Autorité de santé, ANSES, ANSM...), augmentant d'autant les coûts de coordination de l'action publique. Dans un contexte où les gouvernements peinent à trouver une prise sur des États dont ils sont censés être les administrateurs politiques, la pratique macroniste s'appuie sur le court-circuitage (ou la mise sous pression) des espaces de coordination, d'évaluation et de contrôle de l'État. D'après Vauchez, elle trouve sa source dans l'éthos anti-bureaucratique aujourd'hui propre aux fractions les plus néolibérales des grands corps de hauts fonctionnaires, qui voient dans les administrations elles-mêmes un frein et un problème potentiels pour la conduite de l'action publique. Ici Vauchez va plus vite que la musique car cet « éthos anti-bureaucratique » se heurte constamment… au bureaucratisme hérité de la forme nation et jacobine de l'État comme on peut le voir dans le pouvoir pris par les ARS ; un pouvoir dénoncé justement par des personnes classées parmi les « conservateurs » comme on peut le lire dans *Le Monde* du 9 janvier 2021 avec l'article de Chantal et Jean-Philippe Delsol. Pour Vauchez, ce pouvoir se développerait au travers d'une politique législative placée sous le sceau de l'efficacité « quoi qu'il en coûte » : développement massif des ordonnances, recours de plus en plus fréquent aux cabinets de conseil privés pour échafauder les projets gouvernementaux, usage quasi systématique de la procédure accélérée au Parlement et des réformes qui, au nom des « lenteurs » et des « immobilismes » de l'État, multiplient les procédures dérogatoires ou accélérées. Une voie qui fait porte-voix quand elle est répercutée à longueur de colonnes dans des journaux comme *Le Figaro* ou *Les Échos*, qui n'arrêtent pas de souligner la lourdeur et les barrières qu'imposent les appareils d'État.

Le pilotage gouvernemental de la crise sanitaire s'inscrirait dans ce sillage, qui voit toutes les agences et comités précisément créés au nom de l'efficacité de l'action publique aujourd'hui court-circuités par de nouvelles structures au service d'un gouvernement de crise : le Conseil scientifique, créé le 11 mars 2020, le Comité analyse, recherche et expertise (CARE) formé le 24 mars 2020 ou encore le Conseil vaccinal des trente-cinq citoyens tirés au sort et enfin le Conseil de défense désormais érigé en Conseil des ministres bis. À cette pléthore de comités censée faire bouger les choses vont être adjoints un réseau de cabinets de conseil tout au long de la chaîne de la décision publique — depuis la cellule interministérielle de tests, à la *task force* sur les vaccins et autres « unités Covid-19 » dont se sont dotés les ministères — s'insérant ainsi au plus près de ce qui est traditionnellement compris comme le cœur de l'action de l'État et du travail gouvernemental : le pilotage stratégique, l'analyse comparative international (*benchmarking*), la construction des systèmes d'information, la capacité logistique, le suivi de la qualité et de la rapidité d'exécution, etc.

Cette stratégie du court-circuit a cependant un coût, des biais et des effets pervers. Tout d'abord, parce qu'au nom de la construction d'une capacité à gouverner à distance, c'est une nouvelle strate d'opérateurs publics et privés qui vient s'intercaler entre les ministères et les professionnels des services publics — générant chevauchements de compétence et incertitudes quant aux rôles et responsabilités de chacun dont les commissions d'enquête des deux assemblées ont pointé les effets déstabilisants tout au long de la chaîne de la décision publique. Le « Responsable mais pas coupable » du scandale du sang contaminé n'est pas loin. Elle contribue ensuite à faire advenir ce qu'elle critique, à savoir l'incapacité des structures et des agents de l'État à être le lieu de construction d'une stratégie, d'une expertise et d'une efficacité logistique. Ce qui n'est du reste pas propre à la France, puisque c'est l'ensemble des États occidentaux (États-Unis et Royaume-Uni en tête) qui sont semblablement marqués par une dépendance croissante à l'égard de multinationales du conseil qui, à l'image de McKinsey, ont acquis une expertise internationale et intersectorielle de la gestion de la crise sanitaire et se sont imposées dans un rôle de conseil aux dirigeants politiques qu'aurait pu jouer, en d'autres temps, une organisation publique internationale telle que l'Organisation mondiale de la santé si celle-ci n'était pas une organisation aussi immobile et fossilisée que l'ONU, de surcroît très dépendante politiquement de la Chine, alors que dernière ne participe que modestement à son financement.

Enfin, le face-à-face qui se construit avec les cabinets de conseil double la clôture des cercles dirigeants et entérine leur coupure à l'égard des acteurs de terrain (personnels soignants, maires, enseignants, etc.). Ce n'est pas seulement que les dirigeants des cabinets de conseil sont eux-mêmes souvent issus des mêmes grands corps ou cabinets ministériels, mais c'est surtout qu'ils sont obnubilés par la vision technocratique et centralisée construite sur la valorisation de la tâche noble d'un « pilotage stratégique », à distance et vertical. Aux dépens de la concertation avec les usagers (réduits à la figure managériale de l'« acceptabilité sociale » comme on peut encore le voir aujourd'hui avec la gestion de la décision ou de la non-décision d'un possible troisième confinement) et avec les professionnels des services publics et les élus locaux, dont on a pu voir le désarroi et le sentiment d'inutilité à chacune des différentes phases-clés de la gestion de crise (Antoine Vauchez, *ibid.*). En fait, se mêlent ici des aspects anciens de l'ancienne autorité politico-bureaucratique horizontale et de la nouvelle transversale et en réseau, mais sans que se dégage une quelconque transparence qui pourrait s'apparenter à une gestion démocratique.

– La bataille des agences est aussi un signe de ce millefeuille technocratique qui a fait polémique autour de la deuxième dose de vaccin : la Haute autorité de la santé (HAS), dans son avis du 23 janvier, dans le prolongement des avis de Santé publique France (SPF), préconise « le report de la deuxième dose à six semaines, pour les deux vaccins à ARN, afin d'accélérer l'administration de la première dose aux personnes les plus vulnérables, dans l'ordre de priorité préalablement établi par la HAS ». En effet, dans un contexte où le nombre de doses est limité, l'option de retarder de vingt et un à quarante-deux jours la seconde dose pourrait permettre en France, selon la HAS, la vaccination de 700 000 personnes supplémentaires de plus de 75 ans en un mois, au rythme de 100 000 doses/jour. Mais malgré ces avis, malgré le choix de nos voisins, notamment le Royaume-Uni, le ministre de la Santé a annoncé, lors d'une conférence de presse le 26 janvier, la décision de ne pas suivre les recommandations de ces agences. Il est à remarquer que les positions du Comité vaccin et du Conseil scientifique semblent avoir pesé en ce sens. Alors que les arguments de la HAS en faveur de l'allongement du délai entre les doses sont exposés dans un avis public, les arguments contre cet allongement ne sont pas exposés. « Je fais le choix de la sécurité », a indiqué Olivier Véran. Est-ce à dire que les trois agences sanitaires nationales précitées sont exagérément portées à la témérité ? Les pouvoirs publics ont sans cesse appelé à la transparence, tout en donnant à chaque occasion les preuves de l'opacité croissante des processus de décision (cf. François Bourdillon ancien directeur général de SPF, *Le Monde*, le 1er février 2021).

– Nous avons déjà parlé du rôle des quatre cabinets privés américains dans la logistique de gestion de crise et particulièrement de Mc Kinsey (« la firme ») et le Mag du journal *Le Monde* du 6 février présente une étude sur le sujet. On retrouve les mêmes pratiques avec les partenariats entre Bpifrance et Amazon. Le thème de la souveraineté est au cœur des liens entre la structure publique et l'américain. Pour la sénatrice UDI de l'Orne Nathalie Goulet : « l'État est un peu schizophrène ; d'un côté, il aide massivement les entreprises françaises à surmonter la crise liée au Covid-19 et de l'autre, il fait appel à Amazon pour stocker des données sensibles de sociétés et pour les former à la numérisation » (*Le Monde*, le 8 février 2021). « Le message envoyé par Bpifrance est doublement problématique :

il sous-entend que la solution et la compétence numérique seraient celles d'Amazon et que la numérisation des commerces et des TPE-PME passerait par les marketplaces américaines », avait déjà dénoncé, dans une tribune au *Journal du dimanche*, parue fin 2020, Pierre Bonis, directeur général de l'association des noms de domaines Internet français (Afnic).

INTERLUDE

– *Just a joke* : les choix de Trump enfin reconnus (sans trop de bruit toutefois) à leur juste valeur ! L'Allemagne va devenir le premier pays européen à utiliser le traitement expérimental à base d'anticorps monoclonaux administré début octobre à Donald Trump, a annoncé dimanche le ministre de la Santé, Jens Spahn. Le gouvernement a acheté 200 000 doses pour 400 millions d'euros de ce sérum, qui fonctionne comme une « vaccination passive », sans solliciter le système immunitaire et bloque la pointe du virus lui permettant de s'attacher aux cellules humaines. Cela pourrait aider des malades à haut risque à éviter une évolution plus grave (*Les Échos*, le 25 janvier 2021).

– Du *Figaro* (28 janvier 2021), ce constat : « Les Français approuvent l'idée d'un troisième confinement, mais pas les restrictions qui vont avec. » Des deux nouvelles laquelle est *fake* ?

– Olivier Véran, le ministre de la Santé, déclare à propos de l'éventualité d'un nouveau confinement (*Le Journal du dimanche* le 31 janvier 2021) : « Le danger auquel nous faisons face est possible, voire probable ». C'est connu que gouverner c'est prévoir !

LES ÉTATS-UNIS ET « L'ARGENT HÉLICOPTÈRE »

2000 $ par américain en 2021 : avec Biden la manne dépasse largement les 600 $ de Trump (Ioanna Marinescu, enseignante d'économie à l'université de Pennsylvanie (*Libération* le 26 janvier 2021). Le choix d'urgence de la nouvelle administration a donc revêtu l'aspect d'une forme particulière d'argent « hélicoptère » pour... les 90 % des moins riches. Si certains peuvent croire que s'attaquer aux 10 % les plus riches peut changer quelque chose qui croira qu'il y a 90 % de pauvres ? Biden a semble-t-il le sens de l'ouverture au risque de nous donner une nouvelle version inversée de la « Grande Société » de Johnson, le tout le monde « classes moyennes » regardant vers le haut de l'époque devenant aujourd'hui le tout le monde « classes moyennes » regardant vers le bas pour ne pas y glisser. Eh bien non, aux États-Unis il y a bien eu une accentuation des inégalités de revenus. Aujourd'hui, les bas salaires sont considérés par le patronat ou l'administration comme tellement élevés en regard de leur productivité qu'ils sont perçus comme des coûts insurmontables économiquement au moins dans les pays où les charges sociales sont élevées, particulièrement pour les PME qui sont pourtant les premières pourvoyeuses d'emplois. Mais même dans ceux où ce n'est pas le cas, comme aux États-Unis, la tendance n'est pas à cette augmentation, mais à la lutte contre le chômage par le développement des petits boulots. Si bien qu'on assiste à des transferts d'entreprises vers les États où les salaires sont les plus faibles parce que sans tradition industrielle ni syndicale. D'où une distorsion entre salaires suivant les régions qui vient s'ajouter aux autres inégalités, une croissance générale de celles-ci et plusieurs niveaux de marché du travail suivant la plus ou moins grande régulation en place.

Biden et ses conseillers en sont conscients puisque leur second projet vise à porter le salaire minimum fédéral à 15 $ (12,40 €) car à l'heure actuelle, il est tombé à un niveau si bas : 7,25 $, qu'il ne concerne plus réellement que 2 M de salariés alors que possiblement il pourrait concerner 20 M de personnes avec le nouveau taux horaire (en référence, il faut savoir que le salaire minimum moyen actuel est à 11,80 $). Il aurait pour ambition de protéger les salariés des nouvelles régions sans tradition ouvrière ni syndicale, aujourd'hui grosses pourvoyeuses de « travailleurs pauvres »[131] (*Les Échos*, le 26 janvier 2021). Pour, l'économiste Larry Summers, ancien de l'administration Obama il y a l'espoir d'une présentation par la Maison-Blanche, ces prochaines semaines, d'un grand plan d'investissement dans les infrastructures. « Je pourrais soutenir un montant plus élevé pour une relance. Mais une partie substantielle du programme devrait être consacrée

131 – En 2021, plus de vingt États d'Amérique auront augmenté leur salaire minimum. Dernière à rejoindre le mouvement, la Floride a décidé par référendum en novembre 2020 de passer de 8,56 à 15 dollars d'ici à 2026. Toutefois, les écarts territoriaux restent considérables ; la rémunération minimale locale est au plus haut dans les riches régions démocrates : San Francisco avec 16,07 dollars, Seattle et New York (15 dollars), Californie (13 dollars) et au plus bas dans le Wyoming ou en Géorgie (5,15 dollars). Entre salaire minimal fédéral et local, c'est le plus élevé qui s'applique. Ainsi, une grande partie du chemin vers les 15 dollars a été *de facto* accomplie : au total, le salaire minimal moyen aux États-Unis était en 2019 de 11,80 dollars, selon l'économiste Ernie Tedeschi. Les entreprises ont bougé elles aussi ; Amazon a augmenté sa rémunération à 15 dollars minimum sous la pression politique et devant le manque de main-d'œuvre.

à la promotion d'une croissance économique durable et inclusive pour la décennie et au-delà, et non simplement au soutien des revenus cette année et la prochaine » (*Les Échos*, le 9 février 2021).

LA DETTE ENCORE

– Si la dette ne doit pas être remboursée à court terme et qu'actuellement les pays riches s'endettent à des taux qui n'alourdiront pas le principal de la dette, pourquoi se battre pour obtenir de la BCE qu'elle tire un trait sur les titres d'État qu'elle détient ? (cf. Anton Brender, in *Les Échos*, le 4 février 2021 et une tribune publiée dans *Le Monde*, le vendredi 5 février 2021, par cent cinquante économistes qui prône une solution radicale : l'annulation de 2 500 milliards d'euros de créances.). Pour Brender, il vaudrait mieux profiter de la situation (la crise sanitaire qui a activé la « clause de sauvegarde ») pour ne plus retourner aux accords de Maastricht quant aux limites de politique budgétaire et d'endettement public qui seraient des perspectives du passé et dépassées. Cette position d'un économiste proche des thèses de l'école de la régulation (Boyer, Aglietta) n'est pas pour surprendre et elle ne peut être reprise à son compte par une dirigeante et femme de pouvoir comme Christine Lagarde, la présidente de la banque centrale européenne (BCE). Pour celle dernière, l'annulation de la dette Covid-19 est « inenvisageable » et serait « une violation du traité européen qui interdit strictement le financement monétaire des États », a-t-elle souligné, dans le *Journal du dimanche*, le 7 février 2021 dans lequel elle rappelle les principes du traité de Lisbonne sur l'indépendance de la BCE vis-à-vis des États membres. « Cette règle constitue l'un des piliers fondamentaux de l'euro [...] Si l'énergie dépensée à réclamer une annulation de la dette par la BCE était consacrée à un débat sur l'utilisation de cette dette, ce serait beaucoup plus utile ! À quoi sera affectée la dépense publique ? Sur quels secteurs d'avenir investir ? Voilà le sujet essentiel aujourd'hui. » Une position reprise à son compte telle quelle par J. Quatremer le correspondant de *Libération* à Bruxelles, le 8 février 2021 où il parle de « débat lunaire » à propos de celui autour de la dette. Mais pour les économistes de *La Tribune* du 5 février 2021, « l'Europe ne peut plus se permettre d'être systématiquement bloquée par ses propres règles ».

– « Lunaire » ou pas (l'expression vient de sortir !), le débat bat son plein y compris parmi les responsables ou ex-responsables des grands organismes internationaux. Ainsi, pour Olivier Blanchard, ancien économiste en chef du FMI : « S'engager à arrêter inconditionnellement les déficits en 2022 serait une erreur. Le danger c'est que l'on refasse ce qu'on a fait en

2010-2011, à savoir essayer de réduire tout de suite la dette. Mais la plupart des gouvernements ont appris leur leçon, le ratio de dette publique rapporté au PIB n'a en tout cas aucun sens. Je le pensais déjà avant la crise, et le critère européen du seuil d'endettement de 60 % du PIB est parfaitement inopérant. Avoir une dette à 60 % avec un taux d'intérêt à 10 % est une politique dangereuse, avoir la même dette avec un taux de 0 % ne pose aucun problème. Ce qui compte c'est la charge d'intérêts, donc le produit du niveau de dette et des taux d'intérêt [...] Mais il n'y a pas besoin de hausses d'impôts à partir du moment où le taux d'intérêt sur la dette reste inférieur au taux de croissance de l'économie. (*Les Échos*, le 27 janvier 2021). Ce qui est étonnant, c'est ce revirement de position sur la question de la dette produit par la crise sanitaire. Elle a levé le tabou même pour les plus orthodoxes des économistes qui, tel Blanchard déclarent sa soutenabilité… à condition qu'elle n'implique pas de faire payer les riches, ce qui est pourtant une option historiquement déjà utilisée qui n'a rien de révolutionnaire, mais qui ne semble plus « soutenable » aujourd'hui.

Pour le moment, à l'agence France Trésor qui gère tout cela, la solution privilégiée est celle du « cantonnement » de la dette qui consiste à isoler la dette spécifique due à ce choc « extérieur » conjoncturel de la dette structurelle et donc de différencier aussi les modes de remboursement.

Pour le groupe des « économistes atterrés » la dette publique est soutenable contrairement aux arguments gouvernementaux ou du directeur de la Banque de France qui disent que c'est engager les générations futures et qu'il faut donc faire des réformes d'austérité et reprendre la réforme des retraites (cf. les déclarations récentes de Le Maire). En effet, pour l'économiste atterré Eric Berr, enseignant à l'université de Bordeaux (*Libération* le 1er février) : « l'État français, hors périodes de récession sévère, enregistre un excédent budgétaire si l'on enlève les dépenses d'investissement. L'État s'endette donc pour investir, pour préparer l'avenir, pas pour faire n'importe quoi ! » De plus les taux zéro actuels permettent de cibler ces investissements, d'abord dans les secteurs dont les manques ont été rendus visibles par la crise sanitaire (hôpitaux, secteur de la recherche), ensuite pour des politiques de transition énergétique et écologique. Berr remet en valeur les politiques de relance par la demande avec le rôle fondamental de l'investissement public et son effet

« multiplicateur[132] ». Mais même pour le directeur de l'Observatoire français des conjonctures économiques (OFCE), Xavier Ragot : « Non, on ne s'endette pas auprès des générations futures », avance-t-il : « On s'endette auprès des générations actuelles, mais on rembourse aux générations futures à qui on paiera les taux d'intérêt. » Pour les générations futures, l'enjeu serait donc celui de la redistribution puisque certains recevront les intérêts de la dette et d'autres acquitteront des impôts pour les payer » (*Les Échos*, le 2 février 2021).

En revanche, « La vision des économistes néolibéraux est que la dette publique doit être gérée comme celle d'un ménage ou d'une entreprise. Or les deux n'ont rien à voir car l'État, lui, a une durée de vie infinie. S'il emprunte cent euros à dix ans à 2 %, il va payer deux euros d'intérêt tous les ans pendant dix ans. Et à la fin des dix ans, il doit rembourser cent. Mais s'il ne les a pas, il peut réemprunter cent pour rembourser cette première somme, avec un nouveau taux d'intérêt. C'est cela, « faire rouler » la dette. Jamais l'État ne remboursera l'intégralité de sa dette, alors qu'un ménage doit le faire. L'État doit seulement être en mesure de payer les intérêts de sa dette afin de garder la confiance de ses créanciers » (Kerr, *ibid.*). Le problème est donc plutôt aujourd'hui, celui de la dette privée qui peut déboucher sur un multiplicateur, mais négatif cette fois.

132 – Démontré par Keynes et appliqué pour sortir de la crise des années 1930. Pour résumer, c'est l'idée qu'une variation d'une grandeur macro-économique (ici l'investissement public qui se substitue au manque d'investissement privé vu les plutôt négatives des entreprises en période de crise comme à l'époque, ou de forte incertitude comme aujourd'hui) produit une variation amplifiée d'une autre grandeur macro-économique (par exemple de revenu). Dans l'exemple le plus couramment utilisé, le multiplicateur est fonction de la propension à consommer des agents économiques et sa mise en action produit des ondes successives de dépenses. Par exemple si la propension à consommer est de 0,8 (0,2 étant la propension à épargner, le revenu étant = à 1), le multiplicateur, en bout de course sera de 5 suivant une progression géométrique de 0,8. Dans la première étape investir 100 produit une consommation de 80 (100 x 0,8) qui pour d'autres agents sera un revenu ensuite dépensé pour 64 (80 x 0,8), ces 64 devenant un revenu dépensé pour 51,2 (64 x 0,8) etc. au fil des étapes jusqu'à ce que ce revenu supplémentaire devienne négligeable. La formule qui donne le multiplicateur est a (le premier terme de la progression, ici 100) divisé par 1-0,8 soit 100/20, donc un coefficient multiplicateur de 5. Ce raisonnement dynamique est à l'opposé des raisonnements néo-classiques qui, pour modéliser mathématiquement, supposent toujours que la variable étudiée l'est « toutes choses égales par ailleurs ».

## Banque centrale et intervention macro-économique

Depuis les débuts de la crise sanitaire, les banques centrales des pays de l'OCDE tendent à vouloir sortir de leur rôle limité par le renversement libéral des années 1990 qui consistait à assurer la stabilité des prix, en toute indépendance des États. Elles veulent désormais intervenir sur « l'économie réelle » déclare Patrick Artus dans *Les Échos,* le 28 janvier 2021 (il pense qu'il y a une « économie irréelle », sous-entendu la finance) de façon à accroître leur influence macro-économique à travers la réduction du chômage et la limitation de l'inflation, deux variables qui ont tendance à évoluer spontanément en sens inverse[133].

Rompant avec ses présupposés, la Réserve fédérale américaine (FED) a clairement annoncé qu'elle voulait amener le taux de chômage à un niveau très bas pour réduire les inégalités, en particulier en réduisant le taux de chômage des minorités (Noirs, Hispaniques). Elle utilise pour cela ce qu'on a appelé la politique de surchauffe; elle consiste à soutenir la demande alors que le taux de chômage est déjà très bas pour amener de nouvelles personnes sur le marché du travail pour pousser les entreprises à devenir plus efficaces, puisqu'il faut qu'elles produisent davantage pour satisfaire la demande alors que le marché du travail est déjà tendu. Cette politique a été mise en place, avec succès, aux États-Unis depuis 2016 (mais passée sous silence du fait que cela s'est passé sous la mandature de Trump, le démon). Nous l'avons déjà souligné dans le relevé précédent tout ceci pose d'abord un problème institutionnel et politique dans un régime démocratique. Les choix d'investissement public, de soutien à certains secteurs d'activité ou à certains types d'investissements (comme ceux dans la transition énergétique) doivent être faits, en principe, par le parlement, pas par la banque centrale. Soit la banque centrale fait des choix qui ne sont

133– Cf. la courbe de Phillips (1958) qui démontre que la lutte contre l'inflation conduit à une augmentation du chômage, même si au milieu des années 1970, il y a une période de variation dans le même sens des deux grandeurs (stagflation). Cette thèse a été largement utilisée par les keynésiens et appliquée pendant les Trente glorieuses puis abandonnée depuis que prédominent les analyses libérales dite des « anticipations rationnelles » qui rectifient les illusions monétaires (par exemple celle qui font croire qu'une augmentation de salaire équivaut à une augmentation de pouvoir d'achat et de demande) et privilégient la stabilité des prix (le salaire est un prix) et déclarent *in fine* que la politique économique est incapable de faire reculer le chômage (cf. la théorie du « chômage naturel »); et pire, elle accroîtrait le taux d'inflation.

pas validés par les parlements et il y a problème de démocratie par risque de diktat de la part de la banque centrale ; soit cette dernière suit les injonctions du parlement, et elle perd son indépendance. Il se pose ensuite la question de l'utilité de son intervention. Si des investissements publics ou privés sont rentables, efficaces, ils peuvent être sans danger financés par la dette publique, puisque la rentabilité des investissements est supérieure au coût de la dette. On ne voit pas alors pourquoi il faudrait un financement monétaire de ces investissements par la BCE, ni le maintien de taux d'intérêt anormalement bas. Le cas le plus intéressant est alors celui d'investissements engendrant de fortes externalités positives et dont la rentabilité économique est faible comme dans la transition énergétique. Il est alors légitime que la banque centrale contribue à l'intermédiation des externalités en refinançant à ces conditions privilégiées les créances (obligations, crédits) qui correspondent à ces investissements. Il faut ensuite regarder la question de la disponibilité de l'épargne pour financer les investissements nécessaires. Les États-Unis, par exemple, ont une insuffisance notoire d'épargne. Si la FED met en place un programme d'*helicopter money* (création monétaire qui finance des dépenses des ménages ou des entreprises) pour financer des investissements supplémentaires, ce qui est parfois réclamé, il y aura hausse de l'investissement sans hausse correspondante de l'épargne. D'où déséquilibre extérieur, risque de crise de la balance des paiements et endettement extérieur. La création monétaire conjoncturelle allouée au financement d'un investissement n'aura pas résolu le problème structurel d'insuffisance d'épargne. Ce n'est pas le cas de pays à forte épargne comme l'Allemagne, ce qui explique d'ailleurs ses réserves sur l'intervention de la BCE en ce domaine.

MONDIALISATION ET DÉSINDUSTRIALISATION ?

– Ce rapport est à relativiser, car si les chiffres du commerce extérieur montrent un déficit grandissant, « la France est parmi les grands pays européens celui dont les entreprises industrielles ont le niveau le plus élevé d'emplois à l'étranger rapporté aux emplois industriels domestiques », écrit le député Thierry Michels, dans un document sur la politique industrielle publié récemment. Ainsi, les ventes des filiales étrangères des groupes industriels français pèsent deux fois plus que les exportations industrielles, alors que ce ratio est de moins de 1 pour l'Allemagne et l'Italie.

Dans le même ordre d'idées, en 2019, le flux des investissements directs français (IDE) sortis à l'extérieur des frontières était de 34,5 milliards d'euros, contre 30,2 milliards pour les capitaux étrangers entrés à l'intérieur, selon la Banque de France.

Nous avons vu dans le relevé XVI que les investissements s'étaient plutôt maintenus à un niveau correct pendant la crise sanitaire (toutefois encore en cours) si on compare avec la crise financière de 2008. Il n'en est pas de même pour ces investissements directs à l'étranger (IDE) qui ont chuté de plus de 40 % par rapport à 2019 (*Les Échos,* le 26 janvier 2021). L'Inde (+13 %) surtout dans le numérique et la Chine (+4) restent positives.

– Quant aux mesures de protection de Carrefour par rapport à son possible acquéreur canadien Couche-tard elles ne sont pas une exception française. Ainsi, si ni le Royaume-Uni ni les Pays-Bas ne disposent à l'heure actuelle d'un régime de contrôle des offres publiques d'achat (OPA), de telles restrictions sont pourtant présentes dans les réglementations de plusieurs grands pays européens, l'Allemagne, l'Italie et l'Espagne où le cadre légal qui fait référence respectivement à l'approvisionnement alimentaire, la filière d'approvisionnement agroalimentaire et la sécurité alimentaire, est suffisamment large pour imposer une autorisation préalable (*Les Échos*, le 2 février 2021).

## Crise sanitaire et pauvreté globale : un retournement historique

À l'horizon 2030, la visée, établie par l'ONU en tant que premier des objectifs du développement durable (ODD), consistait à mettre fin aux formes extrêmes de pauvreté dans le monde. L'optimisme prévalait depuis une vingtaine d'années. La pauvreté régressait (1,7 milliard d'individus en 1997, moins de 650 millions projetés en 2019). La crise sanitaire et ses conséquences économiques changent la donne. Selon les estimations de la Banque mondiale, plus de 100 millions de personnes seraient venues en 2020 grossir les rangs de cette extrême pauvreté. Mais ce chiffre pourrait croître jusqu'à un demi-milliard selon des approches alternatives de la pauvreté mesurée en conditions de vie. En effet, les observations précédentes sortent renforcées lorsque d'autres indicateurs, tel l'indice de développement humain (IDH) qui agrège les trois dimensions du niveau de vie, de l'état de santé et de l'éducation sont mobilisés. Cet IDH, pour la première fois depuis son établissement en 1990, baisse significativement en 2020. La crise sanitaire mondiale et ses conséquences économiques ont assurément marqué un coup d'arrêt au « développement ». Selon le contenu et l'intensité de la reprise économique, il s'agira de voir si cette crise n'aura alimenté qu'un arrêt ponctuel du processus ou si, au contraire, elle aura enclenché un renversement irréversible. Quant aux prévisions d'une quasi-éradication de la pauvreté à l'horizon 2030, elles ne sont plus à l'ordre du jour (*Les Échos*, le 9 février 2021).

Le 12 février 2021

# Relevé XVIII
# (23 mars 2021)

## Une évolution différenciée de l'ancienne composition de classes

### *Paupérisation et nouvelles formes de contractualisation du travail*

– La menace d'être rattrapé par le salariat pèse désormais sur le modèle Uber des deux côtés de la Manche. Quasiment un an après la décision inédite de la chambre sociale de la Cour de cassation, qui avait décidé de requalifier un chauffeur en salarié, la Cour suprême britannique a tranché à son tour, en faveur des travailleurs de la *gig economy*. Mais Uber ne veut pas lâcher et son directeur général a dévoilé une liste de propositions destinées à améliorer les conditions de travail de ses chauffeurs en Europe (accès à des aides, à des indemnisations pendant les congés, à la protection sociale et à une rémunération transparente). Avec une condition : que ceux-ci restent indépendants (*Les Échos*, le 22 février 2021). La situation est mouvante car la Cour suprême de Londres a requalifié, le 19 février 2021, un chauffeur Uber inscrit comme travailleur indépendant en *worker*, un statut à mi-chemin entre « salarié » et « indépendant », pour les travailleurs dits « para-subordonnés » car n'ayant aucune marge de négociation et dont le co-contractant n'est pas le client. Avec une protection spécifique : salaire minimal, durée du travail, congés payés, mais ni congés maladie ou maternité, ni indemnités de licenciement ou de chômage, ni retraite financée ce qui aboutit à créer un troisième statut, certes plus proche de la situation concrète, mais plus flou juridiquement et par exemple plus défavorable aux *workers* en regard du droit du travail français si ce régime venait à s'étendre (*Le Monde*, le 4 mars 2021). La CGT a d'ailleurs pointé les limites de ce statut qui certes améliorerait la situation actuelle, mais risquerait d'entériner une réforme pas entièrement satisfaisante. Pourtant, la démonstration est faite qu'un statut de salarié est viable, à l'instar du modèle choisi par Just Eat Takeaway (livraison de repas), qui a décidé, fin 2020, de recruter 4 500 livreurs salariés en France d'ici à la fin 2021 (*Le Monde*, le 4 mars 2021). En Californie, où une loi devait forcer Uber à salarier ses chauffeurs, l'entreprise est sortie gagnante d'un référendum qu'elle a organisé le 3 novembre 2020, aux termes duquel ses conducteurs sont des indépendants, mais reçoivent des compensations (*Le Monde*, les 22-23 février 2021). De son côté, Just Eat a annoncé, fin janvier, le recrutement en contrat de travail à durée indéterminée (CDI) de 4 500 livreurs d'ici à fin 2021. Quand la quasi-totalité des autres plateformes ne fait appel qu'à des auto-entrepreneurs aux conditions très précaires, la société britannique, rachetée en 2019 par le néerlandais Takeaway.com, entend proposer « une solution autre de livraison, plus responsable [...] Tous les livreurs sont payés à l'heure et non à la course, qu'ils soient sur le terrain ou non, ce qui leur assure une garantie de revenus, quelle que soit leur activité journalière », souligne l'entreprise. « Just Eat se positionne en chevalier blanc », observe Jérôme Pimot, cofondateur du Collectif des livreurs autonomes de Paris. Mais, à moyen ou long terme, on risque de se retrouver avec une minorité à temps plein et des tas de petits contrats, voire de l'intérim, parce qu'il faudra quand même de la flexibilité pour s'adapter à la demande (*Le Monde*, les 22-23 février 2021). En Italie, Amazon avait déjà dû affronter des mouvements sociaux, mais c'est la première fois que les syndicats ont appelé le 22 mars 2021, à une grève nationale de ses plus de 40 000 employés dans la péninsule. « C'est une question de respect du travail, de dignité des travailleurs et de sécurité », affirment-ils, en dénonçant en particulier les conditions dans lesquelles les plus de 15.000 livreurs sont employés (*Les Échos*, le 23 mars 2021).

– Selon le National Institute of Economic and Social Research (NIESR), un groupe de réflexion, l'extrême pauvreté (définie à 70 livres sterling, soit 80 euros par semaine pour un adulte seul, après le coût du logement) a doublé au Royaume-Uni pendant la pandémie, et est passée de 0,7 % à 1,5 % de l'ensemble des foyers. « Cette crise est venue illustrer qu'il existe en permanence une large population qui se trouve juste au-dessus du seuil de l'extrême pauvreté », souligne Arnab Bhattacharjee, économiste au NIESR (*Le Monde*, le 3 mars 2021). Pendant ce temps, une étude du Conseil d'analyse économique en France a montré que 70 % de l'épargne supplémentaire produite par les restrictions de la crise sanitaire provenait des 20 % des ménages ayant les revenus les plus hauts. En début de semaine, l'économiste Philippe Aghion, qui a participé à l'élaboration du programme économique du candidat Emmanuel Macron en 2017, s'est dit favorable à « une contribution exceptionnelle sur les revenus élevés d'une année ». Le professeur au Collège de France insiste premièrement sur le fait que cette taxe ne devrait être mise en œuvre qu'une seule fois ; deuxièmement que « la fiscalité doit rester inchangée » et enfin, troisièmement, qu'il doit s'agir « d'une initiative de plusieurs pays européens » et ne pas être un cavalier seul de la France (*Les Échos*, le 26 février 2021).

– Si l'on en croit Walter Scheidel qui vient d'écrire *Une histoire des inégalités, de l'âge de pierre au XXI*^e^ siècle, Actes Sud, 2021), sur le long terme, plus la stabilité des États, régimes politiques et conditions sociales est assurée et moins les inégalités sont susceptibles de régresser ; elles peuvent même s'accentuer. Guerres et révolutions seraient toujours les moteurs des plus grands bouleversements propices à une réduction des inégalités. Or, aujourd'hui, le rapport à la violence a tellement évolué que les mouvements qu'on désigne maintenant comme violents (cf. celui des Gilets jaunes) le sont beaucoup moins qu'avant... et de ce fait ne produisent pas de bouleversement majeur (*Libération*, le 23 mars 2021). Si la première partie de cette analyse paraît pertinente pour la période dite des Trente glorieuses qui s'enchaîne à la Seconde Guerre mondiale, puis pourrait expliquer le retournement actuel, elle ne cadre pas avec ce qui s'est produit dans l'entre-deux-guerres.

– On les dit « prioritaires »... pour quitter l'entreprise. La tendance n'est pas nouvelle, mais, depuis le début de la crise sanitaire, les plus de cinquante ans sont massivement incités à libérer leur poste de travail — parfois ils en sont même instamment priés. Les exemples abondent, d'Airbus — où 60 % des départs volontaires seraient des retraites ou des préretraites — à Michelin, qui prévoit un vaste plan de départs par rupture conventionnelle collective, mais s'appuie aussi sur des mesures de préretraite. À un degré moindre la SNCF réduira ses effectifs de 2 % en 2021 « en jouant sur les départs à la retraite et chez Renault Trucks, en décembre 2020, sur les 290 départs prévus, 189 souhaitaient partir à la retraite ou en pré-retraite. Depuis le 1er mars 2020, ce sont quelque 50 000 « seniors » de plus, ne dépassant pas toujours de beaucoup les cinquante ans, qui pointent au chômage. Les nouveaux inscrits à Pôle-emploi de cette classe d'âge représentent d'ailleurs à eux seuls les deux tiers du volume des ruptures de contrat des plans de sauvegarde de l'emploi de l'année 2020. Par le passé, le coût des vagues de préretraites a été considérable, car il a fallu les indemniser plus de cinq ans après leur départ de l'entreprise. « De 1979 à 1983, le nombre de départs à partir de 55 ans est passé de 160 000 à 700 000 par an et n'est redescendu en dessous des 500 000 qu'en 1992. Pour l'économiste Annie Jolivet, « à court terme, ces départs anticipés pourraient ne pas coûter grand-chose à la société. Les plans ne sont pas ouverts à tous. Les entreprises jouent sur les départs volontaires et se calent sur l'âge de la retraite à taux plein. Elles ciblent les seniors à maximum trente mois de la retraite » soit en moyenne à l'âge de soixante ans contre cinquante-huit à l'époque. La BNP et les banques en général ont de fait profité de la crise sanitaire pour tester leurs besoins en situation expérimentale de télétravail. « Faire partir les seniors au motif que la transformation numérique va faire la jonction expose les entreprises à des risques importants, notamment sur la qualité des services clients, estime Annie Jolivet, car ce sont ceux qui sont au plus près du travail qui évitent de faire de cette transformation une usine à gaz. En outre, ces suppressions d'effectifs ont lieu avant le basculement vers cette transformation » (*Le Monde*, le 22 janvier 2021). Pour la sociologue Anne-Marie Guillemard, la population des seniors « ni retraités ni actifs » augmente en France, mais leur taux d'emploi reste très nettement inférieur à la moyenne européenne même si, paradoxalement, le taux d'emploi des seniors est supérieur au taux d'emploi des jeunes (*ibid.*). Le patronat du privé renoue ainsi avec sa politique des années 1970-80... mais alors que le contexte de l'époque était celui de la tendance séculaire à la baisse du temps de travail et à une retraite à soixante ans que les politiques allaient acter en 1981, celui d'aujourd'hui est, en toute incohérence, de nous faire croire qu'il faudrait travailler plus et plus longtemps.

### *Par-delà les théories du déclassement, la « moyennisation » continue*

La France compte désormais plus de cadres que d'ouvriers. C'est ce que révèle l'enquête sur le marché du travail que vient de publier l'INSEE. Le pays comptait l'an dernier 29 millions d'actifs, 92 % d'entre eux ayant un emploi. Un bon quart d'employés (près de sept millions) et autant d'actifs dans les professions intermédiaires (techniciens, instituteurs, beaucoup de professionnels de la santé). Un cinquième de cadres et presque autant d'ouvriers (un peu plus de cinq millions pour chaque catégorie). Pour la première fois donc, les cadres sont devenus plus nombreux que les ouvriers. Les professions intermédiaires ont aussi dépassé en nombre les employés. Or, il y a quarante ans, les ouvriers formaient le groupe social le plus fourni du pays, devant les employés. Occupant près du tiers des emplois, ils étaient alors quatre fois plus nombreux que les cadres. Certes, la notion de « cadre » est très évasive et les « partenaires sociaux » ont essayé de la définir autour de trois notions — l'expertise, la responsabilité et l'autonomie. Si le concept de cadre reste imprécis, la progression du poids des cadres dans l'emploi n'en traduit pas moins deux mutations profondes du travail. La dématérialisation de la production et le poids croissant des services dans le procès de valorisation. C'est l'importance de ce double processus dans les rapports sociaux de production qui permet aussi de comprendre que, malgré la crise sanitaire, la reproduction de ces rapports sociaux ait pu être pérennisée sans que l'économie (production et distribution) ne s'arrête (*Les Échos*, le 23 mars 2021). Cette présentation est toutefois à relativiser car la présentation des *Échos* se place du point de vue de la dynamique capitaliste et donc de l'effacement des anciens marqueurs de classes. Elle fait comme si le déclin des conflits de classes était le signe de la disparition des catégories de classes (ici analysées selon le critère des catégories socioprofessionnelles de l'INSEE). Or, l'outil n'est pas forcément adaptable à l'évolution actuelle. En premier lieu l'analyse ne distingue pas les ouvriers d'usine (là où historiquement se définissait « l'ouvrier productif » de la lutte des classes) de la condition d'ouvrier en général. Or entre 1982 et 2009 leur proportion a diminué de moitié passant de 15 % à 7 %. Les ouvriers « productifs » se retrouvent en effet aujourd'hui essentiellement dans le BTP. En second lieu, la transformation et l'évaluation du caractère de ce qui est « productif » aujourd'hui bouleverse les critères de classification. Ainsi, l'économie de plateforme emploie actuellement plus d'employés que d'ouvriers au sens strict, mais dont les conditions de travail sont finalement très proches de celles des ouvriers (cf. les conditions de travail chez Amazon). De nombreux livreurs de pizza ou autres, sont ainsi considérés comme des auto-entrepreneurs et sont classés en artisans, alors qu'ils ne produisent rien et ne font que transmettre. Il en est de même de la pertinence de la catégorie « cadres et professions libérales » qui s'effrite. Passons sur la convention statistique qui fait que le conjoint collaborateur, secrétaire ou réceptionniste d'un professionnel libéral soit classé « cadre » contrairement aux professeurs des écoles, mais quand même ! Mais l'application des 35 heures a aussi poussé des entreprises à promouvoir cadres des salariés intermédiaires ; réputés autonomes, ils peuvent donc être soumis à un forfait jours sans décompte des heures journalières, or, si le coût mensuel du cadre est supérieur, son coût horaire peut être bien inférieur (Ph. Askenazy : « Une France qui (reste ouvrière), *Le Monde*, le 22 avril 2021). Et surtout, l'expérience forcée du télétravail pourrait révéler à beaucoup de cadres le carcan et la virtualité que représente leur statut en apparence avantageux et reconnu : horaires à rallonge, empiétement sur la vie privée, bref une autonomie et responsabilités de façade face à un contrôle permanent. Plus largement, la montée des outils de surveillance – du classique *reporting* à la mesure des émotions faciales par l'intelligence artificielle – menace l'autonomie de vastes pans de travailleurs du privé comme du public. Là encore, il y aura cadres et cadres et nul ne peut dire quelle proportion tirera une opportunité des nouvelles conditions sachant que les directions d'entreprise sont elles aussi à la recherche dess opportunités liées à ces transformations. Les rapports de force pourraient s'avérer aussi importants à ce niveau qu'ils le seront pour les « employés » d'Amazon ou de Deliveroo.

## Innovations d'organisation et innovations technologiques

– La gestion de l'incertitude et des risques a été rendue beaucoup plus difficile, à partir des années 1980 et la « révolution du capital », par le développement des dispositifs de « juste à temps » ou de « production à flux tendus » (*lean management*). À ce niveau, Toyota a développé une politique quelque peu paradoxale puisque champion théorique du « juste à temps », elle s'est avérée beaucoup plus pragmatique : « Le principe du “juste à temps” est souvent mal compris », nuance un porte-parole du constructeur nippon. « En réalité, il n'est pas appliqué de façon dogmatique, il reste flexible et évolutif en fonction de la réalité du terrain. Les composants ne sont d'ailleurs pas forcément stockés chez nous, ils peuvent l'être chez nos fournisseurs [...] Nous avons alors réalisé que, même si nous avions diversifié nos fournisseurs de rang 1, c'est-à-dire les plus proches, eux-mêmes n'avaient pas forcément adopté la même stratégie... », poursuit le porte-parole. Depuis Toyota a revu sa *supply chain* en cherchant à avoir une vue d'ensemble de sa filière de sous-traitants et pas simplement une visibilité sur le niveau 1 de celle-ci qui concerne les grands équipementiers du type Fauricia, Valéo, Bosch en France, parce que l'absence de transparence a oblitéré la dépendance de ces équipementiers au taïwanais TSMC, d'où les ruptures de la chaîne d'approvisionnement. Il faut dire que onze des quinze premiers fabricants mondiaux de semi-conducteurs sous-traitent la fonderie (peu porteuse de valeur ajoutée en termes relatifs) pour la production des plaques de silicium. La spécificité du temps assez long de production des semi-conducteurs n'a pas non plus facilité la fluidité nécessaire rompue en temps de crise sanitaire. Mais bonne nouvelle pour l'Europe, Apple a annoncé qu'il allait investir plus de 1 milliard d'euros sur trois ans en Allemagne et faire de Munich son centre européen de conception de puces électroniques (*Les Échos*, le 11 mars 2021).

– Les constructeurs automobiles chinois débarquent en Europe avec une toute nouvelle technologie, la propulsion électrique. Forts de leur expérience sur leur immense marché intérieur, les prix de vente défient toute concurrence et vont favoriser leurs exportations accroissant les excédents par rapport à leurs partenaires commerciaux. Toutefois, la dégradation de la balance commerciale entre l'Europe et la Chine est plutôt imputable aux constructeurs occidentaux qui ont installé leurs usines dans l'Empire du Milieu[134]. D'autant plus que la fabrication des véhicules électriques coûte moins cher en Chine, un moyen de préserver des marges sous haute pression. À défaut de protéger l'industrie automobile locale, on risque de voir arriver une vague de biens manufacturés en provenance de la Chine », prévient France Stratégie. Et pendant ce temps, les Européens sont à la peine, particulièrement les Anglais. En effet, ces derniers, face à la déconfiture de leur industrie automobile dans les années 1980-90, ont choisi de devenir la plateforme de la production automobile japonaise à destination de l'Europe. Toyota, Honda et Nissan se sont implantées en masse. L'usine Nissan de Sunderland est la plus grande d'Europe. Cette industrie est tournée à près de 80 % vers l'exportation, surtout en Europe. Le Brexit menace de détruire cette architecture. Ford a quitté l'île, Honda le fera cette année. Toyota s'interroge. Pour rester, en dépit du divorce européen et de l'ultimatum accéléré à la conversion électrique, les constructeurs s'adressent à l'État afin qu'il finance la reconversion. Ainsi, Boris Johnson a décidé de transformer son pays en centre mondial de fabrication de batteries. En 2020 près de 3,3 milliards de livres (3,8 milliards d'euros) d'investissement ont été annoncés dans ce domaine. Cela pourrait encourager les industriels à rester près de la fabrication d'organes essentiels et très lourds à transporter (*Le Monde*, le 4 mars 2021). Et partout on retrouve cette idée de la nécessité de la reconversion et du rôle que doit y jouer l'État (Cf. Bosch à Rodez, équipementier de l'injection pour les moteurs diesel qui est en grosse difficulté).

---

134 – Nous avons signalé dans la note 72, en quoi des agrégats comme le PIB et surtout la balance commerciale avaient perdu de leur pertinence comme instrument de comptabilité nationale. En revanche, si l'on s'intéresse à l'emploi et tout particulièrement à l'emploi industriel, donc à la qualité de l'emploi ainsi qu'à son volume, l'Allemagne préserve son emploi industriel qualifié et les filières qui vont avec (techniciens, ingénieur et leur savoir-faire dans la mesure où son *Mittelstand* reste exportateur. L'Italie compte 220 000 entreprises exportatrices, l'Allemagne 300 000 et la France seulement 130 000. Pour être plus précis encore l'Allemagne exporte en valeur cinq fois plus de biens en Chine que la France. Ce déséquilibre entraîne forcément des conséquences sur une possible attitude commune des Européens vis-à-vis de la Chine ; et conduit à une perte relative de savoir-faire en France... aujourd'hui en partie importé.

## UNE RELANCE AU RISQUE DE L'INFLATION ?

– Le plan de relance de Joe Biden, d'un montant souhaité de 1900 milliards de dollars (environ 1565 milliards d'euros), soit près de 15 % du PIB américain, risque de faire resurgir l'inflation s'inquiètent à la fois Summers le keynésien ancien conseiller d'Obama et Blanchard ex-directeur du FMI à la position plus orthodoxe ; et provoquer en réaction une hausse des taux d'intérêt, précipitant l'Amérique en récession. Mais l'idée de Biden est de ne pas reproduire la frilosité de 2009 et d'éviter ce que les spécialistes appellent « une reprise en K » où ceux qui bénéficient d'un emploi stable à temps plein, de prestations sociales et d'un certain matelas financier s'en sortent bien à l'heure où les marchés boursiers atteignent de nouveaux sommets. Ceux qui, en revanche, sont au chômage ou employés à temps partiel dans des secteurs à faible valeur ajoutée dans les services et dans des emplois ouvriers — le nouveau « précariat » — se retrouvent confrontés aux dettes, au manque de moyens financiers, ainsi qu'à des perspectives économiques qui s'amoindrissent. Nouriel Roubini, un des économistes qui avait annoncé la crise des *subprimes* et de l'immobilier de 2008 voit aujourd'hui se développer un même phénomène de « démocratisation de la finance » quand plusieurs millions d'Américains ont ouvert un compte sur Robinhood sur lequel ils espèrent faire fructifier leurs rares économies et l'équivalent de plusieurs fois leur salaire en spéculant sur des actions sans aucune valeur. Une opération finalement encensée par certains médias comme favorisant un populisme actionnarial combattant les fonds spéculatifs de vente à découvert des gros et méchants financiers. Comme le relève Roubini, « beaucoup sont persuadés que la réussite financière ne passe plus par un métier de qualité, un travail acharné, une épargne et des investissements patients, mais désormais par des stratagèmes d'enrichissement rapide et autres paris sur des actifs intrinsèquement sans valeur, tels que les cryptomonnaies » (les « shit-coins », comme il les appelle). Toutefois, il ne va pas jusqu'à en voir la source dans l'avènement d'une société capitalisée qui a largement réussi à diffuser « l'esprit du capitalisme », mais sous sa forme la plus brutale et limpide c'est-à-dire en réalisant l'immédiateté de la transformation A-A' dans laquelle A' contient un supplément de valeur par rapport à A, en gommant toutes les étapes intermédiaires de sa production.

Pourtant, la situation n'est pas la même qu'en 2008 dans la mesure, où sous l'administration Trump un massif plan d'aide à l'économie a déjà été enclenché. A. Leparmentier, dans sa chronique du 24 février 2021 dans *Le*

*Monde,* compare Biden à Lyndon Johnson. Tous les deux partiraient d'un bon sentiment qui serait de vouloir aider pauvres, chômeurs et minorités, mais de se noyer dans des guerres inutiles (contre un virus qui recule pour le premier, contre la guerre du Vietnam pour le second) avec les mêmes effets, le gouffre de l'inflation. Leparmentier a l'air d'oublier que ce plan d'aide décidé sous Trump a creusé massivement le déficit budgétaire bien avant la crise sanitaire du fait de la baisse des impôts et des divers avantages accordés aux très grandes firmes. Par ailleurs, les programmes axés sur les petites entreprises n'ont pas été aussi efficaces qu'ils auraient pu ou auraient dû l'être — notamment parce que trop d'argent a été versé à des entreprises pas réellement petites et en partie à cause d'un ensemble de problèmes administratifs, ce qui pourrait éventuellement être rectifié par l'administration Biden (c'est en tout cas la position de J. Stiglitz exprimée le 1er février 2021 dans la revue *Subject syndicate*). Il n'empêche que la question de l'impôt semble être un tabou puisque même des représentants de la « Théorie monétaire moderne » (TMM, cf. note 118), comme Stephanie Kelton, la conseillère économique de Sanders, ne proposent pas une augmentation des impôts et de sa progressivité. Toutefois, beaucoup s'interrogent sur l'ampleur du plan de relance. En effet, le Congressional Budget Office estime que l'économie américaine tourne 3 ou 4 % en dessous de son potentiel, soit un déficit d'activité d'environ 800 milliards. Suivant ce raisonnement on aurait pu s'attendre à un plan de relance d'environ 800 milliards en toute logique, alors qu'il se monte à plus du double (T. Philippon, in *Les Échos*, le 11 mars 2021). Mais même les démocrates semblent vouloir freiner puisqu'ils ont, fin février, renoncé à adopter la hausse de 7,25 dollars (6 euros) à 15 dollars souhaitée par le président Joe Biden, faute de majorité suffisante au Sénat. Les experts du Congrès ont jugé qu'il fallait non pas une majorité simple, mais une majorité qualifiée de 60 sénateurs sur 100. De longues négociations vont s'engager en faveur d'une hausse moindre — peut être jusqu'à 11 dollars –, mais l'affaire n'aura pas l'ampleur prônée depuis des années par la gauche démocrate. Si moins de 2 % des salariés sont au salaire minimum fédéral, inchangé depuis 2009, son relèvement à 15 dollars aurait concerné finalement 15 % de la population active et surtout, aurait changé radicalement la donne dans les États ruraux les plus pauvres, de l'Alabama au Montana, en touchant plus du quart des travailleurs (*Le Monde*, le 3 mars 2021). La situation est quand même contrastée au sud des États-Unis, puisqu'à Bessemer en Alabama, l'une des villes les plus pauvres de la région où existe quand même une certaine tradition ouvrière par rapport au Tennessee ou au Mississippi (la ville est proche de Birmingham), un salarié peut espérer commencer à 15,30 dollars de l'heure, soit le double du salaire minimum local. Et il bénéficie d'une couverture santé intéressante. Mais d'autres décrivent aussi la chaleur qui règne dans l'entrepôt, les horaires à rallonge, les changements d'emploi du temps à la dernière minute, la pression insoutenable à mesure que les cadences et les commandes en ligne augmentent, le flicage généralisé et la propagande contre l'organisation d'un vote pour une présence syndicale dans l'entreprise (*Les Échos*, le 4 mars 2021). Depuis, la lutte pour une syndicalisation des salariés continue avec l'actuelle organisation d'un vote à ce sujet. Quel qu'en soit le résultat, avoir réussi à imposer le vote est déjà considéré comme un demi-succès prometteur et généralisable car si la lutte paie en Alabama, une terre *a priori* hostile aux luttes sociales, elle doit pouvoir être généralisable partout (*Le Monde*, le 22 mars 2021).

Le plan semble surtout mal centré car la dépense publique va s'étendre non seulement aux chômeurs et précaires, mais jusqu'aux classes moyennes qui ont pourtant gonflé leur épargne pendant la crise sanitaire. D'autre part, cette dépense concerne une demande constituée surtout de consommation et elle néglige les dépenses structurelles et d'investissement en matière d'infrastructure, de transition écologique. Peut-être est-ce ce défaut que visent les keynésiens historiques qui critiquent le plan de relance de Biden au-delà de sa disproportion (cf. Summers). Enfin, une partie de cette dépense risque en fait de ne permettre que le remboursement de la dette compte tenu des millions de dollars d'arriéré qui concernent d'ores et déjà le paiement des loyers et des factures, ou qui correspondent à une suspension de remboursement des crédits immobiliers et crédits à la consommation. Et Roubini de conclure : « Et dans la mesure où l'épargne supplémentaire finira par se transformer en achats d'obligations d'État, ce qui devait être un sauvetage pour les ménages en difficulté deviendra en réalité un sauvetage pour les banques et autres prêteurs (*ibid.*), mais verra le risque inflationniste amoindri. Son pronostic à moyen terme : la stagflation, une perspective compatible avec notre hypothèse de « reproduction rétrécie ».

– Le risque d'inflation ne semble pas concerner l'Europe pour l'instant, du fait de plusieurs éléments ; le premier est que la reprise sera plus tardive et sans doute moins appuyée qu'outre-Atlantique ; la seconde que le taux de chômage européen reste relativement élevé, un facteur plus déflationniste qu'inflationniste et poussant à la stabilité ou même à la baisse des salaires et enfin la sortie de crise n'entraînera pas des effets d'embauche importants. En effet, des plans de licenciement sont déjà prévus et la substitution capital/travail va continuer jouant ainsi sur une masse salariale qui devrait chuter mécaniquement s'il n'y a pas un mouvement de hausse de salaire qui ne se produira pas sans mouvement social fort ou improbable coup de pouce des autorités publiques. Mais si l'on considère ce risque au niveau mondial, des éléments structurels mais exogènes aux politiques des banques centrales (monétisation de la dette, bas taux d'intérêt, politique accommodante) semblent jouer de façon à ce que les objectifs fixés d'une inflation autour de 2 % soient difficilement atteignables du fait de phénomènes tels que la mondialisation, la digitalisation, l'évolution de la démographie et de la productivité. En effet, si on en croit Isabel Schnabel du directoire de la BCE (*Les Échos*, 11 mars 2021) : « Puisque la politique monétaire agit sur la demande, elle a moins d'impact pour contrer des chocs structurels persistants sur l'inflation. » qu'une politique qui serait centrée sur l'offre. Toutefois, l'exemple américain semble invalider cette hypothèse puisqu'une relance forte couplée à un redémarrage de même nature produit bien une hausse de l'inflation, certes limitée. Ce serait donc le niveau d'intervention en Europe et non pas le type d'intervention qui serait responsable de la faible inflation et d'une reprise de la croissance quelque peu atone en Europe. C'est en tout cas une hypothèse défendue au sein même du directoire de la BCE par la ligne Daft punk (en référence au titre *Harder, Better, Faster, Stronger* du duo électro) de Fabio Panetta : « En réalité, c'est le fait de ne pas utiliser pleinement la politique monétaire dans un contexte de chute de la demande et des anticipations d'inflation plutôt que sa supposée inefficacité qui nous emprisonne dans un environnement de faible inflation, de croissance modérée, et de chômage élevé ». Un argument déjà avancé par des économistes comme Piketty dès le début de la crise sanitaire à propos du premier plan européen. Une récente étude de Goldman Sachs va dans ce sens. Pour elle, l'Italie pourrait supporter des taux à long terme (Goldman Sachs choisit une maturité moyenne de la dette de 7 ans pour faire tourner ses modèles de simulation) à 2,75 %, la France à 3 %, l'Espagne à 5,5 % et l'Allemagne à 5,75 % (cf. Sophie Rolland, *ibid.*). Pour Isabel Schnabel, avant même une hausse des taux il se produit actuellement une réduction de crédit par le biais de conditions plus strictes pour les accorder, de la part des banques (*Les Échos*, le 19 mars 2021).

– Selon une note publiée, le 23 février, par la Banque de France, la dette nette des entreprises, hors sociétés financières, ne s'est accrue que de 17 milliards d'euros en 2020. Soit une hausse engendrée par la crise sanitaire finalement très contenue de 0,8 % (une fois décomptées les dépenses de fonctionnement voyages d'affaires, frais de représentation, salons et réceptions), alors que la dette brute, elle, s'est envolée à 217 milliards d'euros, soit 13 % de croissance. Pour Denis Ferrand, directeur général de Rexecode, « les entreprises ont coupé dans les dépenses, certes, et, grâce au PGE, elles ont une ressource financière qui n'a pas de coût — beaucoup d'entreprises ont d'ailleurs souscrit un PGE, quand bien même elles n'en avaient pas l'usage immédiat, au cas où elles seraient en difficulté ». Mais les chiffres de la Banque de France doivent être nuancés, car ils ne prennent pas en compte ce que les entreprises doivent aujourd'hui à l'Urssaf, du fait des reports de cotisations ou bien au Trésor public. Cette dette fiscale et sociale peut être bien plus lourde que l'endettement bancaire dans les bilans (*Le Monde*, le 25 février 2021). Aux dernières nouvelles (*Les Échos* le 24 mars 2021), le ministre de l'Économie veut isoler la dette Covid, mais exclut de la rembourser par une taxe comme la CRDS consacrée à la dette sociale. Il se montre plus favorable à « affecter une part des recettes liées au retour de la croissance à l'amortissement de cette dette Covid » (*ibid.*). À titre d'exemple, il mentionne qu'un regain d'activité gonflerait automatiquement les recettes de l'impôt sur les sociétés.

– L'inflation dans la zone euro a rebondi en janvier avec la fin de la baisse de la TVA en début d'année en Allemagne. Ce qui a fait immédiatement sortir du bois les responsables de la Bundesbank, prompts à demander une normalisation de la politique monétaire de la banque centrale européenne (BCE), mais celle-ci, comme la Réserve fédérale américaine, continuent à racheter les obligations d'État sur les marchés et contrôlent donc en partie au moins les taux d'intérêt (*Les Échos*, le 25 février 2021). « La BCE a intérêt à maintenir le différentiel de taux d'intérêt significatif avec les États-Unis », considère Gilles Moëc, chef économiste d'Axa Investment Managers. « C'est la condition pour que l'euro se déprécie vis-à-vis du dollar et que les Européens profitent à plein de la relance américaine avec leurs exportations », explique-t-il (*Les Échos*, le 10 mars 2021).

– Dans un article des *Échos*, le 2 mars 2021, Georges Soros présente deux mesures macro-économiques de sortie de crise ; la première, au niveau international, est celle de l'émission de droits de tirage spéciaux (DTS). En effet, la majorité des parts sont détenues par les pays riches puisqu'elles sont proportionnelles à la puissance du pays. Or, ceux-ci n'en ont pas réellement besoin puisqu'ils peuvent réaliser des emprunts en leur nom très favorables sur les marchés financiers. Ils pourraient toutefois prêter les fonds qui leur sont alloués aux pays pauvres de leur choix. La crise sanitaire ne pourra pas être contrôlée si elle n'est pas menée avec des actions à l'échelle mondiale. Un pays riche comme la France devrait toutefois utiliser un autre instrument, qui ressemble aux DTS, pour répondre à ses propres besoins. La seconde, au niveau national, serait l'émission de nouvelles obligations perpétuelles qui ont été utilisées pendant plusieurs siècles. La Grande-Bretagne en a émis en 1752 — ces émissions s'appelaient alors « Consols » — et a ensuite utilisé des obligations de guerre pour financer les guerres contre l'Empire napoléonien. Les États-Unis ont émis à leur tour des Consols dans les années 1870. Les États de l'Union européenne ne les connaissent pas très bien — même si les toutes premières obligations perpétuelles ont été émises en 1648 par les Hollandais pour entretenir leurs digues. Il y en a toujours en circulation, mais les intérêts sont si faibles que très peu d'épargnants potentiels sont au courant de leur existence. Pour Soros, la France aurait tout intérêt à émettre des obligations perpétuelles, car elle a garanti un grand nombre de prêts, dont beaucoup ne seront pas remboursés. Comme leur nom l'indique, les obligations perpétuelles ne sont jamais remboursées, seul le versement annuel des intérêts est exigible. Or, les taux d'intérêt ne pourront guère être plus bas qu'actuellement.

SANTÉ ET POLITIQUES DE SANTÉ

– Derrière le pouvoir gestionnaire des directions d'hôpital, s'affirme le pouvoir technologique des ingénieurs. Ainsi, pour le directeur du groupe d'ingénierie Artelia, Abderrahman Guiga, « l'adaptabilité était déjà une exigence. Mais, aujourd'hui, il faut pouvoir du jour au lendemain, isoler des secteurs, séparer les flux et les zones de prise en charge des personnes infectées, tout en préservant le fonctionnement des autres services médicaux [...] L'hôpital ne pourra plus fonctionner sans un réseau informatique hyper-sophistiqué, pour échanger avec l'extérieur, les laboratoires, les cabinets médicaux » (*Les Échos*, le 25 février 2021). Ce n'est plus ici l'accélération de tendances déjà à l'œuvre, c'est l'accélération de l'accélération.

– Plutôt que des discours, la Cour des comptes vient de publier des chiffres : de 2013 à 2019, « le nombre de lits [en réanimation] n'a progressé que de 0,17 % par an, soit dix fois moins que les effectifs de personnes âgées qui représentent les deux tiers des malades hospitalisés dans ce secteur ». À la veille de la crise du Covid-19, il n'y avait plus que 37 lits pour 100 000 habitants de plus de 65 ans, contre 44 six ans plus tôt. « En conservant son ratio de 2013, la France aurait disposé de 5.949 lits de réanimation contre

5 080 au 1er janvier 2020 », pointe la Cour (*Les Échos*, le 19 mars 2021). Cela vaut tous les discours du jeudi soir.

– est passé des racines économiques et capitalistes du chômage dans les années 1970 racines psychologiques et à la responsabilité individuelle depuis les années 1980. Cette vision psychologisante gagne aussi le nouveau plan anti-cancer du gouvernement. Il faut savoir que la connaissance épidémiologique repose, en grande partie, sur l'accessibilité des données d'exposition à certains facteurs de risque. Or, par définition, les facteurs de risque les plus accessibles sont ceux liés aux comportements ou aux conditions propres à chaque individu. Chacun est capable de remplir un questionnaire pour estimer sa consommation de fruits et légumes, de viande, de tabac, d'alcool, chacun connaît son poids et son niveau d'activité physique, etc. À l'inverse, nul ne sait à quel perturbateur endocrinien ou autre polluant diffus il est ou a été exposé au cours de sa vie ni à quel niveau. Tout cela conduit mécaniquement à minorer le rôle des dégradations environnementales au sens large dans l'augmentation des maladies chroniques — et à faire de l'environnement le grand impensé du nouveau plan cancer. La focalisation sur les grands facteurs de risque comportementaux (tabac, alcool, habitudes alimentaires, sédentarité...) conforte une vision politique libérale/libertaire qui fait de l'individu l'unique responsable de son destin sanitaire comme il le serait de ses autres activités.

– Le 4 mars, les 280 000 infirmières et infirmiers de l'hôpital public en Angleterre (NHS), ont appris que le ministère de la Santé ne recommandait qu'une hausse symbolique de 1 % de leur salaire pour l'année 2021, environ 3,50 livres sterling (4 euros) de plus par semaine. À peine de quoi compenser l'inflation (attendue à 1,5 % cette année), ni même payer les places de parking dans les hôpitaux, qui ne sont la plupart du temps pas gratuites pour le personnel. Le Royal College of Nursing (RCN), l'un des syndicats historiques de la profession, a fait savoir qu'il était prêt à l'action pour la première fois depuis... cent cinquante ans. « Être infirmière, c'est une passion, les gens ne font pas ça pour l'argent », avait lancé deux jours plus tôt Nadine Dorries, secrétaire d'État à la Santé sur la BBC (*Le Monde*, le 9 mars 2021).

INTERLUDE

– Le gouvernement et les médias traditionnels attaquent les *fake news* des réseaux sociaux ; Macron riposte par la propagande directe sur YouTube en lançant un défi au duo McFLy et Carlito pour faire une vidéo sur les gestes barrière (*les Échos*, le 25 février 2021). Ah, comme le « manger des pommes » de Chirac sur Canal+ paraît désuet ! Mais « parler jeune suffira-t-il à parler aux jeunes ? » (*Libération*, le 25 février 2021).

– Un proche du Président résume : « Un débat Le Pen-Darmanin réunit 1,9 million de spectateurs, la moindre conférence de Jean Castex sur le Covid plus de 11 millions, tout est dit. (*Les Échos*, le 25 février 2021).

– Dans le quotidien italien *La Repubblica*, le 3 mars 2021, on apprend que Mario Draghi reprend en main le dossier de la campagne de vaccination suite au limogeage du manager Domenico Arcuri, commissaire extra-ordinaire chargé de l'urgence Covid-19. C'est un militaire que Mario Draghi a choisi à sa place, le général Francesco Paolo Figliuolo. L'Italie a essayé les « experts », elle recycle maintenant les militaires. Guerre au virus.

## Un premier bilan

– Les inégalités de revenu n'ont pas augmenté en France après les politiques redistributives — l'indice de Gini, qui les mesure, est le même avant la crise du Covid qu'en 1976 (cf. note 103), alors que la crise sanitaire alimente l'idée d'un creusement des inégalités. Comme les bas salaires sont concentrés dans un certain type de secteurs qui sont d'ailleurs parmi les plus touchés par la crise sanitaire, P. Artus propose (*Les Échos*, le 4 mars 2021), entre autres, au moins dans le secteur privé, une hausse des salaires. En effet, lorsqu'il s'agit d'emplois dans le secteur privé, on s'inquiète souvent de ce qu'une hausse des salaires des personnes peu qualifiées ne détruise de l'emploi, compte tenu de la forte corrélation entre l'embauche à ce type de postes et leur coût. Mais si l'entreprise peut répercuter les hausses des salaires dans ses prix, il ne doit pas y avoir de perte d'emplois ; d'où la suggestion d'accroître le salaire minimum de branche dans les secteurs d'activité concernés, peu sujets à la concurrence étrangère. Toutes les entreprises étant confrontées à des salaires plus élevés, elles pourront toutes monter leur prix sans perdre de parts de marché. Pour lui, il faudra accepter cette sorte de taxe sur les acheteurs pour financer la hausse des plus bas salaires. C'est une solution plus libérale que la hausse des impôts sur les hauts revenus. Mais la crise sanitaire accroît mécaniquement les inégalités de patrimoine puisque 20 % des Français détiennent 70 % de la hausse des liquidités venant de l'épargne forcée du fait de la crise sanitaire et son traitement monétaire. En effet, le bas de laine des Français — en très grande partie sur des comptes à vue — continue de grossir. La Banque de France anticipe même qu'il atteindra la somme colossale de 200 milliards d'euros à la fin 2021. Deux fois le montant du plan de relance. 70 % de l'épargne accumulée proviendrait des 20 % des ménages ayant les revenus les plus hauts, selon une étude du Conseil d'analyse économique (CAE). D'où l'idée d'une taxation de l'épargne qui ne plaît pourtant pas à Le Maire. Piketty estime, lui, que le rachat des dettes publiques par la banque centrale européenne (BCE) ne suffira pas à régler l'addition. « C'est en ayant recours à des prélèvements exceptionnels sur les plus aisés que l'on a éteint les grandes dettes publiques de l'après-guerre, et que l'on a rebâti le pacte social et productif des décennies suivantes », soulignait-il à l'automne dernier. Mais Pisani-Ferry, économiste conseiller de Macron n'est pas d'accord et déclare : « le débat sur qui va payer la facture de la crise est légitime, celle-ci ayant été extraordinairement inégalitaire. Mais il est aussi prématuré, voire même contre-productif en plein milieu de la crise. Ce n'est pas le moment d'inciter les consommateurs à l'attentisme. L'essentiel actuellement, c'est de continuer à soutenir les entreprises et les revenus des ménages » (*Le Monde*, le 6 février 2021).

– En revanche, aux États-Unis, l'association de défense des actionnaires *As You Sow* pointe du doigt des patrons qui gagnent plus de 1000 fois le salaire médian de leurs salariés. Ces écarts de rémunération cachent surtout des salaires médians annuels très bas, s'inquiète l'ONG américaine. Dans l'entreprise d'habillement VF Corporation, le salaire médian annuel se situe à 10 099 dollars la moitié des employés est payée moins. La pandémie du Covid-19 a accentué les inégalités économiques. La part des salaires dans le PIB américain est tombée à son plus bas niveau depuis les années 1940 (*Les Échos*, le 4 mars 2021). Quant aux dividendes au niveau mondial, ils ont baissé de 12,2 % en 2020. Une chute toutefois moins forte qu'attendu, grâce à un quatrième trimestre salvateur, selon une étude publiée, le 22 février, par le gestionnaire d'actifs Janus Henderson. Deux tiers des entreprises ont augmenté ou maintenu leurs dividendes. Une société sur huit les a annulés et une sur cinq les a réduits. « L'impact de la pandémie sur les dividendes a suivi la tendance d'une récession classique et son incidence a été, à l'échelle internationale, moins sévère qu'après la crise financière mondiale » de 2008, souligne l'étude. En Amérique du Nord, les dividendes ont augmenté de 2,6 %, pour atteindre un nouveau record. La France est avec l'Espagne, le pays qui a le plus annulé leur versement.

– Le renouvellement s'accélère à la tête des grands groupes français. Le CAC40 serait-il en train de devenir l'indice du luxe ? La crise a donné un coup d'accélérateur à la transformation de l'indice parisien. En un an, les poids lourds historiques de la cotation ont vu leur capitalisation fondre, de Total aux grandes banques, tandis que le secteur du luxe, déjà majeur, est devenu encore plus dominant. Fait nouveau, les valeurs financières ont été dépassées par les valeurs technologiques à la faveur de la crise. Ce secteur, autrefois marginal dans le CAC40, est désormais l'une de ses composantes importantes, avec un poids de près de 9 %. La pandémie a, par ailleurs, mis en lumière certaines pépites du CAC40. Les groupes industriels Air Liquide, Schneider Electric et Legrand ont tous terminé l'année dans le vert. Schneider a même réussi l'exploit de grimper plus vite que le secteur du luxe, avec une envolée de près de 30 %. Il a tiré profit de son pari de long terme sur les logiciels industriels. Même s'il reste un groupe industriel, de nombreux gérants le considèrent comme une valeur de croissance, aux caractéristiques plus proches des valeurs technologiques.

– en Angleterre, selon le *think tank* Resolution Foundation, un groupe de réflexion spécialisé, 80 % du fardeau fiscal supplémentaire devraient être supportés par les 20 % de ménages les plus riches, là où il ne devrait coûter aux 40 % de foyers les plus pauvres que moins de 100 livres sterling par an d'ici à 2024. Voyons les chiffres : Rishi Sunak, le ministre des Finances britannique, a dans son viseur l'impôt sur les sociétés. Son taux devrait être revu à la hausse, de 19 % actuellement à 22 %, voire jusqu'à 25 %. Rishi Sunak devrait suivre l'exemple des États-Unis, où la secrétaire d'État au Trésor, Janet Yellen, a annoncé un relèvement des taux de la *corporation tax* de 21 % à 28 %. Il devrait aussi insister sur le caractère relativement indolore du gel des seuils de l'impôt sur le revenu pour les familles aux revenus les plus modestes. Le ministre des Finances a aussi dans son viseur l'impôt sur les sociétés. Son taux devrait être revu à la hausse, de 19 % actuellement à 22 %, voire jusqu'à 25 % (*Les Échos*, le 1er mars).

– Le pouvoir d'achat par unité de consommation, c'est-à-dire rapporté au nombre de personnes dans un ménage, n'a pas baissé en France l'an passé mais a stagné en moyenne, selon l'INSEE. Pourtant, en 2008 et entre 2011 et 2013, il avait reculé. C'est dire si le soutien public aux revenus des ménages a été important, mais cela doit être relativisé par rapport à l'évolution parallèle dans d'autres pays puisque, par exemple, le revenu des Américains a progressé de 6 % l'an passé malgré la pandémie. Mais la politique sanitaire outre-Atlantique n'a pas consisté à fermer l'économie, contrairement à l'Europe. Toutefois, le chiffre de 2020 cache des disparités importantes en fonction des situations des Français. Le niveau de vie des personnes qui vivent uniquement de revenus de transferts, comme les retraités, a été préservé, ainsi que celui des 20 % des salariés les plus aisés qui ont pu télétravailler[135], le problème se situant au niveau des salariés précaires. Côté entreprises, le taux de marge (le rapport entre chiffre d'affaires et consommations intermédiaires) des entreprises a chuté de 4 points et s'établit à 29,3 % en 2020 contre 33,2 % en 2019, soit le niveau le plus bas depuis 1985. Mécaniquement, la capacité d'autofinancement est en chute libre. Bizarrerie statistique, le taux d'investissement des entreprises, rapporté à leur valeur ajoutée, a légèrement progressé l'an passé, car contrairement au schéma classique lors d'une crise, l'investissement des entreprises ne s'est pas effondré. Les entreprises françaises ont certes coupé leurs investissements en machines et en construction, mais elles ont continué à investir dans les services informatiques et la numérisation. Cette dynamique des investissements démontre que « nos réformes ont su convaincre », assure le ministre Franck Riester, qui cite en particulier « la baisse inédite des impôts de production, de 20 milliards d'euros sur la période 2020-2022 ». Plus largement, résume M. Lecourtier, « la France a montré depuis quelques années qu'elle était capable d'améliorer ses points noirs : nous avons assoupli le Code du travail, allégé la fiscalité sur les entreprises et faisons des efforts pour fluidifier le millefeuille administratif pour les investisseurs » (*Le Monde*, le 3 mars 2021). Un résumé de la politique macronienne condensé en une phrase.

– L'État et les banques ont toujours travaillé en osmose, dans un mélange d'intérêts bien compris, mais parfois avec de sérieux conflits. La crise financière de 2008, par exemple, a dressé le pouvoir contre son allié naturel et les accords de Bâle III ont montré une opposition entre la dérégulation voulue par les banques et la nouvelle régulation désirée par les États. Or, la crise sanitaire est l'occasion pour les banques, dont la réputation s'est durablement abîmée dans l'opinion, y compris à travers le mouvement des Gilets jaunes qui les a particulièrement visées pendant les manifestations,

135 – Les entreprises semblent toujours aussi rétives au télétravail puisque 34 % d'entre elles n'ont pas mis en place le télétravail, selon une étude du ministère du Travail portant sur 1300 sociétés, et ce malgré un an d'appels du gouvernement pour adopter ce mode de travail en temps de crise sanitaire (*Le JDD*, le 21 mars 2021). Il n'y a pas eu de dynamique de changement [...] Des entreprises redoutent une baisse de productivité [...] le télétravail suppose la confiance. », regrette Marie Buard, secrétaire nationale de la CFDT-F3C (communication, conseil, culture).

de redorer leur image. « Les banques françaises ont bien traversé la crise, elles ont continué à financer l'économie et ont été des partenaires loyaux dans la mise en œuvre des prêts garantis par l'État », salue Emmanuel Moulin, le directeur général du Trésor (*Le Monde*, le 3 mars 2021). Parmi les signaux d'alerte, qui ébranlent le monde de la banque on peut d'abord signaler le déclassement des grandes banques françaises dans les activités de banque de marché en Europe, au profit des firmes de Wall Street. Ainsi, « la part de marché des banques américaines atteint 47 % sur les marchés de capitaux européens, contre 38 % pour les banques européennes. L'écart s'est creusé durant les trois dernières années » constate M. Moulin, directeur du Trésor. La première banque européenne, BNP Paribas, n'est plus que la troisième banque de financement et d'investissement sur la zone Europe, Moyen-Orient, Afrique, derrière deux américaines. Les banques françaises, comme leurs concurrentes européennes, ont vu leur rentabilité chuter depuis la crise financière de 2008 et s'effondrer dans la crise actuelle, sous le coup des énormes provisions passées pour les prêts souscrits par des clients qui risquent de ne pas pouvoir les rembourser. L'avenir n'est pas forcément plus engageant. L'irruption des Big Tech sur le marché des paiements n'annonce rien de bon pour les banques traditionnelles. En Asie, Alipay, la solution de paiement mobile créée par Alibaba, a conquis la Chine, et Google Pay s'impose en Inde. « Dans la décennie à venir, ces plateformes pourraient devenir des opérateurs de paiement en Europe, éventuellement en partenariat avec des banques, qui assureraient alors le *back-office* (le traitement des à-côtés). Le risque pour elles serait de perdre la relation client au profit des Big Tech », prévient le gouverneur de la Banque de France (*ibid.*).

La sollicitude du gouvernement à l'égard de la finance agace par ailleurs Jézabel Couppey-Soubeyran, économiste à l'université Paris I qui pointe « la consanguinité et les convergences d'intérêts entre les banques et l'État », nourries par les allers-retours de hauts fonctionnaires entre le public et le privé. Un des grands corps de l'État incarne cette osmose : l'inspection générale des Finances, dont sont issus le patron de Société Générale, Frédéric Oudéa, le président de la BNP Paribas, Jean Lemierre, et celui du Crédit Mutuel, Nicolas Théry, le numéro deux du Crédit Agricole, Xavier Musca. Ou encore les patrons des réseaux en France de BNP Paribas et de Société Générale, Marguerite Bérard et Sébastien Proto, tous sortis de la même promotion, qui est aussi celle du chef de l'État, Emmanuel Macron, passé par la banque d'affaires Rothschild. « Pouvoir et finance ont toujours été liés, en France, au cours de l'histoire, résume Jean-

Pierre Jouyet, lui-même inspecteur des Finances, ancien directeur général du Trésor, de la Caisse des Dépôts et secrétaire général de la présidence de la République sous François Hollande. C'est lorsqu'il y a crise financière ou faillite bancaire que les pouvoirs politiques sont le plus en difficulté. Rappelons que la crise financière a fait tomber la monarchie au XVIII^e^ siècle. » (*ibidem*).

Résumons. Depuis plusieurs années l'État était considéré comme le problème (cf. la citation de Lecouturier, *supra*) ; c'est redevenu une partie de la solution. Les banques centrales devaient être indépendantes et limiter leur offre de monnaie : elles sont de fait sous l'autorité politique des États et créent de la monnaie comme jamais. Les chaînes de production devaient se mondialiser toujours plus, elles se régionalisent. La *corporate governance* avait enfermé l'entreprise dans l'obsession du rendement de court-terme, gouvernements, salariés et clients lui enjoignent désormais d'intégrer l'intérêt général dans son activité. Il n'est donc pas excessif de penser que la crise sanitaire a précipité le déclin de ce que d'aucuns appelaient le néo-libéralisme (*Les Échos*, le 5 mars 2021).

– Quand, en juin 2020, Emmanuel Faber est parvenu à faire de Danone le premier groupe coté de taille mondiale à se doter du statut juridique d'entreprise à mission (il y en avait 18 en 2018, 88 fin 2020), le volontarisme du PDG avait ouvert de nouvelles perspectives aux réformistes sur une évolution possible du capitalisme puisque leur fixation sur la critique du néo-libéralisme les empêche, de fait, de critiquer le capitalisme. Dans cette optique, l'entreprise n'aurait plus pour unique horizon le retour sur investissement des actionnaires ; elle devrait parallèlement se fixer des objectifs sociaux et environnementaux ambitieux. Un objectif d'ailleurs approuvé par 99 % des actionnaires à l'époque (*Les Échos*, le 16 mars 2021). Huit mois plus tard, la crise directionnelle que traverse le géant des produits laitiers et de l'eau en bouteille résonne comme un dur rappel du pouvoir des actionnaires sur les autres parties prenantes : consommateurs, fournisseurs et salariés. Le 1^er^ mars, sous la pression de deux fonds actifs[136]

136 – Les fonds actifs ou activistes sont des fonds d'investissement qui visent à faire pression sur les dirigeants *via* les actionnaires de la société visée. La plupart du temps, les activistes restent des actionnaires minoritaires (avec moins de 5 % des parts), ils ne sont donc pas représentés au Conseil d'administration, mais ils profitent des assemblées générales annuelles pour essayer de rassembler les voix d'autres actionnaires et contester certaines résolutions [...] En France, les actionnaires sont

d'investissement, le conseil d'administration de Danone a réduit les responsabilités d'Emmanuel Faber, PDG du groupe. Des fonds qui certes semblent de plus en plus tenir compte d'enjeux éthiques ou environnementaux… s'ils continuent à rapporter 15 % un chiffre digne des années 1990 avec ses taux d'intérêts nettement plus élevés (*Le Monde*, le 4 mars 2021). La situation est quand même plus complexe puisqu'en une douzaine de jours la petite musique médiatique sur les vilains actionnaires a laissé place à un discours plus nuancé. En effet, il apparaît aujourd'hui (*Le Monde*, le 16 mars 2021 et *Les Échos*) que si les fonds activistes sont intervenus pour faire tomber le PDG, ce n'est pas à cause des retours sur investissement puisqu'une de ses dernières mesures a été d'augmenter les dividendes, mais parce que ce dirigeant aurait sacrifié la politique commerciale et la bataille des marques (par rapport à Nestlé par exemple) au profit d'une politique à la fois trop ambitieuse (des investissements aléatoires dans le « bio » aux USA qui n'ont pas donné les résultats escomptés) et trop financière (cf. l'annonce d'un plan de licenciements de 2000 salariés). Sans parler d'un virage post-Covid pour une stratégie *local first* (sic) dont la dénomination résume toutes les contradictions de ces grandes firmes mondialisées, mais dont le signifiant originel reste attaché au local et à la tradition (les eaux d'Evian, la verrerie française). En revanche, *Libération*, le 16 mars 2021 toujours, reste droit dans ses bottes : il n'y a pas de doute le PDG est victime des « fonds vautours » et de la mauvaise finance.

– Alors que le gouvernement a décidé de donner un sursis aux entreprises jusqu'en 2022 pour régler leurs arriérés et que d'après Bruno Le Maire, il ne sera pas question de taxer les revenus élevés ou le patrimoine pour financer la crise, il semblerait que les chômeurs n'aient pas droit à ce sursis puisque la première offensive post-Covid est déjà centrée sur la réforme des allocations chômage. Une initiative qui, comme bien d'autres au

---

souvent vus comme les *bad guys* (analyse Michel Albouy), alors si en plus vous ajoutez de l'activisme c'est carrément le diable ! Pourtant, comme l'indique une récente étude d'un professeur d'Harvard (http//www.columbia.edu/wj2006/HFLTEffects.pdf), l'impact des actionnaires activistes sur la valeur de l'entreprise est loin d'être négatif sur le long terme. Parfois, les actionnaires activistes peuvent même défendre des revendications sociales, comme ce fut le cas contre Nike et le travail des enfants », ajoute Michel Albouy (*Les Échos*, le 10 février 2016). À l'inverse, les fonds passifs (les plus nombreux, comme ceux de Soros, par exemple) ne cherchent pas à influencer la performance de l'entreprise ; ils suivent les indices boursiers, se portant çà et là en fonction de l'évolution du marché.

sein de ce gouvernement, sera court-circuitée par Macron lui-même, plus prudent sur la chose dans la perspective des prochaines échéances électorales. Les Anglais ne semblent pas vouloir suivre le même chemin puisque, afin de préparer l'après-pandémie, le ministre britannique des Finances, Rishi Sunak, a annoncé mercredi deux hausses d'impôts. Il prévoit de geler de 2022 à 2026 les seuils à partir desquels l'impôt sur le revenu est dû, de quoi rapporter 6 milliards de livres sterling par an. Il compte aussi relever de manière spectaculaire le taux de l'impôt sur les sociétés. Il grimpera de 19 % à 25 %, mais pas avant 2023 pour laisser aux entreprises le temps de sortir des turbulences actuelles. Ceux qui voulaient l'abaisser pour envoyer au monde un message d'attractivité post-Brexit en sont pour leurs frais. Néanmoins, ce taux reste le plus faible parmi les pays membres du G7 affirme le ministre qui ne veut pas passer pour celui qu'il n'est pas (*Les Échos*, le 4 mars 2021).

Jacques Wajnsztejn

# Sommaire

## Structures éditoriales du groupe L'Harmattan

**L'Harmattan Italie**
Via degli Artisti, 15
10124 Torino
harmattan.italia@gmail.com

**L'Harmattan Hongrie**
Kossuth l. u. 14-16.
1053 Budapest
harmattan@harmattan.hu

---

**L'Harmattan Sénégal**
10 VDN en face Mermoz
BP 45034 Dakar-Fann
senharmattan@gmail.com

**L'Harmattan Cameroun**
TSINGA/FECAFOOT
BP 11486 Yaoundé
inkoukam@gmail.com

**L'Harmattan Burkina Faso**
Achille Somé – tengnule@hotmail.fr

**L'Harmattan Guinée**
Almamya, rue KA 028 OKB Agency
BP 3470 Conakry
harmattanguinee@yahoo.fr

**L'Harmattan RDC**
185, avenue Nyangwe
Commune de Lingwala – Kinshasa
matangilamusadila@yahoo.fr

**L'Harmattan Congo**
67, boulevard Denis-Sassou-N'Guesso
BP 2874 Brazzaville
harmattan.congo@yahoo.fr

**L'Harmattan Mali**
ACI 2000 - Immeuble Mgr Jean Marie Cisse
Bureau 10
BP 145 Bamako-Mali
mali@harmattan.fr

**L'Harmattan Togo**
Djidjole – Lomé
Maison Amela
face EPP BATOME
ddamela@aol.com

**L'Harmattan Côte d'Ivoire**
Résidence Karl – Cité des Arts
Abidjan-Cocody
03 BP 1588 Abidjan
espace_harmattan.ci@hotmail.fr

---

## Nos librairies en France

**Librairie internationale**
16, rue des Écoles
75005 Paris
librairie.internationale@harmattan.fr
01 40 46 79 11
www.librairieharmattan.com

**Librairie des savoirs**
21, rue des Écoles
75005 Paris
librairie.sh@harmattan.fr
01 46 34 13 71
www.librairieharmattansh.com

**Librairie Le Lucernaire**
53, rue Notre-Dame-des-Champs
75006 Paris
librairie@lucernaire.fr
01 42 22 67 13

www.ingramcontent.com/pod-product-compliance
Lightning Source LLC
LaVergne TN
LVHW011305061026
849535LV00005B/1410
* 9 7 8 2 3 4 3 2 3 2 9 7 3 *